看！他们的逆袭

张洪增◎著

电子工业出版社·
Publishing House of Electronics Industry
北京·BEIJING

未经许可，不得以任何方式复制或抄袭本书之部分或全部内容。
版权所有，侵权必究。

图书在版编目（CIP）数据

看！他们的逆袭/张洪增著.—北京：电子工业出版社，2024.1
ISBN 978-7-121-47066-0

Ⅰ.①看… Ⅱ.①张… Ⅲ.①学习方法－少儿读物 Ⅳ.①G442-49

中国国家版本馆CIP数据核字（2024）第011716号

责任编辑：蔡 葵　　特约编辑：徐 震
印　　刷：三河市双峰印刷装订有限公司
装　　订：三河市双峰印刷装订有限公司
出版发行：电子工业出版社
　　　　　北京市海淀区万寿路173信箱　邮编：100036
开　　本：720×1000　1/16　印张：18　字数：460.8千字
版　　次：2024年1月第1版
印　　次：2024年1月第1次印刷
定　　价：68.00元

凡所购买电子工业出版社图书有缺损问题，请向购买书店调换。若书店售缺，请与本社发行部联系，联系及邮购电话：（010）88254888，88258888。
质量投诉请发邮件至zlts@phei.com.cn，盗版侵权举报请发邮件至dbqq@phei.com.cn。
本书咨询联系方式：（010）88254174，wanglu@phei.com.cn。

　　《看！他们的逆袭》是一本原创之作，是我所在学校多年的年终教育经验交流会的精华集结。它既是一本指导中小学生学习、成长的图书，也是一本家长教育孩子的参考书。下面，我简要地介绍一下本书的内容和特点。

一、本书包含指导学生学习、成长所采取的主要措施

（一）提出新的教育思路（或者说学习思路）

　　"提高学习信心"→"坚定学习意志"→"把握学习方向"→"提高大脑的灵活性"→"抓住学习的主要环节"→"培养学习能力"→"挖掘学习潜力"→"培养创造力"→"培养驰骋社会的能力和素质"，这就是本书提出的教育思路。它是一个新的教育思路、一个不重复他人的教育思路、一个经得起检验的教育思路。它让学生一看就知道，学习应当从"提高学习信心""坚定学习意志""把握学习方向"等方面入手。

（二）为学生提供了新的学法

　　本书的新学法包括"鱼""渔"两类学习方法和新的学习方案。

　　1. 为学生提供"鱼""渔"两类学习方法

　　（1）"鱼"。所谓"鱼"，就是平常所说的学习方法。比如，建立"自我概念"的方法、提高自信的方法、逼自己优秀的方法、"给精神补补钙"的方法、避免"高分低能"的方法、避免"有知识没有智慧"的方法、"限时"学

习法、"低标准高产出"学习法、"化难为易"作文法、"雷厉风行"记忆法、"不记而记"法、敢于展示自己的方法、抓住机遇的方法等。这些都是本书为学生提供的"鱼"这类方法。

（2）"渔"。"渔"就是捕鱼的工具，在这里指探索学习方法的方法。本书的《探索学习方法的方法》一文所介绍的就是这类方法。介绍这类方法的目的是指导学生自己去探索学习方法。为什么让学生自己去探索学习方法呢？

第一，任何人都无力把每一个学生所需要的学习方法全部告诉他们，那些不能告诉的部分就需要学生自己去探索，去寻找。

第二，别人能够告诉的那部分方法，不一定适合每一个学生。哪些适合，哪些不适合，还需要学生自己去分析、判断，以便找到适合自己的学习方法。学生找到适合自己的学习方法，对其自身发展有很大帮助。

给学生提供学习方法是授之以"鱼"，为学生提供探索学习方法的方法是授之以"渔"。授之以"鱼"不如授之以"渔"，本书则"鱼""渔"两授。

2. 为学生提供新的学习方案

所谓学习方案就是一种综合性的学习措施。它是把一些零散的学习材料和方法按照一定的逻辑组合成一个整体，使之产生 $1+1>2$ 的效果。本书后五章的内容就是五个学习方案。下面，我简要地介绍一下"挖掘学习潜力"这一方案。

第一步：提高学生"挖潜提能"的积极性和自信心。

每一个学生的学习潜力都是巨大的，但由于诸多原因，一些学生不相信自己有巨大的潜力，从而失去了"挖潜提能"的积极性和自信心。所以，指导学生"挖潜提能"的第一步就是提高他们的积极性和自信心。本方案中的《人人都有巨大的学习潜力》一文就是做的这方面的工作。

第二步：指导学生制订适合自身情况的"学习战略"。

同样的指挥员、战斗员，采用不同的战略时会产生不同的结果，正确的战略能让指挥员、战斗员的潜力发挥到极致，从而克服重重困难，最终赢得胜利。学习也是这个道理，也应当制订适合自身情况的学习战略。所以，本方案的第二步是指导学生制订适合自身情况的学习战略，详细论述请看本书的《制订学习"战略"》一文。

第三步：恢复"大脑的转速"。

人的大脑就像一台机器，由于使用不当或保养不善，转速会慢慢低于原来的水平，这在学生之间是一种常见现象。所以，第三步就是指导学生恢复"大脑的转速"，保持大脑原有的灵活性。有关这个问题的详细论述请看《轻履者行远》一文。

第四步：为学生提供"挖潜提能"的方法。

对"挖掘学习潜力"而言，前三步是基础性的工作，看似可有可无，实则必不可少。因为只有在前三步的基础上，学生才有信心、有干劲、有脑力去利用各种方法挖掘自身的潜能。所以，本方案的第四步是给学生提供"挖潜提能"的各种方法。

这就是"挖掘学习潜能"这一方案的基本思路与构成。

（三）有针对性地为学生提出了一系列"学习理念"（或者叫作"成长理念"）

学生不仅需要各种各样的学习方法，也需要各种各样的学习理念。如果说学习方法是学生必须具备的硬件，那么，学习理念就是其必须具备的软件：一硬一软，缺一不可。既然如此，我们应该为学生提供什么样的软件呢？或者说用什么样的学习理念引导学生、启迪学生、激励学生呢？这取决于我们的教育目标是什么。比如，为了让走在校园里的每一个学生都抬起头来、看到希望，本书提出了"相信自己是优秀的"这一学习理念。

当然，我们提出学习理念之后，还要阐述学习理念，使其站得住脚。至于本书是如何阐述每一个学习理念的，请看书中相关的文章，在此不赘述。

下面是本书为学生提出的学习理念：相信自己是优秀的、不信我的青春不精彩、腹有诗书气自华、冲出自卑是坦途、砥心砺志成大器、鸟长成鸵难飞翔、自制是一切成就的出发点、没有白流的汗水、桃花莫照梨花开、梅花香自苦寒来、轻履者行远、"成功文化"难育成功、学问无副科、在压力下茁壮成长、给精神补补钙、敢于展示自己、给自己一次机会等。这一个个学习理念，如同一粒粒种子，撒入学生的心田，能不生根、发芽、开花、结果吗？

二、本书的特点

（一）创新

本书较为突出的一点是创新，或者说，本书较为突出的一点是"做人所未做"，具体包括：

之一：指导学生建立健康的"自我概念"；

之二：从"潜能理论""基因理论""多元智能理论"三个方面论证了"每一个人都有使自己优秀的巨大能量"这一自信的根本问题；

之三：多角度地指导学生提高大脑的灵活性；

之四：指导学生把握学习方向；

之五：为学生提供"鱼""渔"两类学习方法；

之六：为学生提供挖掘潜力的学习方案；

之七：指导学生充分发挥"社会脑"在学习中的作用；

之八：为学生提供避免"高分低能"的方法；

之九：为学生提供避免"有知识没智慧"的方法；

之十：为学生提供"化难为易"作文法；

…………

翻开书，您会看到更多的"做人所未做"。

（二）独到的教育见解

下面以"本书告诉学生"的方式简单地介绍一下书中的教育见解：

本书告诉学生："要建立学习的'底线思维'"；

本书告诉学生："只有多元的课堂才是每一个同学借鉴和碰撞灵感的来源"；

本书告诉学生："做作业应力求做对，但不要怕出错，作业是一个允许出错的地方"；

本书告诉学生："分数说明一定的问题，但不能说明所有的问题；分数代表一时，但不代表一世，我们不能被一时的分数所左右，成了分数的奴隶"；

本书告诉学生："化妆品改变的是一个人的外观，知识增添的则是一个人的内涵；敷面点唇、簪金戴玉，其作用只是单一的、暂时的点缀，而知识在你容貌上的反映则是一种永恒的魅力"；

本书告诉学生："个性要有朝气、有活力，给人一种蓬勃向上的感觉，就像飞行在空中的利箭，带着呼啸的风声，携着永不坠落的梦想，拼力穿透重重阻力，义无反顾地射向那寥廓无垠的长天——这才是我们需要的个性，执着的追求"；

…………

如果说创新是本书的"做人所未做"，那么独到的教育见解就是本书的"发人所未发"。

（三）独树一帜的素质教育

独树一帜的素质教育是本书的又一特点。比如：

一些学生走上社会，不但没有发挥出自己的所学所能造福自己、造福家庭、造福社会，反而被社会所埋没，这岂不枉费了多年的灯下苦读？为此，本书的《敢于展示自己》一文告诉学生如何锻炼走出校门而不被社会埋没的能力；

在社会上，抓住机遇的人往往能顺势而起、乘风而上，抓不住机遇的人常常英雄无用武之地，令人惋惜！为此，《给自己一次机会》一文告诉学生如何锻炼抓住机遇的能力，从而在将来的社会上一展身手；

我国著名企业家王健林曾在一次演讲时说："清华、北大不如胆大。"这句话虽有夸大之嫌，但不能说没有道理，看看社会上的那些成功人士，哪一个不是敢想敢干的人呢？为此，《王侯将相宁有种乎》一文鼓励学生敢立潮头唱"大风"（"大风"即汉高祖刘邦的《大风歌》）；

…………

这就是本书提倡的素质教育。它不重复他人，不拾人牙慧，自成一体，独树一帜。

（四）本书如同学生身边的师长，让学生随时从中得到教诲

比如，一些学生一旦学习落后，就自认为这也不行那也不行，因而对自己

的前途悲观失望。为此,本书的《相信自己是优秀的》一文告诉他们:"毛泽东在湖南第一师范学院求学时,数学是他学得比较吃力的一科,下功夫不少,成绩却不理想。用今天的眼光看,数学这一科足以使他成为一个高考落榜生。但是,这并不代表他没有军事才能、领袖才能、文学才能。他'运筹帷幄之中,决胜千里之外',为古往今来第一人;他领袖群伦,气吞山河,带领中国人民建立了新中国;他落笔惊风雨,诗成泣鬼神,构筑出中国词坛上的巍巍高峰。"

有些学生学习不理想,不检讨自己是否努力得不够,而总抱怨脑子笨,仿佛自己没有错,错的只是没有一个天才的大脑。针对这部分学生,本书的《先别谈"天才"》一文中是这样教育他们的:"别动辄以'天才'说事。学学'凿壁借光'的匡衡、'闻鸡起舞'的祖逖、'悬梁苦读'的孙敬、'警枕自励'的司马光,说不定你会由'愚'转聪,由'笨'转灵,就像你羡慕别人为'天才'那样,你也会成为被别人羡慕的'天才'。"

追求个性是青少年的共同心愿,但对追求什么样的个性,很多学生并没有清晰、明了而又正确的概念。为此,本书的《我们应该追求什么样的个性》一文中明确告诉他们:"个性要有朝气、有活力,给人一种蓬勃向上的感觉,就像飞行在空中的利箭,带着呼啸的风声,携着永不坠落的梦想,拼力穿透重重阻力,义无反顾地射向那寥廓无垠的长天——这才是我们需要的个性,执着的追求。"

以上是本书的内容和特点,虽然只是一斑,但可以窥见全书之貌。

师傅领进门,修行在个人。但愿本书能把广大的青少年学生领进学习之门、成长之门、人生的凯旋之门!

01 第一章　提高学习信心

1.1　建立健康的"自我概念"　// 002

1.2　相信自己是优秀的　// 007

1.3　87个孤儿的逆袭之旅　// 012

1.4　后进生的逆袭　// 017

1.5　发生在北京二十二中的教育奇迹　// 026

1.6　逼自己优秀　// 037

02 第二章　坚定学习意志

2.1　学问无法速成　// 042

2.2　梅花香自苦寒来　// 044

2.3　在压力下茁壮成长　// 047

2.4　自制是一切成就的出发点　// 050

2.5　没有白流的汗水　// 053

2.6　先别谈"天才"　// 063

2.7　不信我的青春不精彩　// 065

2.8　给精神补补钙　// 068

03 第三章 把握学习方向

3.1 走"正常的学习生活"之路 // 074

3.2 不走"高分低能"之路 // 078

3.3 不走"有知识没智慧"之路 // 081

3.4 不走"自废武功"之路 // 085

3.5 "读书"胜于"读屏" // 088

3.6 尊师是一条重要的学习之道 // 090

3.7 让课堂成为每一个同学借鉴和碰撞灵感的来源 // 092

3.8 不可偏离的航线 // 094

04 第四章 提高大脑的灵活性

4.1 向"睡眠"要智力 // 100

4.2 向"动口"要智力 // 102

4.3 向"动手"要智力 // 104

4.4 向"社会脑"要智力 // 107

4.5 运动真的可以改造大脑 // 109

4.6 阅读使人聪明 // 111

05 第五章 抓住学习的主要环节

5.1 制订学习计划 // 116

5.2 预习的方法 // 120

5.3 课堂学习 // 124

5.4 及时复习 // 131

5.5 放开手脚做作业 // 136

5.6 系统复习 // 140

5.7 作文 // 143

5.8 探索学习方法的方法 // 149

06 第六章 培养学习能力

6.1 培养记忆力 // 154

6.2 培养观察能力 // 160

6.3 培养注意力 // 166

6.4 培养动手能力 // 169

6.5 培养思维能力 // 172

6.6 培养知识的迁移能力 // 178

6.7 培养自学能力 // 182

6.8 培养合作学习能力 // 186

07 第七章 挖掘学习潜力

7.1 人人都有巨大的学习潜力 // 192

7.2 制订学习"战略" // 195

7.3 轻履者行远 // 197

7.4 目标与潜力 // 200

7.5 信心与潜力 // 203

7.6 竞争与潜能 // 206

7.7 兴趣与潜力 // 208

7.8 奋力走出"高原区" // 211

08 第八章
培养创造力

8.1 人人都是创造之人 // 216

8.2 让我们的思维更活跃 // 219

8.3 提出问题等于成功了一半 // 221

8.4 培养想象力 // 224

8.5 培养直觉思维 // 232

8.6 培养探究性学习的能力 // 235

8.7 勇气与创新 // 241

8.8 桃花莫照梨花开 // 243

09 第九章
培养驰骋社会的能力和素质

9.1 为自己的面孔负责 // 248

9.2 我们应该追求什么样的个性 // 250

9.3 不经磨炼,焉当大任? // 253

9.4 生活要求你多强你就得多强 // 256

9.5 踏平坎坷成大道 // 259

9.6 敢于展示自己 // 261

9.7 给自己一次机会 // 263

9.8 王侯将相宁有种乎 // 268

9.9 评选"风波" // 271

扫码查看本书参考资料

01 第一章
提高学习信心

有人说自信是学生成长的"灵魂",此话并非虚言。

第一,学生有信心才有干劲、有毅力,才能克服学习道路上的一个个障碍,直达学习的巅峰。很多学生之所以干劲不足、毅力不够,不是不想努力,而是缺乏自信。

第二,学生在自信、乐观的时候大脑更灵活。对学习而言,大脑的灵活性哪怕提高一点点都可能起到四两拨千斤的作用。

第三,有自信的学生有朝气、有活力、精神焕发。缺乏自信的学生往往精神萎靡、意志消沉,一副失魂落魄的样子,长此以往,容易形成自卑型、萎缩型的性格。

所以说,自信是学生成长的灵魂。为此,本章提供了《相信自己是优秀的》等文,让那些缺乏自信的学生从中找到自信、看到希望。

1.1 建立健康的"自我概念"

何谓"自我概念"？简单地说就是认为自己是一个什么样的人。认为自己是一个有作为的人，就是健康的"自我概念"；认为自己是一个没有作为的人，就是不健康的"自我概念"，或者说消极的"自我概念"。

健康的"自我概念"，会让人觉得生活有奔头，工作、学习有劲头；不健康的"自我概念"，大概会让人"躺平"，最终成为一个无所作为的人。

中小学阶段是一个人学习、成长的黄金阶段，能否顺利而没有缺憾地度过这一阶段，健康的"自我概念"起着至关重要的作用。因此，每一位同学应当尽早地建立起健康的"自我概念"。早建立，早受益；晚建立，晚受益；不建立，不受益。

那么，如何建立健康的"自我概念"呢？

一、在学习落后的情况下，不自卑、不放弃，相信"我能行"

在学校里，我们常常看到这样一些同学，只因学习差一点就否定自己。在这些同学看来，自己的名次在班里不显山露水，学习成绩难以令人满意；升学时，名牌院校不敢想，重点院校没希望，就是一般院校，心里也没有底……如此这般，将来能有什么作为呢？

只因学习差一点就过早地否定自己，这不是对自己负责的态度。一个对自己负责的人，必定是一个在任何情况下都不会放弃努力的人。学习差一点不要紧，考不上名牌院校也没有什么大不了的，只要不自卑、不气馁，勇往直前、锲而不舍，未必没有一个靓丽的人生！

有这么一个故事，法国的一个年轻人在学校学习期间，学习成绩一直不理想，因此中途辍学而走上社会。走上社会后，他一时也没有走出自卑的阴影，无论干什么，总是信心不足，整天一副无精打采的样子。一次，他走在大街上，看到街头有一个算命先生，就走了过去。算命先生看到他无精打采的样子，十分同情，就决定鼓励鼓励他，于是两手抱拳："年轻人，恭喜！恭喜！你知道吗，你是拿破仑转世呀！"

"什么？"年轻人眼睛一亮，"我是拿破仑转世？"

"是的，你是拿破仑转世！"算命先生说得十分肯定。

拿破仑在法国很受人崇拜。年轻人觉得如果自己是拿破仑转世，应该会很有作为的。于是，他回去以后，买了很多有关拿破仑的书籍，房间里贴满了拿破仑的画像。在读了拿破仑的自传和有关拿破仑一生文治武功的事迹后，他决定要像拿破仑一样干一番事业。但想想自己在学校里学的那点知识，不足以成大事、立大业，于是他返回学校。他以前学一些课程的时候感到很难，甚至有一种不可逾越的感觉，而他现在学起来竟然觉得没有什么攻克不了的难关。毕业之后，他筹集资金，开始创业。在创业过程中，他克服了重重困难，渡过了道道难关，终于成了一位颇有名气的企业家。

若干年后，他又遇到了那位算命先生，便问："您当时怎么知道我是拿破仑转世呢？我现在成功了，非常高兴，我想报答您。"

算命先生说："说实话，我也不知道你是不是拿破仑转世。我只觉得你那时潦倒落魄，正是大有作为的年龄，在你身上却看不到昂扬的斗志，想鼓励鼓励你，就那么说了。"

其实，他是不是拿破仑转世并不重要，重要的是算命先生的话点燃了他的自信之火，使他产生了"我能行"的信念。正是因为有了这种信念，他才冲出自卑的阴影，走上振作之路，最终获得成功。

"我能行"是力量的源泉，是行动的召唤，是克服困难的利器，是走向成功的阶梯。

二、正确地评价自己

尺有所短,寸有所长。任何人都不是完美无缺的,只有全面客观地评价自己,才能建立起健康的自我概念。据史料记载,在一次宴会上,唐太宗李世民让"识鉴精通,复善谈论"的王珪对各位大臣加以评价,并问他本人与各位相比,情况如何?王珪答道:"孜孜奉国,知无不为,臣不如玄龄;才兼文武,出将入相,臣不如李靖;敷奏详明,出纳惟允,臣不如温彦博;处繁治剧,众务毕举,臣不如戴胄;耻君不及尧、舜,以谏诤为己任,臣不如魏征;至于激浊扬清,嫉恶好善,臣于数子,亦有微长。"李世民和在座的各位大臣都认为王珪说得对。王珪既正确地评价了他人,也客观地看待了自己。这种实事求是的态度是值得我们学习的。

同学们在认识自我的过程中,应当像王珪那样,既要看到自己的不足,也要肯定自己的长处。学习差一点,加倍努力就是;脑子慢一点,来个笨鸟先飞。何必自卑!

心理学家研究证明,自我剖析是人经常进行的心理活动。但过多的、不恰当的自我评判,将妨碍建立健康的"自我概念"。如果总是过分地否定自己,对自己所做的每一件事都不满意,那么你就会怀疑自己的能力,以致丧失自信,并因缺少成就而失去前进的动力。

只有正确地认识自己、评价自己,才能认识到自我的价值,才能产生前进的动力、不屈的精神和战胜一切困难的勇气。

三、要正确地与他人比较

人站在社会的坐标系上,不可避免地要与他人比较。有比较才有鉴别,通过比较才能更清楚地认识自己。那种因学习差一点就感到"低人一等"的比较,越比越使人感到丧气。

正确的比较:一是要把单方面的比较变为全面的比较。在某些方面你不如人,在其他方面你未必不如人。陈景润这位闻名世界的大数学家,从厦门大学毕业后被分配到北京一所中学任教，因为教学效果差，后来被调到厦门大学图书馆工作。他如果因为不能胜任教学工作就认定自己什么也干不成，到头来，他不过还是一个图书管理员而已。但教学不行并没有使他丧失攀登数学高峰的决心，他朝着既定的目标，坚韧不拔，锲而不舍，最终登上了世界数学高峰。因此，不要只看一点而不顾其余，更不能轻易否定自己。

二是把静态的比较变为动态的比较。一个人的目标可以通过自身的不懈努力去实现，只要不放弃，就有希望。眼下你不如人，今后很难讲；今天你落后于人，明天说不定后来居上呢！同学们见过这样一些人物吗？在他们未曾发挥其潜能以前，看样子也不过尔尔，然而，当他们把蕴藏在身心之中、不但他人不了解，就是自己也未必了然的潜能发挥出来，就能创造出令人惊羡的业绩。这样的人何曾少呢！当代著名作家余华第一次考大学榜上无名，后来又名落孙山，从此他放弃了高考，但他并没有放弃理想、放弃追求、放弃努力，最终成了中国文坛上的佼佼者。所以，静态地看人看己都是不科学的。这样说并不是否认自己的差距，否认自己的不足，而是在比较中比出信心，比出决心，比出赶上去的力量！

四、正确对待挫折，努力自强

生活中，谁都不是一帆风顺的，总会遇到困难和挫折。一次考试不理想就垂头丧气，再次考试不理想就躺下不干了，以致怀疑自己的能力，这不是对自己负责任的态度，至少不是一种积极的态度。积极的态度是，在挫折面前，要学会正确地寻找失利的原因，并加以改进。如果是因为平时努力不够，以后加倍努力就是，自卑能解决什么问题？就算反应比别人慢一点，也不应自卑，与其自叹弗如，不如奋起直追。美国有一个叫莎莉·拉斐尔的女电视节目主持人，在30年电视节目主持生涯中曾18次被解雇。但是每次丢了饭碗，她都把目光投向新的目标，屡屡受挫而不灰心。1981年，她又因"跟不上时代"被纽约电视台炒了鱿鱼，此后无业达一年之久。这时的她并没有躺下不干，而是积极地准备，以东山再起。一天，她带着一个新的节目构想去敲美国某公司的

大门。"我相信电视台会对夫人的高招有兴趣。"第一个接待者敷衍地恭维了一句,便溜之大吉。她又找了第二个人,那人也如法炮制。她不泄气,不后退,又去找第三个人……最后总算有人答应试用她,让她主持一个政治节目。这一次她获得了成功,并且连续获得两届"艾美奖"。

拉菲尔的经历说明:自卑不能战胜挫折,自强方能越过障碍。

自信与奋斗是年轻人的性格,在社会的"宇宙"中,每一个人都是一颗恒星,都有自己的运行轨迹,都能放出自己的光和热。请把"我能行"植入你的心中,让它生根、发芽、开花、结果吧!

1.2 相信自己是优秀的

古希腊大哲学家苏格拉底在临终前有一个不小的遗憾——他多年的得力助手,居然在半年多的时间里没能给他找到一个最优秀的继承人。

事情是这样的:苏格拉底在风烛残年之际,知道自己的时日不多了,就想考验和点化一下他的那位很不错的助手。他把助手叫到自己的床前说:"我的蜡烛所剩不多了,得找另一根接着点下去,你明白我的意思吗?"

"明白,"那位助手赶快说,"您的思想光辉是得很好地传承下去……"

"可是,"苏格拉底慢悠悠地说,"我需要一位最优秀的传承者,他不但要有相当的智慧,还必须有充分的自信和非凡的勇气……这样的人,直到目前我还未见到,你帮我寻找一位好吗?"

"好的,好的,"助手温顺且尊重地说,"我一定竭尽全力地去寻找,不辜负您的栽培和信任。"

苏格拉底笑了笑,没再说什么。

那位忠诚而勤奋的助手,不辞劳苦地通过各种渠道开始四处寻找。可他领来的人都被苏格拉底一一婉言谢绝了。有一次,当那位助手再次无功而返地回到苏格拉底的病床前时,病入膏肓的苏格拉底硬撑着坐起来,抚摸着助手的手说:"辛苦你了,不过,你找来的那些人,其实还不如你……"

"我一定加倍努力,"助手言辞恳切地说,"找遍城乡各地,找遍五湖四海,我也要把最优秀的人挖掘出来,举荐给您。"

苏格拉底笑了笑,不再说话。

半年之后,苏格拉底眼看就要告别人世了,最优秀的人还是没有眉目。助

手非常惭愧，泪流满面地坐在病床边，语气沉重地说："我真对不起您，令您失望了。"

"失望的是我，对不起的却是你自己。"苏格拉底说到这里，很失意地闭上眼睛，停顿了许久，才又不无哀怨地说，"本来，最优秀的就是你自己，只是你不敢相信自己，才把自己给忽略、给耽误、给丢失了……其实，每一个人都是最优秀的，差别就是如何认识自己、如何挖掘自己和重用自己……"话没说完，一代哲人永远离开了他曾经深切关注的世界。

这是一个广泛流传的故事，也是一段发人深省的哲理。

一位班主任把这个故事打印了几份，让全班同学传看。

一个星期之后，班主任站在讲台之上向全班同学提出如下问题：

"看了这个故事以后，你有什么感想？你认可这个故事吗？你接受他的观点吗？"

班主任提出问题之后，讲台之下的学生都低着头默默不语，没有一个人敢站起来表达自己的观点。班主任不得不指名点将。

被点到的是一位说话风趣幽默、一开口就引人发笑的同学。他站起来说："老师，咱们班如果是重点班，谁要是不认可这个故事，不接受他的观点，我第一个不答应。可是，咱们班是一个非重点班，同学都在'孙山'之后，您让我们怎么认可这个故事，接受他的观点呢？"

班主任说："是啊，有些同学之所以自信不足，认为自己这也不行那也不行，班级的区分恐怕是一个重要的原因。但是，即便你们是非重点班的同学，身上也都有使自己优秀的巨大潜能，一旦发挥出来，谁敢说你们不优秀？"

一、每一个人都有使自己优秀的巨大潜能

我们每一个人都有巨大的学习潜能，但我们对此常常毫无概念，一旦遇到困难就怀疑自己的能力，认为自己没有潜力可挖了，其实我们身上还潜藏着巨大的潜能。

美国知名学者奥托博士说：人脑好像一个沉睡的巨人，我们平均用了不到

1%的脑力。一个正常大脑的记忆容量大约是6亿册书的知识总量。苏联科学家叶里莫夫曾指出：一旦科学发展到能够深入地了解脑的结构和功能，人类将会为存储在脑内的巨大潜能而震惊。人类平均只发挥了大脑功能的极少部分，如果人类能够发挥大脑一半的功能，就可以轻而易举地学会十几种语言，背诵整套百科全书。据研究，即使是著名科学家爱因斯坦，其大脑的使用也没有达到其功能的1%。

"人的大脑具有巨大的潜能"是学习科学中的一个重要的理论。这一理论一再被社会现实所证实。

孙维刚（1938—2002），生前为北京市数学特级教师，中国数学学会理事，全国人大代表。他曾被评为北京市十大杰出教师，北京市首批有突出贡献的专家，中华人民共和国成立50周年的50位"首都楷模"之一。

从1962年开始，孙维刚一直在北京二十二中任数学教师兼班主任。自1980年起，他就开始进行从初中一年级到高中三年级的大循环实验，致力于数学教学与学生能力的培养，全面提高学生素质。第三个循环班的学生于1997年参加高考，其中55%的学生考上了北大、清华。

一个班55%的学生考上了北大、清华，你一定认为北京二十二中是一所重点学校，孙维刚带的班是重点学校的重点班。其实，当时的北京二十二中既不是北京市重点学校，也不是区重点学校，只是北京一所普普通通的学校，或者说是北京的一所非重点学校，孙维刚所带的班当然也不是重点班，而是一个普普通通的班。这个班的学生，既没有被北京市重点学校录取，也没有被区重点学校录取，所以说他们是普普通通的学生。就是这些学生，竟然有55%考上了北大、清华。这说明什么？说明即便是普普通通的学生也有巨大的学习潜能——能够考上北大、清华。

也许有些同学会说，55%的学生考上了北大、清华，说明孙老师教育有方。教育有方是事实，但学生也得有学习的潜能呀。

年轻的朋友，当你成为一名普普通通的学生时，请不要自卑不安、悲观不前，相信自己的身体内部和心灵深处蕴藏着巨大的学习潜能——考上北大、清华的潜能！

二、每个人都有使自己优秀的基因

根据遗传专家的研究与分析，人正常的、中等的智力，是由一对基因决定的，此外还有5对次要的修饰基因，它们决定着人的特殊天赋，决定着人的智力的高低。一般说来，人的这5对次要基因中总有一对是"好"的。也就是说，人有可能在某些特定的方面具有良好的天赋和素质，不同的人可能有不同的才能生长点。

事实也是如此。有的人有绘画才能，有的人有写作才能，有的人精于观察实验，有的人长于判断，有的人善于发明创造，有的人长于理论推导，有的人善于谋划，有的人精于决断，有的人在政坛能长袖善舞，有的人在战场上能指挥若定……总之一句话，每个人都有使自己优秀的基因。

三、每个人都有使自己优秀的优势智力

现代"多元智能理论"指出："人的智能是多元的，包括音乐智能、运动智能、数学智能、语言智能、空间智能、人际智能、自我认知智能等。"这说明每个人都有发展的潜力，都有自己的优势智力。你的数学智能可能弱了一点，导致成绩不理想，但人际智能也许出类拔萃，只是没有表现在学习上而已。

美国第43任总统布什，从小学到大学的学习成绩平平，大学成绩几乎都是C等，B等的时候少之又少，A等对他来说是可望而不可即的。但是，他的人际智能非常突出。正是因为他的人际智能突出，众多的智能之士才能为他所用，使他连续赢得两届美国总统大选。他曾不无幽默且带几分自嘲地说："如果你是C等成绩的学生，不用担心，那意味着你有可能当总统；如果你是一个没有毕业的学生，你有可能当副总统（美国第46任副总统切尼曾从耶鲁大学辍学）。"

鲁迅在日本仙台医学专门学校学习期间，曾有这样一张成绩单：解剖59.3分，组织72.7分，生理63.3分，伦理83分，德文60分，化学60分，物理60分，

平均分数65.5分。这份不优秀的成绩单并不能代表他的文学才能。他的文学才能十分了得，一出手便是成熟之作、惊世之作、经典之作（这是文学界公认的评价）。

周杰伦是一位流行乐坛歌星，虽然他是教师之子，但他的学习成绩却不尽如人意。小时候，他的成绩栏里红颜色比蓝颜色多，数学成绩经常在40分左右。英语老师甚至认为他有学习障碍。他高中联考时的总分只有100多分。而他却潜藏着巨大的音乐才能，一旦爆发出来，便响彻九州大地、红遍华人世界。

毛泽东在湖南第一师范学院求学时，数学是他学得比较吃力的一科，下功夫不少，成绩却不理想。用今天的眼光看，数学这一科足以使他成为一个高考落榜生。但是，这并不代表他没有军事才能、领袖才能、文学才能。他运筹帷幄之中，决胜千里之外，为古往今来第一人；他领袖群伦，气吞山河，带领中国人民建立了新中国；他落笔惊风雨，诗成泣鬼神，构筑出中国词坛上的巍巍高峰。

这样的人物我们还能举出许多，他们之所以能够出乎其类、拔乎其萃，以至鹤立鸡群，原因就是他们没有被自己的劣势所压倒，永远怀有一颗自信心、进取心，最终把自己的优势智力淋漓尽致地发挥出来，创造出辉煌的业绩。

无论是谁，其智力结构既有优势部分，又有短板。我们不能让短板挡住了自己的视线，销蚀了自己的意志，羁绊了自己的行动，以至碌碌无为、一事无成。

年轻的朋友，世界之大，人口之多，你找不到两个相同的人；人人都有自己的特点，都与众不同，你也具有别人所无的长处，让那长处点燃你的自信之火，照亮你的人生吧！

1.3　87个孤儿的逆袭之旅

广西壮族自治区百色市人民医院洗衣房的一位勤杂工，名叫麦琼方，她前后收养了87个孤儿，并送他们上学。这些孤儿中竟然有90%考上了大学，其中有9个考进了北大，11个考入了清华，这不能不说是一个奇迹。我国著名企业阿里巴巴的股票在美国纳斯达克上市时，创始人马云亲自请麦琼方敲响了股票开市的钟声。

在我国，高考升学率能达到90%的学校为数不多，考上清华、北大的比率达到如此之高的学校也很难找到。为什么他们取得了如此优异的成绩？

一、幸福感强

在被麦琼方收养之前，那些孤儿没爹没娘，没家没业，吃不上穿不上，晚上就睡在街头巷尾的屋檐下。被麦琼方收养之后，他们有的吃了，有的穿了，再也不用提心吊胆地睡在街头巷尾的屋檐下了，更令他们惊喜的是：麦琼方还送他们去上学，让他们对前程充满了希望。他们没有想到会有这么一天。许多学生认为上学是一种负担，而产生厌学情绪。这些孤儿不但没有厌学情绪，反而觉得上学是一件梦寐以求的事情，有满满的幸福感。

二、学习上没有负积累

所谓负积累，就是应该学会的知识没有学会，应该掌握的内容没有掌握，形成了学习上沉重的包袱。负积累越多，学习越困难。而麦琼方抚养的那些孩子在学习上很少有负积累。

麦琼方上学的时候，遇到疑难问题常常不敢问老师，导致经常听不懂老师讲的内容，初中没有上完就辍学回家。她以亲身经历告诫那些孩子，在课堂上遇到疑难问题要大胆地问老师。如果谁遇到疑难问题不问老师，导致上课听不懂，让老师找上门来，她就把谁赶出家门。

因此，麦琼方抚养的那些孩子，一旦遇到不明白的问题，都能及时问老师，唯恐落下功课而真被麦琼方赶出家门。正因为遇到疑难问题能大胆问老师，那些孩子在课堂上很少有听不懂的，都能跟上老师讲课的进度。

其次，麦琼方规定，在做家庭作业的时候，必须"大的教小的，会的教不会的"。正是因为这个规定，学习差一点的孩子在做家庭作业时，遇到疑难问题能够及时得到解决。

在大学招生数量如此之多的今天，只要能跟上老师讲课的进度而不掉队，在家里做作业遇到疑难问题能得到及时解决，考上大学的概率是非常高的。这是上述90%的孤儿能考上大学的一个重要原因。

三、运动提高了他们的学习能力

麦琼方曾收养了十几个孩子，她供那些孩子吃饭、穿衣、上学就已经很吃力了，没有多余的钱让他们坐公交去上学，更没有多余的钱给他们买自行车、电动车。所以，无论上小学还是上中学，孩子们都是走着去学校，走着回家，每天要走两个小时的路。

美国伊利诺伊大学的阿特·克雷默教授在研究中发现，每周走三次，每次走45分钟，能显著提高人的记忆力和执行控制能力。他的这项研究发表在《自然》杂志上，是目前能证明锻炼能够提高认知水平的非常著名的研究之一。

美国哈佛大学医学院临床副教授约翰·瑞迪，是大脑与运动关系的世界一流专家，1997年被评为"美国最佳医生"，他与美国《户外》杂志、《大众科学》杂志编辑埃里克·哈格曼合著的《运动改造大脑》一书，是一本权威性的图书，书中写道："大脑内的每一个神经元（也称神经细胞）通过树状分枝的'叶片'相互接触，而运动则可以促进这些分枝生长并发出许多侧枝，因此能从根本上增强大脑的功能。"

美国加州大学神经学教授埃里克·詹森在他的《聪明的秘密：发掘大脑潜能的7个法则》一书中写道："运动有助于产生源自脑部的神经营养因素，用来支持学习和记忆功能，修复和维护神经环。一些研究已经找到了有力的证据，证明哺乳动物在运动中产生新的脑细胞，而且积极发挥其作用。另外，运动也会引起血液中的钙含量的增长，钙会传送到脑部，促进多巴胺合成，使大脑在认知问题的解决和记忆方面变得更灵敏。"

从以上论述中可以看出，每天两个小时的走路使他们的身体更健康，大脑更灵活，学习能力更强。

四、自我管理能力强

早在20世纪60年代初，美国心理学家米卡尔就做过一个著名的"糖果实验"，实验对象是斯坦福大学附属幼儿园的孩子。该实验一直追踪到这些孩子中学毕业。实验者将一群4岁的孩子留在一个房间里，发给他们每人一块糖，然后告诉他们："我有事要出去一会儿，你们可以马上吃掉糖，但谁能等我回来的时候再吃，就能够得到两块糖。"实验者出去以后，有的孩子迫不及待地吃掉糖；有的孩子一再犹豫，但还是忍不住将糖塞进嘴里；另外一部分孩子，用尽各种办法让自己坚持下来：有的闭上眼睛，避免看见十分诱人的糖果；有的将脑袋埋入手臂之中，甚至努力让自己睡着。20分钟后，实验者回到房间，坚持到最后的孩子又得到了一块糖。

实验之后，研究人员进行了长达14年的追踪。这些孩子中学毕业时又接受了一次评估，结果表明：4岁时能够耐心等待的孩子学习能力比较强，无论是语言表达、逻辑推理、专注、学习动机都比较好。更让人意外的是：他们的学习成绩普遍较高，等待最久的三成孩子，平均语文成绩为610分，数学成绩为652分；而迫不及待吃掉糖果的三成孩子，平均语文成绩为524分，数学成绩为528分。两组孩子的总分差距多达210分。

这就是心理学上有名的"延迟满足"实验。所谓"延迟满足"，就是自我管理能力强，不该吃的时候不吃。

麦琼方抚养的那些孩子，在被麦琼方收养之前都是流浪儿，衣食无着，吃不上穿不上是经常的事；居无定所，街头巷尾的屋檐下就是他们的栖身之地，冬天寒风刺骨，夏天蚊叮虫咬，这种切肤之痛时时约束着他们、鞭策着他们，使他们在学习上少有散漫的行为。这是他们之中90%考上大学的又一原因。

五、学习效率高

麦琼方既不是开公司的老板，也不是企业的高管，只是百色市人民医院洗衣房的一名勤杂工，每月挣多少钱是可想而知的。她为了供那些孩子吃饭、穿衣、上学，不得不精打细算，一分钱掰成两半花。麦琼方的节俭行为，那些孩子都看在眼里、记在心里，能给麦琼方省的就省，决不浪费一分一毫。晚上做作业，他们仿佛商量好了似的，一放学回家就马不停蹄地做作业，不敢有丝毫的懈怠，唯恐拖延时间长了浪费电。尽管他们给麦琼方省不了多少钱，但他们觉得只有这样才更安心，才对得起麦琼方的养育之恩。就这样，他们久而久之便养成了一个下笔如飞的习惯，这个习惯大大提高了他们的学习效率。在学校里，其他同学的作业才做了一半，他们就做完了。正是因为学习效率高，相比其他同学，在相同的时间内，他们学得更快、更多、更好。

六、信心满满

麦琼方抚养的那些孩子，吃的不如人，穿的不如人，住的不如人，学习的条件也不如人，没有人看好他们，也没有人相信他们能考上大学。但是，第一次考大学时，参加高考的3个孩子竟然全部榜上有名。那3个榜上有名的孩子，考上的虽然不是北大、清华这类名校，但这件事也在当地成了轰动一时的新闻，左邻右舍，家里有孩子在上学的家长都纷纷去她家取经。

连麦琼方自己都不知道自己做对了什么，那些取经的学生家长如何能取得真经？在得不到满意的答案之后，一些学生家长竟然把原因归结为麦琼方家风水好，是个出大学生的风水宝地，不然，怎么3个孩子都榜上有名呢？

从此，取经的家长都把看麦琼方家的风水当成了一项重要的任务。看到经常有学生家长去看风水，麦琼方抚养的孩子对"风水"一说信以为真。

麦琼方家是不是风水宝地不重要，重要的是那些孩子对"风水"一说深信不疑，想着自己生活在一块风水宝地上，将来能考上大学，个个信心满满、干劲十足，仿佛给学习插上了翅膀。从那以后，这些孩子每年都有考上北大、清华的。

因"风水"一说变得信心满满，看似荒诞却符合心理学原理。有关这一问题的详细论述请看本书中的《信心与潜力》一文，在此不再赘述。

以上是87个孤儿的逆袭之旅。年轻的朋友，看了以后你有何感想呢？你敢不敢与他们比一比、攀一攀，也成为一个逆袭之客？

1.4 后进生的逆袭

魏书生，辽宁省盘锦市盘山县第三中学语文老师兼班主任，全国著名教育改革家。

虽然盘山县第三中学是一所非重点学校，但很多学生都是考重点学校落榜的，而魏老师则担任其中一个班的班主任。无人看好魏老师的班级，就像无人看好其他班级一样，然而魏老师所带的班级一骑绝尘、横空出世——毕业成绩不但超过了盘山县的重点中学，还超过了盘锦市的重点学校，这是一个奇迹，魏老师也因此一战成名。

魏书生老师是怎么教的，魏老师班里的同学又是怎么学的呢？

一、提高学生的学习信心

学生有信心才有干劲、有毅力，才能克服学习道路上的一个个障碍而直达学习的巅峰。

实验班的学生，有相当一部分精神萎靡，垂头丧气，就像受潮的火柴，再怎么用力也擦不出火花来。魏书生老师决定先从提高他们的学习信心入手。

第一，他选了一些有关智力的短文让学生阅读。通过阅读，让学生认识到：智力是由观察能力、思维能力、记忆力、想象力等组成，并告诉学生，相关研究证明，超常儿童仅为2%左右，智力缺陷的儿童仅为3%。大部分学生先天差异不相上下，之所以后来有了较大的差异，是由努力的程度及智力活动不

同造成的。

第二，魏老师叫全部同学找自己的优点。有些同学因自己学习不好便说自己没有优点，但魏老师说每一个人都有优点，不会有没有优点的人。

第三，魏老师收集了达尔文、爱迪生等小时候智力并不好而后来成为杰出人物的故事，在班会上讲给全班同学听。

第四，魏老师以欣赏的眼光看待每一个同学，仿佛看到的不是一群后进生，而是一群将来都能考入北大、清华的高材生。魏老师还经常以"伟人"称呼全班同学。有一次，本校的十几个老师听魏老师的公开课，魏老师走进教室，面带笑容地说："伟人们，咱上课。"

全班同学没有一个笑的，而听课的老师却哄堂大笑。下课后，听课的老师问班里的学生："老师称你们为伟人，你们有什么感觉？"学生说："开始觉得老师在忽悠我们，听习惯了以后就认为自己将来真能成伟人。"

第五，魏老师不但让学生以"我能行"之类的题目写日记，还让全班同学经常在课堂上喊"我能行""我能赢"之类的口号。

总之，魏书生老师为提高实验班学生的信心，使出浑身解数，用尽各种办法。

二、利用格言名句激励学生

魏书生走进教室，看到自己的学生就像一群"刚刚败下阵来的士兵"，正是青春年少、朝气蓬勃的年龄，却看不到一点昂扬的斗志。于是，他就想尽一切办法激励他们，试图激发出他们的青春活力。其中一个办法就是让全班每一个同学或找一首伟人的励志诗，或找一句能激励自己的格言名句，写在纸上，贴在课桌的右上角，作为自己的座右铭，每一次上课之前都要看一遍。有的同学的座右铭是：

孩儿立志出乡关，学不成名誓不还；

埋骨何须桑梓地，人生无处不青山。

1910年，17岁的毛泽东离开韶山到湘乡读书时送给父母这首诗，表明自己的决心。

有的同学的座右铭是：

别在一次或一百次失败之后放弃努力。

有的同学的座右铭是：

毫不动摇地坚持下去，我们之中最微小的人，也很少会达不到目标的。因为坚持的力量会随着时间而增长到无人能抗拒的程度。

……………

这些座右铭尽管内容不同、风格各异，但无不具有很强的励志性，无时无刻不在激励着学生。

三、指导学生开发智力

大脑的灵活性哪怕提高一点点都可能会对学习起到四两拨千斤的作用。

魏书生老师认为，指导学生开发智力的一个基本措施就是教育学生加强体育锻炼。没有健康的身体，既不利于今天的学习，也不利于明天的工作。他觉得单凭学校每星期的两节体育课，无法让学生达到健身又健脑的目的。所以，他让全班同学每天做100次仰卧起坐，100个俯卧撑。运动让魏书生班里的学生成了全校身体最健康的，每次学校召开运动会，他班里获奖的学生最多。

运动使学生的身体健康，从而学习的精力就大，其他学生学习30分钟就感到疲劳，魏书生班里的学生则没有疲劳的感觉。其次，运动还开发了智力，提高了大脑的灵活性。现代脑科学已经证明，运动是促使智力发育的重要措施之一。有关这一问题的详细论述请参考本书的《运动真的可以改造大脑》一文。

四、教育学生建立学习的底线思维

学生学习的知识，有的难度较大，有的难度中等，有的难度较小。与此相

对应的习题，有的难度较大，有的难度中等，有的是基础性的习题，主要是课本上的，难度不大。魏老师把难度较大的知识比作战场的第一道防线，将中等难度的知识比作第二道防线，将课本上的知识比作最后一道防线。他向全班同学强调：当第一道防线守不住的时候，可以退到第二道防线，第二道防线守不住的时候，可以退到最后一道防线，这时即便有退路也不能再退了，必须抱着与最后一道防线"共存亡"的决心，守住最后一道防线——学好课本上的知识。

魏老师站在讲台上问全班同学："我们能不能守住最后一道防线？"

"能！"

"有没有信心？"

"有！"

最后，魏老师说："守住最后一道防线不是我们的目标，我们的目标是固守住最后一道防线后，然后向第二道防线发起反攻，最后占领第一道防线。"

课下闲谈的时候，一些同学议论魏老师的"底线思维"：这哪里是"底线思维"，分明是堵死我们的退路，让我们置之死地而后生。

五、鼓励学生遇到疑难问题大胆问老师

在所有学习方法中，遇到疑难问题问老师是一个重要的方法，性价比最高。然而，就是这样一个不费举手之劳就能做到的学习方法，很多同学却利用不起来——老师就在眼前，连张嘴的勇气都没有，这是一些学生学习落后的重要的原因之一。所以，魏老师鼓励学生遇到疑难问题大胆地问老师。

魏老师不但鼓励学生遇到疑难问题大胆问老师，还"逼"着学生问老师。魏老师"逼"学生的办法有三步：一是让每一个学生拿出一个作业本作为"问"的记录本，记录本上有这几项内容：问的什么问题，问的哪一位老师，什么时间问的，听明白了没有；二是经常检查记录本；三是根据问的次数给予相应的分数，问的次数多得分就高，问的次数少得分就低，并将其作为平时成绩记录在学习档案中（学习档案中有三项成绩：平时成绩、期中成绩、期末成绩）。这个措施一实施，全班学生一拥而上，围着各科老师问个不停，在教室

里是这样，在教学楼的走廊里、在老师的办公室里也是这样，老师下班后往往很难走出校门，因为提问的学生接连不断。

一项统计结果表明，凡是遇到疑难问题敢于问老师的学生学习都不差。一位考上清华大学的北京四中的同学，在《从北京四中到北大清华》一书中说："在北京四中，某一同学的学习成绩往往与问的次数成正比。"

由于问的学生太多，老师下班后很难走出校门是一件经常的事情。为了摆脱这一困境，各科老师下功夫对所讲的内容讲深、讲透，尽量地讲得通俗易懂。课讲得透彻，讲得明白，学生自然就听明白了；学生听得明白，问的学生自然就减少了。

"问"这一方法，不但促进了学生的学，还促进了老师的教，使老师的教学水平大大提高。老师的教学水平提高了，又从而促进了学生的学，真正达到了教学相长。

六、大力培养学生的自学能力

魏老师的教学有一个特点：一旦要求学生做一件事情，他会千方百计地让学生做好，比如鼓励学生大胆提问，还有让学生培养自学能力。魏老师主要让学生通过自学课本知识来培养自学能力。他让学生写好自学笔记，便于他随时检查；他时常组织自学考试，督促学生努力自学；他还组织学生展开自学竞赛……

很多同学不理解魏老师的行为，认为老师课上都会讲解，何必花那么大的力气提前自学课本知识呢？魏老师没有正面回答这一问题，而是给全部同学讲了一个普氏野马的故事：

新疆有一种野马叫普氏野马，在一段时间内它们的数量急剧减少，以至于濒临灭绝。国家为了挽救这一珍贵的物种，在新疆成立了繁殖中心。经过一段时间的努力，繁殖中心的普氏野马的数量逐渐增多。随着数量的增多，繁殖中心陆续把繁殖的普氏野马放回草原。这时问题出现了：一些被放回的普氏野马不适应野外的环境——草原本来是它们的家园，回归草原后，草原却成了陌生之地；它们本是草原上的骄子，回归草原后，它们却难以生存。

为什么会这样？因为在繁殖中心的时候，普氏野马所需的一切都太容易得到了：饿了嘴边有料，渴了身边有水，烈日当头有庇荫之处，寒风袭来有马厩御寒，它们渐渐地失去了在草原上生存的能力。春夏秋三季还能勉强度过，寒风刺骨、大雪封地的冬季却成了它们死亡的季节——面对刺骨的寒风，到处是避风的地方，它们却任凭寒风吹打而不知所措；皑皑白雪之下就有牧草，它们却找不到，即便找到，厚厚的积雪也令它们一筹莫展。而野生的普氏野马，在冰天雪地的环境里却如鱼得水——寒风袭来，它们便找个避风的地方，让凌厉的寒风扑空；大雪盖地，它们便利用灵敏的嗅觉、丰富的经验，准确地判断出哪片雪下有草，哪片雪下无草，哪片雪下草多，哪片雪下草少，然后扒开积雪就能饱食一顿，尽管在大雪封地的季节，也能吃得体肥膘厚。一样的环境却有不一样的结局。

讲完这个故事后，魏老师说，之所以让同学们花大力气自学，就是想让同学们都成为学习上的普氏野马，在没有老师教的时候都能学好，甚至学得更好。

自学能力强，就意味着独立思考的能力强；独立思考能力强，就意味着智慧的积累。(有关这一问题的详细论述请看本书的《不走"有知识没智慧"之路》一文)。智慧的学生，学习自然不会差。

七、不让一个学生掉队

不让一个学生掉队是魏老师的一个重要的教育思想。他在安排全班同学的座位时，一个学习差的同学身边安排上一个学习好的同学，让两位同学成同桌；同时规定，学习好的同学负责为学习差的同学解难答疑。起初，学习好的同学不愿意接受这项任务，怕耽误时间而影响自己的学习。魏老师说，这不但不影响学习，还能促进自己的学习。这是什么道理呢？

1946年，美国学者爱德加·戴尔提出"学习金字塔"理论，见图1.1。学习金字塔用数字形式展示了：采用不同的学习方式，学习者在两周以后还能记

住的内容的多少:

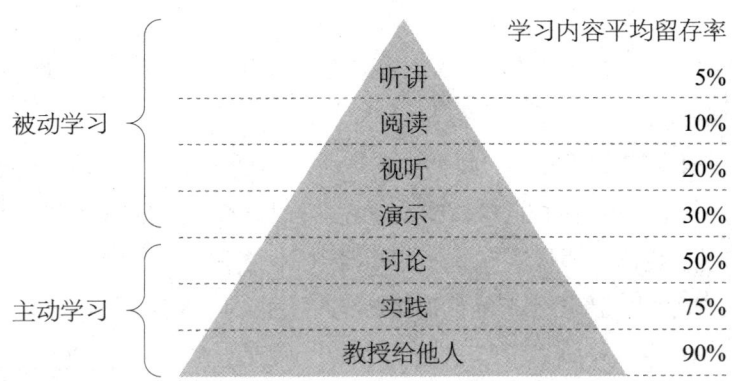

图1.1　学习金字塔

第一种,在金字塔塔尖的学习方式是"听讲",也就是老师在讲台上讲,学生在下边听,这种是最熟悉、最常用的学习方式,学习效果却是最差的,两周以后学习的内容只能记住5%。

第二种,通过"阅读"方式学到的内容,可以记住10%。

第三种,用"声音、图片"的方式学习,可以记住20%。

第四种,是"示范",采用这种学习方式,可以记住30%。

第五种,"小组讨论",通过这种方式,可以记住50%的内容。

第六种,"做"中学或"实际演练",通过这种方式,可以记住的内容达到75%。

第七种,在金字塔基座位置的学习方式,"教别人"或者"马上应用",可以记住90%的内容。

爱德加·戴尔提出,学习效果在30%以下的几种传统方式,都属于个人学习或者被动学习;而学习效果在50%以上的,都属于团队学习、主动学习和参与式学习。学习方式不同,学习效果大不相同。

从爱德加·戴尔的学习金字塔可以看出,魏老师让学习好的同学为学习差的同学解难答疑,虽然付出了一些时间和精力,但获得的远大于付出的——强化了记忆,记住的内容能达到90%。

教他人，不仅能强化记忆，还能加深对问题的理解。很多老师都有这样的经历：在讲课之前，看着要讲的内容感觉没有什么问题，而走上讲台，就会在讲课的过程中发现问题，才知道自己准备不足。这就是古人所说的"教然后知困"的道理。因此，教他人的时候，能使自己发现以前没有发现的问题，从而对所学的知识理解得更深刻、更透彻。

我们把上述"解难答疑"概括成一句话："一帮一，一对赢。""一帮一"好理解，"一对赢"是指两位同学都受益，并非只有学习差的同学受益。

在这里，我们向那些学有余力的同学呼吁：当你的同学向你请教问题的时候，如果有时间，请不要拒绝。如果拒绝了，同时也拒绝了一个双赢的学习机会。

八、作文从"一句话"开始

魏老师第一次上作文课，全班三分之一的同学的作文词不达意，逻辑混乱，让人难以卒读。作文不仅是语文学习中的重要一环，也是整个学习中的重要一环，对培养学生的智能起着极为重要的作用。但这样的作文显然难当此重任。这种情况怎么办？

饭要一口一口地吃，路要一步一步地走。既然整篇作文写不好，那就让学生从一句话写起。也就是说让学生先写好一句话，一句话写好了，再写两句话……但这样的作文显然有碍观瞻。于是，魏老师就让学生写日记，先从一句话的日记写起；一句话写好了，再写两句话……但要坚持每天都写。

有一天上语文课，魏老师突然宣布考试。全班同学都被突然的考试搞蒙了，纷纷要求魏老师给点复习的时间。魏老师说，不用复习，就考"写一句话"，考试时间是一分钟。

同学们万万没有想到魏老师进行这样的考试，更没有想到的是，魏老师对待这次考试就像一次正规的考试一样，还打了分数：语言通顺没有语法错误的得100分；语言通顺有语法错误的得70分；语言既不通顺又有语法错误的不及格。

分数公布以后，魏老师让那些不及格的同学认真反思。其中，多数同学是这样反思的：以前考试不及格，我们总是抱怨题难，脑子笨，这次考试就"写一句话"，总不能也说题难吧，总不能也怨脑子笨吧？难道我们真的烂泥扶不上墙吗？如果这件事传到其他班级，我们可能就真的让人看扁了。从此以后，他们努力写好一句话的日记，写完之后，要么让父母看，要么让同学查，有什么问题及时更正，不敢有丝毫马虎。

一句话的日记写好了之后，魏老师又布置写两句话的日记；两句话的日记写好了之后，又写一段话的日记；一段话的日记写好了后，又写一百个字的日记；一百字的日记写好了以后，又写二百字的日记……天天如此，风雨无阻。

无论写日记还是写作文，魏老师从来不作过高的要求，总是向学生强调：写一件事写得有头有尾即可，讲一个故事讲完整就行，不用考虑写龙头凤尾。魏老师班的同学与其他班的同学交流的时候，其他班的同学说："我们写龙头凤尾、卒章显志是建高楼大厦，你们魏老师不作这样的要求是要你们建平房。"然而，最终的结果是建高楼大厦的很多同学不但高楼大厦没有建起来，反而连平房都没有建好；一开始标准不高建平房的，不但平房建好了，有的同学还建起了高楼大厦。

我们把魏老师这种从"一句话"写起的方法，概括成"低标准高产出"学习法。

以上介绍的方法，都是从魏老师的公开演讲和公开发行的著作中概括而成的。除此之外，我们还概括出了"限时学习法""精准高效练习法""定向学习法""一分钟提高注意力的方法"等。这些方法，我们将在本书后面的有关文章中陆续地介绍给同学们，在这里就不再重复。

1.5 发生在北京二十二中的教育奇迹

20世纪80年代的北京市第二十二中学,既不是北京市的重点中学,也不是北京市东城区的重点中学,而是一所非重点学校。很多学生报考学校时,万不得已才将这所学校报为第二或第三志愿。北京市第二十二中学的生源不太理想,所以很少有人看好这所学校,也很少有人看好孙维刚老师所带的班。

孙维刚老师是这所学校的数学教师兼班主任,他认为他的学生应当学好,也有能力学好(有关这个问题的详细论述请看本书的《相信自己是优秀的》一文)。所以,他要求对他所带的班进行教育教学实验。实验针对同一批学生,从他们初一到高三,即6年一个循环。孙老师一共进行了三个实验循环,1991—1997年是第三个实验循环,这个循环结出了丰硕的成果:全班55%的学生考上了北大、清华,这个成绩力压北京所有的重点学校。更令人击节称赞的是:这个成绩是在6年中不留书面家庭作业、不买练习册的情况下取得的[1];是在6年中没有淘汰任何一个后进生的情况下取得的[2]。孙老师的教育教学实验之所以取得了这么优异的成绩,他一定做对了什么,这就是本文所探讨的问题。

一、重视德育

由于孙老师重视德育,他所带的班,"同学之间真诚友爱,乐于奉献,谁

---

[1] 孙维刚:《孙维刚谈立志成才》第4页,北京大学出版社,2018年10月。
[2] 孙维刚:《孙维刚谈立志成才》,"写在前面的话",第3页。

有了好书、好解法，巴不得立即让全班同学都知道。有人说，高考差1分，能差出很多人。可是，对于每人可以在高考中加10分的4个北京市市级三好学生名额，班上排名前15名的同学都放弃了，就是为了增加一些靠后的伙伴考上北大、清华的机会，而宁肯自己去担风险……"[1]德育工作做到这种程度，令人高山仰止。也正是因为德育工作做得好，才产生了一系列溢出效应。

（一）溢出效应之一：在孙老师班里普遍存在"一帮一"的现象

在《后进生的逆袭》一文中，我们讲过"一帮一"这个概念。在著名教育改革家魏书生的班里，"一帮一"在一开始是指令性的；而在孙老师班里的"一帮一"是自愿的：班里有哪个同学有问题需要请教他人，被请教的同学都乐于回答，哪怕停下自己的学习也不让请教的同学带着疑问回去。正是因为班里普遍存在这种乐于奉献的精神，6年中没有一个学生因跟不上课而中途退学。

芬兰是一个欧洲小国，人口只有500多万，他们的教育却被广泛认为是全球第一。他们是怎么做到的？其中一个重要的措施是：当一个学生跟不上班级学习进度的时候，学校总会无条件地为其配备一位老师进行专职辅导。

以上两种辅导，虽然形式不同，但结果是相同的，都使学习困难的学生跟上了班级学习的进度而不掉队。

无论孙老师所带的班还是芬兰的教育，之所以取得了优异的成绩，从辅导学生这一件小事上就可以看出一些端倪。

（二）溢出效应之二："名花效应"

一个商人从非洲买来了非常罕有且高贵的花种，在家独自种植并期待来年卖个好价钱，于是严加看管，怕被邻居偷走。过了一年，开出的花不如以前；又过了一年，开的花更加逊色。

其中原因何在呢？商人百思不得其解。最后，一位植物学家揭开了谜底：虽然此花品种高贵，但是当其长期生存在周围都是凡花俗草的环境中时，由于蜜蜂等昆虫发挥的媒介作用，花的品质便越来越平庸。

---

[1] 孙维刚：《孙维刚谈立志成才》，"写在前面的话"，第3页。

大悟之后的商人,把花种分给所有的邻居。很快,名花恢复了它独有的品质,商人和他的邻居都富了起来。这就是所谓的"名花效应"。

孙老师班里的学生个个都像大悟之后的商人,把手中"名贵的花种"毫无保留地分发给其他同学——"谁有了好书、好解法,巴不得立即让全班同学都知道"。具备这种精神的学生,学习能不好吗?

但是,现实中具备这种精神的学生很少,常见的是:你有一个解题妙法捂着藏着,他有一个诀窍掖着盖着,你的他学不去,他的你得不来,致使两人的学业之树该长粗的长不粗,该长高的长不高,这样即便是全班第一,不也是一个长不粗长不高的第一吗?这种第一有什么用呢?

年轻的朋友,敞开胸怀,学学大悟之后的商人,把你手中的妙法诀窍分享出去,让你和你的同学都成为参天大树!

(三)溢出效应之三:"合作学习"

"合作学习",尤其是"合作学习"中的分组学习形式,在一些班级中很难实现,因为一些小组成员怕自己出力大吃了亏而不愿意合作,但孙老师班里的同学个个乐于奉献,没有在乎出力大小的,所以,分组学习这种合作形式在孙老师班里开展得风生水起。

其实,无论出力大的还是出力小的,都受益于这种合作形式。

人的社会行为都受大脑中的某些特定区域调控。那些调控人的社会行为的特定区域被称为"社会脑"。社会脑包括前额叶、杏仁核、海马、脑岛以及视觉联合皮层、下丘脑、脑干等,其中发挥关键作用的是杏仁核和前额叶中的扣带回。这些部位通过彼此之间的复杂联系共同负责调控人的社会行为。

脑科学研究发现,当我们与其他人合作时,社会脑开始活跃,控制思考和行为的大脑前额叶皮层也因此变得更发达。对学习而言,"合作学习"能有效地促进学习,而"一个人安静地学习",会让社会脑处于休眠状态,导致无法达到最佳学习效果。

也就是说,"合作学习"与"一个人安静地学习"相比,学习效果更好。教育进展国际评估组织的测评结果也证明了这一点(有关这一问题的详细论述请看本书的《向"社会脑"要智力》一文)。

当其他学生的社会脑经常处于休眠状态时,孙老师班里的学生的社会脑往往处在活跃、发达状态,两相比较,社会脑处在活跃、发达状态的学生学习好是顺理成章的事情。

二、大力实施智力教育

孙维刚老师的教育教学最突出的一点就是大力实施智力教育。下面我们谈谈孙老师是如何实施智力教育的。

(一)实施快乐教育

孙老师实施的快乐教育并非一些人想象的让学生少学或不学,而是努力使学生的学习生活丰富多彩,从而让学生学得愉快、学得舒心。

具体做法是:孙老师除教好数学以外,"还教学生练田径、篮球、排球、乒乓球、游泳等;规定每天放学后,女生跑800米,男生跑1500米。此外,他还给学生讲音乐理论,教唱歌、排练合唱,每年举办一次文艺演出班会。班内组织小组篮球赛、排球赛、乒乓球赛、游泳赛等是经常的事情。"[①]

也许有人要问,安排这么多活动,学习生活倒是丰富多彩了,但这不影响学生的学习吗?这不但不影响学习,还能促进学生学习。

1. 丰富多彩的学习生活有利于优化学习情绪

儿童游乐园里有各种游乐设施:秋千、滑梯、木马、跷跷板等。儿童进入游乐园后,一会儿荡秋千,一会儿滑滑梯,一会儿骑木马,一会儿坐跷跷板,两个小时不知不觉就过去了,累得满头大汗还兴奋不已。假如儿童只荡秋千,也许不一会儿就厌烦了。

学习也是这个道理。之所以厌学是一种普遍的现象,学习生活单调、乏味是其中的一个重要因素,就像儿童在游乐园里只荡秋千一样。

---

① 孙维刚:《孙维刚谈立志成才》,"写在前面的话",第3~4页。

带着厌烦的情绪去学习，能学得进去吗？能有好的学习效果吗？

2. 丰富多彩的学习生活有利于大脑的发育

现代脑科学研究发现："5岁以前是智力发展最迅速的时期，尽管每个人的智力多种多样，但基本都是到4岁就获得约50%的智力；4~8岁期间获得30%的智力；最后的20%是7~17岁获得的。"[1]也就是说，一个人的智力，20%是在小学到高中这段时间发展的。那么，在这段时间里怎么学习才能有利于智力的发展呢？

现代脑科学的研究为我们提供了答案：

"脑研究中最令人兴奋的发现之一，是美国加利福尼亚伯克利大学的研究，经过40年观察老鼠的脑来研究其解剖特征，得出结论：生活在'丰富'环境中的老鼠大脑比来自'贫瘠'环境中的老鼠大脑要重。他们的大量数据表明，如果通过与环境相互作用激发大脑，大脑将会在生理上获得生长。

"在老鼠的实验中，贫瘠环境是这样组成的：

"每只老鼠被放在单独的笼子中，笼子都有坚固的墙，老鼠之间互相看不到，也不能接触。笼子被放在隔离的、安静的、光线微弱的房间里。

"在老鼠的实验中，丰富的环境是这样组成的：

"老鼠被放在大笼子里，10~12个一组，笼子中还放有梯子、轮子、盒子和平台等玩具。笼子被放在大的、明亮的房间里；玩具（从大量的存货中选择）每天都变。在极度丰富的环境中，老鼠每天都在参加在大场地中的探索活动，它们5个或6个一组，有栏杆拦着，且这些栏杆的图案每天都变。

"实验的结果是：在丰富环境中长大的老鼠，两个星期后就与那些在贫瘠环境中长大的老鼠不同，前者大脑的一般感觉区要比后者的厚10%，前者大脑的感觉整合区比后者的厚14%，同时前者的脑血管直径也增加了。这就是说，在丰富环境中长大的老鼠与那些在贫瘠环境中长大的老鼠相比更聪明，探索能力更强。人也是这样。"[2]

---

[1] 王运武等：《学习科学与技术》，科学出版社，2018年。
[2] ［美］累纳特·N.开恩：《创设联结：教学与人脑》，华东大学出版社出版，2004年。

以上所说的丰富的环境是由多姿多彩的活动空间和丰富的学习内容构成的。也就是说丰富多彩的学习生活有利于大脑的发育,单调乏味的学习生活不利于大脑的发育。大脑发育了,智力提高了,学习成绩自然而然就提高了。

由此可见,丰富多彩的学习生活不但不影响学习,还有力地促进了学习。

(有关丰富多彩的学习生活有利于学习这一问题的更多论述,请参考本书的《走"正常的学习生活"之路》一文。)

(二)重视学生的睡眠

脑科学研究表明,睡眠时间与大脑机能的关系极为密切。研究人员以每天8小时睡眠为基准,分别对比了每天睡8小时、6小时和4小时的人的大脑机能;结果发现,连续14天每天睡6小时或4小时的人,大脑机能逐日下降;即使每天睡6小时,人的认知能力也会下降。

正因为睡眠与大脑机能的关系如此密切,孙老师才非常重视学生的睡眠。他说:"我们班的学生在中学6年间,大多数每天睡9小时左右。一些学习成绩优秀的同学,每天的睡眠时间都在9小时以上;睡眠时间少的也在8小时以上。"[①]

正是因为重视学生的睡眠,孙老师班的学生的大脑机能没有一个因睡眠不足而下降,这为学习提供了可靠的智力保障。

(三)让学生有足够的体育锻炼

在上文中我们已经谈过,孙老师为督促学生锻炼身体,在班内经常组织篮球赛、排球赛、乒乓球赛、游泳比赛等,并规定每天放学后,女生跑800米,男生跑1500米。

1. 体育锻炼促进了学生身体的成长、健壮

孙老师说:"上初一时,我们班的学生在年级里最瘦小,在运动会上也排不上名次。6年后,我们班成了年级平均身高最高的班,有十多名男生1.8米

[①] 孙维刚:《孙维刚谈立志成才》,第46页。

以上。在高二高三参加学校运动会时，我们班的团体总分在高中组总能获得压倒性的第一：高中组一共12个班，各班的团体总分大多在30分左右，而我们班，一次是126分，另一次是122.5分。"①

身体健康，精力就大，精力大，连续学习的时间就长，连续学习的时间长，自然学得多，学得好。

2. 体育锻炼促进了大脑的发育、智力的提高

现代脑科学证明，体育锻炼是促进大脑发育、智力提高的重要措施之一。这一措施简单、易学、无师自通，只要愿意，人人都可以实施。运动不但促进了孙老师班里的学生身体健康，还促进了他们大脑的发育、智力的提高。有关体育锻炼能促进大脑发育、智力提高的详细论述，请参考本书的《运动真的可以改造大脑》一文。

大脑的灵活性哪怕提高一点点，都可能对学习起到四两拨千斤的作用。

（四）培养学生的主动性

在学习的方式方法中，主动学习是一个较好的方法。主动学习与被动训练在大脑的神经连接上有很大的区别，从而导致智力上的差别。也就是说，主动学习时，神经连接得很密，被动训练时，神经连接得较为稀疏。神经连接得越密，大脑越灵活，神经连接得越稀疏，大脑越迟钝。这就是孙老师重视培养学生主动性的一个重要原因。

虽然孙老师不布置书面家庭作业，但他的学生并非荒废了晚上的时间，而是在主动学习。在一部电视连续剧的热播期间，孙老师做过一次调查，他班的学生没有一个每次看电视剧的时间超过10分钟的，总是看一会儿电视换换脑子，然后马上去学习，用不着父母催促。

年轻的朋友，"不用扬鞭自奋蹄"应当成为我们学习的座右铭，不要被老师催着、家长逼着去学，被催着、逼着的学习是一种低效率的学习。

---

① 孙维刚：《孙维刚谈立志成才》，第46页。

（五）精讲精练

精讲是孙维刚老师教学的突出特点。每讲一个例题，他都准备好这一例题的三种解题方法，这就是一题多解；每讲一种解题方法，他至少准备好能够运用这一解题方法的三道习题，这就是一解多题。然后，他领着学生进行总结：在一题多解中，找出哪种解题方法最有代表性，这就是多解归一；在一解多题中，找出哪些题最适合这种解法，这就是多题归一。

孙老师讲课是这样，要求学生做作业也是这样；同时他还强调：不要去做那些对于理解概念没有价值、思考方法不符合一般规律的偏题、怪题。

这种精讲精练法，不但大大拓宽了学生的解题思路，还让学生学得深，学得透，学得扎实。

三、写小论文

孙维刚老师因教育教学成绩突出，被评为北京市十大杰出教师，北京市首批有突出贡献的专家，北京市模范班主任，中华人民共和国成立50周年的50位"首都楷模"之一等。1999年6月10日，北京市东城区教育局举办了为期一天的"孙维刚老师教育思想研讨会"，在会上，孙老师把指导学生从初一就写小论文当作一个重要的教学经验来介绍。

下面我们简要地阐述一下写小论文的意义。

（一）促进阅读

写过论文的人都知道，写论文之前往往需要阅读大量的资料，这无意之中促进了阅读。

1. 阅读使人聪明

阅读是提高大脑灵活性的一个重要措施。苏联著名教育家苏霍姆林斯基有一句名言："使学生聪明起来的办法，不是补课，不是增加作业的量，而是阅读、阅读、阅读！"（有关这一问题的详细论述请看本书的《阅读使人聪明》一文。）孙老师班的学生，阅读量因写论文而大大超过不写论文的学生。学生阅读量越大，大脑越聪明、越灵活，学习成绩自然会越好。

2. 阅读是提高创造力的一个有效途径

在神经学上，创造力的定义是两个不相干的神经回路碰在一起，活化了第三条神经回路，产生了从来没有想到的点子。怎样才能让两个不相干的神经回路碰在一起呢？研究发现，阅读就是一个很好的方法。其实创造力就是超强的联想力，看的书越多，背景知识越广，见的世面越多，生活的经验越丰富，创造力就会越强。

在教育进展国际评估组织的每次学业测试中，我们的学生的创造力都处于倒数的位置，原因何在？走进教室看看学生的课桌上，除了各种练习册，几乎看不到其他课外书籍，这是一个重要的原因。

（二）锻炼了信息的筛选能力

在写论文之前往往需要阅读大量的资料，但资料中并非每一个信息都是有用的。信息是否有用需要分析、判断和甄别。这就像从一片沙滩中淘金，谁能高效地淘出有用的信息，谁的学习效率就高。写论文是这样，平时学习也是这样。而写论文之前的阅读就是锻炼信息筛选能力的一个重要途径。在阅读的过程中，需要分析、判断和甄别，才能把有用的信息挑选出来；无数次的分析、判断和甄别能帮助学生慢慢地提高信息筛选能力。

（三）培养学生自我探索能力

写论文的一般程序是：收集资料，阅读，找观点，确定题目，从收集的资料中筛选出对自己的研究有用的信息，着手写论文等。在这一过程中，学生始终处于一个独立工作的状态，他必须用自己的脑子去思考，去筛选资料，去确定研究方向……对一个中学生来说，在这个过程中得到的锻炼往往比写出的论文更有价值。

1. 培养了独立思考的能力

学生在写论文的过程中，始终处于一个独立工作的状态中，其独立思考的能力如春园之草，虽不见其长但日有所增，逐渐地就培养出较强的独立思考能力。独立思考能力强的人往往聪明、有智慧（有关这个问题的详细论述请看本书的《不走"有知识没智慧"之路》一文），聪明、有智慧就意味着学习好。

2. 既锻炼了"功狗的能力"，又锻炼了"功人的本领"

走进教室看看你就知道，很多学生根据老师所画的范围，指的重点，将大量时间用来做别人出的题；做别人出的题，锻炼的是"功狗的能力"，较少锻炼到"功人的本领"。

而写论文，是自己收集资料，自己阅读，自己筛选有用的信息，自己确定题目，自己确定研究方向，然后，自己写出论文，也就是：一句话，自己找题自己做。这样既锻炼"功狗的能力"，又锻炼"功人的本领"。

缺乏"功人的本领"，在学校里学习，有老师画范围、指重点时，显示不出它有多重要，一旦走入社会，没有人给画范围、指重点，那时才真正显示出"功人的本领"的重要性。

我们在前文谈到，我国学生的创造力往往处在倒数的位置上，阅读少是一个原因，"功人的本领"不足想必也是一个原因。

在本文的开头，我们简单地介绍了孙老师的学生所取得的优异成绩，下面我们再看一些具体成绩：

1986年，第一轮实验班的蔡冰冰同学经过层层选拔，成为北京市唯一入选首届数学奥林匹克国家集训队的学生。这件事在社会上引起了轰动，怎么会发生这样的事情呢？一个6年前考不上北京市重点中学的学生，竟然取得了北京市中学生数学竞赛的顶尖成绩？[1]

第二轮实验班的彭壮壮同学，通过一篇数学论文和三轮答辩，获得"美国西屋科学奖"（俗称"少年诺贝尔奖"），他是至今为止唯一获此奖项的中国学

---

[1] 孙维刚：《孙维刚谈立志成才》，"写在前面的话"，第1页。

生。在全国高中数学联赛北京赛区前10名之中，实验班的学生占了4名（包括第一名）[1]。

在第三轮实验班中，闫珺同学获第37届国际数学奥林匹克金奖，这块金牌是近5年以来北京市唯一的一块数学国际金奖。在第四届"雷达表"中国青少年英才科学竞赛中，北京籍获奖学生共4名，其中2名在实验班，分别是：陈硕、闫珺。在全国高中数学联赛中，实验班获一等奖5人，二等奖3人，三等奖6人。1997年高考，全班40人全体上线，上本科线39人，重点线38人，进入北大、清华22人，占全班人数的55%，特别是，6年中我们没有淘汰任何一名学习上的后进生。[2]

孙维刚老师的学生之所以取得了如此优异的成绩，写论文应该又是一个原因吧？

---

[1] 孙维刚：《孙维刚谈立志成才》，"写在前面的话"，第3页。
[2] 孙维刚：《孙维刚谈立志成才》，"写在前面的话"，第3页。

1.6　逼自己优秀

刘翔同学的数学成绩一直不理想，每次考试成绩都是60分左右。听说数学老师有一个最好的学习方法，他很想得到，从而使自己的数学成绩提高一个档次，但数学老师就是不告诉他，急得他抓耳挠腮，如果可以抢的话，他早就一把抢过来了。

"老师，您给我讲讲那个最好的方法吧。"刘翔又一次哀求数学老师。

"不行，没有到时间。到时间，不用你开口，老师自然会讲。"

刘翔再一次来到办公室，对数学老师说："老师，这一次到了该讲的时间了吧？"

"还不到。"数学老师不急不忙地说。

"还不到？"刘翔急了，摆出了一种数学老师不讲他就不走的样子。

这时，数学老师觉得到了该讲的时候了，于是对刘翔说："最好的方法，我是讲给最有出息的学生听的。你现在还没有到这个标准。"

数学老师的这番话，如晴天霹雳，差点把刘翔击倒。他的脸由白变红，由红变紫，两颗豆大的眼泪挂在脸上，似乎倔强地不愿落下去。刘翔擦了擦眼泪，转身走了。

回到教室，刘翔不停地掉眼泪，一句话也不说，在纸上写了一个"恨"字，用透明胶带贴在课桌的右上角。数学老师把班长叫到办公室，叫他不动声色地注意刘翔的动向，但又不告诉他真相。

全班同学都猜到刘翔受到了严重刺激，却不知道受到了什么刺激。王龙是班里的捣蛋大王，猜想刘翔可能被哪个女生甩了，于是说："兄弟，失恋了？

告诉哥,哥保证让那个离你而去的女生重新回到你的身边。"

刘翔对王龙的话不置一词,任由他瞎编乱猜。

看到刘翔一句话也不回应,王龙这个经常被班主任批评的同学,说了一句班主任很赞赏的话:"兄弟,哥不知道你为什么,但哥不得不郑重地告诉你,别犯傻,想开点,千万别干傻事。"

宣传委员也认可王龙的判断,想必哪个女生嫌他学习不好而离开了他,严重地伤害了他的自尊心,才促使他发疯般地学习。以前,他哪有过现在的学习劲头呢?为了安慰刘翔,让他忘掉那个女生,宣传委员偷偷地递给了他一张纸条,纸条上写着:"书中自有颜如玉。"

"别天天生闷气、掉眼泪,走走走,跟我到网上一游,保管你一切烦恼云消雾散。"王龙时常拉着刘翔上网吧,但刘翔总是无声地拒绝,不离课桌半步。

学习委员是一个很用功的同学,平时很少见他玩耍,看到刘翔经常掉眼泪,很担心他,便时常叫他一起到校园里散散心。刘翔总是说谢谢,接着埋头看书。

体育委员强拉硬拽,刘翔才到操场上打一会儿篮球。不然,学习是他唯一的活动。

全班同学,只有班长参透了其中的玄机,所以他比任何同学都担心刘翔,时刻注意他的动向。

数学老师心里也七上八下,时刻观察刘翔的一举一动:他变了,变得不是以前的刘翔了。以前,他经常在课堂上看手机,现在他连手机都不带到教室里;以前,他不时在课堂上睡觉,现在每当有瞌睡的时候,他主动地站起来,害怕坐着睡着了而耽误听课;以前,他很少问老师问题,现在经常问,大胆地问,问得比谁都多……这些变化,让数学老师由衷地高兴。

刘翔的爸爸也觉得他变了。以前周末回家,他除了吃饭,就是看电视、玩手机,好像和课本有仇似的,摸都不摸一下,现在眼不离书,手不离笔,连吃饭都拿着课本。

"这是以前的那个儿子吗?"刘翔的变化让他爸爸不敢相信眼前的事实。

两个月后的一次数学考试,百分制的试卷,刘翔得了92分,这是他第一次数学考90分以上,以前都是60分左右。他接到试卷,鼻子酸酸的,失声痛哭起来，仿佛把两个月以来的委屈全部发泄出来。不一会儿他就平静了下来，擦了擦眼泪，决心寻找更好的学习方法，把数学成绩再提高一步。他经常看到网上介绍的一些"神奇"的学习方法，由此断定数学老师手里一定有"最好"的学习方法。

怎么才能得到数学老师所说的"最好"的方法呢？刘翔问学习委员，学习委员说哪有什么最好的方法，假如有，数学老师岂能不告诉你。他问班长，班长说有，并且还说数学老师只告诉了你一个人，其他同学都不知道……

这时，刘翔才知道数学老师所说的"最好"的方法是什么，悄悄地把课桌右上角的"恨"字揭掉，换上"爱"字。

看到刘翔把"恨"字换成"爱"字，数学老师两个月以来一直悬着的心才放下。

刘翔的学习有了长足的进步，数学老师发自内心地高兴，但更让他高兴的是："打击"没有使刘翔颓废、放弃，反而使他发奋而起。还有什么方法比发奋而起的精神更珍贵、更有效的吗？

看到刘翔的数学成绩一跃达到92分，数学老师知道自己的方法起了作用，决定趁热打铁再推他一把，让他百尺竿头更进一步。在批数学作业的时候，在刘翔的作业本里夹了一张纸条，纸条上写了一句话：笋因落箨方成竹，鱼为奔波始化龙！

附：一读两得

为了写作文时能参考、借鉴，每个学生手里都应有一两本作文选，或类似作文选的图书。本书虽然不是一本作文选，但就像一本作文选那样，也为学生提供了许多写作方法。

比如，"勤奋学习""发奋图强"这类题目的作文是学生必写的一类作文。然而，有些学生写的时候总觉着没东西可写，半天写不出一句话来。其中一个主要的原因是缺乏写作方法。《逼自己优秀》一文提供了一个有东西可写的方法：即多角度写作法。也就是说，该文从多个角度写刘翔发奋学习——从同学的角度写、从老师的角度写、从爸爸的角度写。这种从多个角度写同一件事的方法，不但解决了没东西可写的问题，又使得写出来的文章不单调、不重复、富有变化。

这样说来，读了《逼自己优秀》一文，既能受到一次专题教育，又能得到一种写作方法：一读两得。尽管如此，如果不认真阅读、细心体会，从多个角度写同一件事的方法往往容易被忽视，那样只能一读一得。

年轻的朋友，你手里没有该书便罢，一旦有了就要认真阅读、仔细体会，做到一读两得，一书两用。

02 第二章
坚定学习意志

很多学生虽然不缺乏聪明才智，但缺乏挑战困难、战胜困难的坚定意志，遇到困难就退缩，到头来空有聪明才智而榜上无名，令人惋惜。

其实，好多事情看似高不可攀、牢不可破、坚不可摧，但你只要坚定意志、攻坚克难，事情往往会迎刃而解。事过之后回头看看，也不过尔尔，没有蹚不过去的河、迈不过去的坎、翻不过去的山。

2.1 学问无法速成

每年的中考、高考前夕,总有一类商品在电视上大做文章:有的称是"健脑精品",有的说是"益智良药",有的夸口称能提高记忆力,有的重金借高考状元之口宣称其功能如何神奇……言之凿凿,信誓旦旦,于是就有人信,于是就有人买,于是就期待神奇的功效。终究事后如何,天不知,地不知,你不知,我不知,只有一些厂家知。一些去年的"健脑膏"换换包装便成了今年的"益智丸",然后,又在电视上频频亮相,还宣称高科技奉献,最新研究成果……

对那些说不上是保健品还是食品的东西,我们的基本态度应该是可用而不可恃。就是说这类东西吃吃无妨,但不能信其有什么神奇的功效而在学习上放弃了努力,不然十有八九会误了自己的前程。

也可能某种补品确有补脑健脑的作用,但还从来没有听说哪一位同学的学习落后是因为用脑过度伤了脑子造成的;相反,很多同学因努力不足、用脑不够而导致了学习落后。可见,用脑胜于"补脑",勤奋比任何"健脑品"都可靠。

无独有偶,前一段时间一本书走俏于大江南北、长城内外。书的封面上堂而皇之地写着:

——怎样才能一天读四本书,并且记住;

——怎样在四至八小时掌握一门外语的核心内容;

——怎样使学习效率提高六倍;

…………

这样的天书上天入地难寻觅，突然从天而降，怎能不卖得火爆异常呢！

然而，从火爆之日起到现在时间不短了，没有看到读了此书学习效率提高一倍的报道，六倍的就更不用说。相反，经常看到的是那些刻苦成才的报道。

几个年轻的舞蹈演员向一位著名舞蹈家求教，试图讨到通向舞蹈艺术殿堂的捷径。那位著名的舞蹈家看了看眼前几个急于求成的年轻演员，意味深长地说："舞蹈女神是位最刻薄的女神，必须在她的殿堂里贡献出几亿个脑细胞，洒下几吨汗水，她才为你点化一下形态美的秘诀。"

鲁迅一生博览群书，著作等身，没有听说他走了什么捷径，得了什么秘方。有人说他是天才，他说："哪有什么天才，我是把别人喝咖啡的工夫都用在工作上。"

我国已故著名数学家华罗庚，起初只有初中文凭，然而，他通过不懈的努力，终于登上了世界数学的巅峰，成了闻名世界的大数学家。也没有听说他吃了什么"聪明丸"，得了什么速成秘诀，听到的则是他那句口口相传的格言："勤能补拙是良训，一份辛苦一份才。"

马克思为了撰写《资本论》，通常从上午九点到晚上七点在英国的大不列颠博物馆里研究各种资料。他在那里有一个固定的座位。每当读书读到兴奋的时候，他的右脚就习惯地在地上来回擦动几下。这样，经过了二十五年，竟把座位下边坚硬的地面磨出了一道凹痕。人们钦佩地说，这是"马克思的足迹"。在《〈资本论〉法文版序言》中，马克思以有力而深邃的笔触写道："在科学上没有平坦的大道，只有不畏劳苦沿着陡峭山路攀登的人，才有希望达到光辉的顶点。"

学习固然存在着方法问题，但学问无法速成，这是众所周知的，也是被现代心理学证实了的。要想学点真本事，只有去掉浮躁的心，立下坚定的志，埋头下一番踏踏实实的功夫才是正途。除此之外，哪有什么神奇的"仙丹"、速成的秘诀、一步登天的捷径呢！

2.2　梅花香自苦寒来

年轻的朋友：

当你看到黄河滚滚东流、一泻千里的壮观景像时，可曾想到它经历的那"九曲十八弯"？

当你看到登山运动员登上"直插苍穹飞鸟绝"的珠峰而敬佩不已时，可曾想到他们经历的那可怕的滑坠、令人胆寒的雪崩？

当你看到那些专家、学者获得令人瞩目的成就而肃然起敬时，可曾想到他们所付出的汗水和心血？

无论是自然界奇景壮观的形成，还是人类社会文明成果的获得，都不可能一蹴而就，其发展过程无不充满了艰难与曲折。

学习又何尝不是这样呢？它既不像饭后漫步那样轻松，也不像湖面荡舟那样惬意，而是一种艰苦的脑力劳动，不付出百倍的努力，要学有所成是不可能的。正像马克思所说的那样："在科学上没有平坦的大道，只有不畏劳苦沿着陡峭山路攀登的人，才有希望到达光辉的顶点。"

因此，在学习上一定要正视困难，不畏艰难，不畏劳苦。然而，有些同学不愿吃苦受累。比如，遇到难题，一时解不出来，便把本子一推，放弃了；该记的知识，记不上两遍，便把课本向桌洞里一扔，立马走人……这样的同学不吃一点苦，不受一点累，怎么能有好的成绩呢！渊博的知识是靠辛勤的劳动换来的，逃避困难一时轻松，其代价是沉重的，到头来，只能徘徊在人生的低谷而终其一生。

唐宋八大家之一的王安石曾讲过一个发人深省的游洞故事。一次，他和友人同游华山洞,目的是想去观赏华山洞最美的景色。但是,华山洞最美的景色是在洞底,而他们只走了很短的一段路就退回来了。为什么?因为越往里走,路途越艰险,寒气越大,吓得大家望而却步。王安石慨叹道:"路好走,走的人就多,路不好走,走的人就少,岂不知最好的景色却正需要通过那段最难走的路才能看到。"

读书的道理是一样的。缺乏坚强的意志,不愿踏踏实实地下一番苦功,碰到一点困难就灰心丧气,止步不前,是不会有所成就的。

事实证明,古今中外成大事、立大业者,无一不是不畏艰险、不畏劳苦的人。唐代大文学家韩愈"口不绝吟于六艺之文,手不停披于百家之编",过度辛劳使他"年未四十,而视茫茫,而发苍苍,而齿牙动摇"。这不苦吗?

唐代著名诗人白居易,"苦学力文""不遑寝息",读书读到"口舌成疮",写作写到"手肘成胝"。这不苦吗?

法国作家雨果,每当写作遇到困难想放弃努力时,他就让佣人把所有的衣物都拿出房间,并告诉他们不到某个时辰不能送回来。他自己在屋里,光着身子,只有笔和纸,这样就只能坐下来写了。雨果强迫自己写作,难道不苦吗?

我国当代著名国画大师李可染,擅长山水画。在山水画中,常常要画几个点景的人物,但他起初总画不好。李可染下功夫苦练了一年,终于练就了画点景人物的本领。尽管过了这一关,但李可染如果到此为止,他也不会成为一个真正的国画家,更谈不上"著名"二字。他没有就此而止,仍勤学苦练。他认为山水画家不阅尽天下名山大川,怎能得到山水画的真谛?然而,他的脚趾重叠,不适合爬山,为此,他毅然截掉了三个脚趾头。这能不苦吗?

一家报纸报道了上海一男青年在日本留学期间刻苦学习的事迹。我们看看他是以怎样的努力换取知识的。他说:"我是欠了一屁股债来日本的,东京的学费、生活费高得惊人,我不得不拼命地打工,发疯似地挣钱。我每天半夜三点就起来送报,要爬楼,送到人家门口,六点以前一定把报送到订户手中。我就像上足的发条,跑个不停;送完报,我还得马上赶到池袋一座大楼做清扫工作,运送垃圾。九点以前必须干完,我手脚快,八点一刻就干完了,赶紧靠在墙壁上眯一会儿;九点一刻,拔腿就走,像冲刺一般奔到新宿一家料理店打工,干到下午一点;两点乘地铁赶到学校,第一件事就是签到,第二件事就是立即进教室趴在桌子上打一会儿盹，口水总是流一桌子；六点下课，六点到八点两个小时的空闲，我回不去，只能在地铁车厢的座位上睡觉。这条线路是循环的，跑一圈整整一个小时，我怕睡过了头，把一只双铃的闹钟放在包里，抱在胸前，拨到七点三刻，因为八点到十点，我还要到上野一家料理店洗碗。就这样，我不得不为求学挣取必需的费用。一天下来，筋疲力尽，回到宿舍真想立刻躺在床上睡觉，可是不行，白天所学的功课还没有复习，我还得咬牙再坚持两个小时；十二点睡觉，三点又起来送报……"这个青年所遭受的这一切，岂能用一个"苦"字概括？

以上这些人，哪一个不是饱尝了苦的滋味，哪一个不历经艰难困苦？正是他们尝到了常人难以尝到的苦，才得到了常人难以得到的甜。

记住：没有地底的蛰伏，哪有嘹亮的蝉鸣；没有"卧薪尝胆"的砥砺，哪有复国的勾践；没有"刺股"的苦读，哪有佩戴六国相印的苏秦！

2.3　在压力下茁壮成长

一些同学经常抱怨课业负担重、学习压力大，呼唤学习负担轻一点、再轻一点，学习压力小一点、再小一点。

是啊，学习压力是比较大，也应该减轻一点。然而，看看升学的竞争、就业的现状，压力再小一点是不现实的。

既然现实无法减轻学习压力，我们该怎么办？

首先，要以乐观的情绪去应对压力。因为学习压力虽然较大，但并没有大到我们无法承担的程度。用数字来表示，学习的压力如果是1000，而我们能够承受的压力是4000、5000，甚至6000。美国麻省理工学院曾经做过的一个很有意思的实验：实验人员用很多铁圈将一个小南瓜箍住，以观察当小南瓜逐渐长大时对这个铁圈产生的压力有多大。最初他们估计最大能承受500磅的压力。

在实验的第一个月，南瓜承受了500磅的压力；到第二个月时，这个南瓜承受了1500磅的压力；当它承受到2000磅的压力时，研究人员必须对铁圈加固，以免南瓜把铁圈撑破。他们打开南瓜发现它无法再食用，因为它的中间充满了坚韧牢固的层层纤维，为了吸收充分的养分，以便突破限制它成长的铁圈，它所有的根往不同的方向全方位地伸展，直到控制了整个花园的土壤与资源。

由南瓜的成长想到人的成长。我们对于自己能够变得多么坚强常常毫无概念。一个南瓜都能承受如此巨大的压力，人类承受的压力岂不更大？

想想我们具有承受如此巨大压力的能力，那点学习的压力算不了什么。一些同学之所以感到压力巨大，以至到了不能忍受的程度，学习的压力只占了一小部分，更多的是由学习以外的因素造成的。比如，因名次靠后而焦躁，因升学无把握而不安……这种种形形色色的因素聚合在一起，沉重地压在身上，能不感到压力巨大吗？

心理学上有一种"瓦伦达效应"。这个理论来源于一个真实的故事。瓦伦达是美国著名的高空钢索表演者，在一次重大的表演中，他不幸失足身亡。他的妻子事后说，我知道这一次一定出事，因为他上场前总是不停地说："这次太重要了，不能失败，绝不能失败。"而以往他不是这样，每次表演之前，他只想着"走钢索"，并专心为此作准备，根本不去管其他事情，更不会为"成功"或"失败"而担心。

后来，人们就把专心致志地做某件事，而不去考虑做这件事的意义和结果，不患得患失的心态，叫作"瓦伦达效应"。

所以，在学习的过程中，每一个同学都应当保持"瓦伦达效应"，不必在乎名次高低之类的事情。这不是阿Q精神，而是学习的智慧。

其次，以积极的心态去拥抱压力。从人的本能来说，都不想承受压力，但人生又不能没有压力。有一种蛾子叫"帝王蛾"。帝王蛾的幼虫期是在一个洞口极其狭小的茧子中度过的。当它的生命要发生质的飞跃时，这狭小的通道对它来讲无疑成了鬼门关，那娇嫩的身躯必须拼尽全力才能破茧而出。

有人怀了悲悯恻隐之心用剪刀把茧子的洞口剪大。这样一来，茧中的幼虫不必费多大的力气，就能轻易地从那个牢笼里钻出来。但是所有因得到了救助而见到天日的蛾子都不是真正的"帝王蛾"——它们无论如何也飞不起来，只能拖着丧失了飞翔功能的双翅在地上笨拙地爬行！原来那"鬼门关"般的狭小茧洞恰恰是帮助帝王蛾幼虫两翼成长的关键所在，幼虫穿越茧洞的时刻，通过用力挤压，血液才能顺利送到蛾翼的组织中去，唯有两翼充血，帝王蛾才能振翅飞翔。人为地将茧洞剪大，蛾子的双翼就失去充血的机会，生出来的帝王蛾便永远与飞翔绝缘。

帝王蛾的成长是这样，人的成长也是这样。经常用右肩挑担子的人，右肩的肌肉比左肩健壮，并且右肩高于左肩；经常用右手劳动的人，由于用右手的机会远多于用左手，所以右手的手指比左手手指粗壮。

如此说来，我们应当欢迎压力，勇敢地挑战压力才是。压力虽不好受，却能强壮我们的筋骨，增加我们的心能，使我们能够在未来承受更大的压力，挑起更重的担子，阔步走向人生的凯旋门！

2.4 自制是一切成就的出发点

有这样一个故事，医生对一个看病的老大爷说："您如果不戒烟，后果会很严重。"老大爷决定戒烟。可他出了医院门，刚刚走出二里路，烟瘾便上来了，他说："点烟不过三，过三不吸烟。"他划了三根火柴，不巧都被风吹灭了。他继续走路，一会儿烟瘾又上来了，他又自我安慰道："点烟不过七，过七我不吸。"结果划了七根火柴又都被风吹灭了。最后，他实在挡不住烟的诱惑，愤然道："管它三七二十一，啥时点着啥时吸。"他明明知道吸烟有害，但在烟的诱惑下还是禁不住吸起来。

科学社会主义的创始人马克思开始意识到吸烟有害后，就再也没有吸过。

三寸烟前论成败，胜者有方，败者有因。此"方"此"因"就在于有没有自制力。

我们常常看到一些人，他们天赋很高，在别人看来应当有些成就的，却到后来离目标越来越远。其原因就是对理想的舵把握不准，随着潮水的冲击，跟着风向的吹动，忽左忽右，忽东忽西。他们缺乏坚决朝向自己目标行进的自制力，一味地迁就环境，结果被环境淹没。

在教室里，也不乏这样的同学。就拿娱乐来说，在学习的过程中，适当的娱乐是正常的，也是可以理解的。有些同学能较好地处理学习与娱乐的关系。比如有的同学，吃完中午饭不能马上躺在床上休息，先下盘棋或听歌曲放松，然后再躺在床上休息，为下午上课养精蓄锐。有的同学则不然，玩起来没完没了，一直玩到下午预备铃响后才结束，昏昏沉沉地走进教室；有的同学在预备铃响了之后也不罢手，甚至上课铃响了还照玩不误；有的同学玩电子游戏不顾一切，老师讲课的时候玩，自习课的时候也玩，听课、作业，统统都得为电子游戏让路；还有的同学走进网吧便出不来，在里面玩通宵，如醉如痴，同学的劝告、老师的教诲、父母的哀求一概听不进去……

这样的同学，一旦玩起来如失控的机器、脱缰的野马，要想很好地完成学业，可能吗？

美国教育家约翰·加德纳曾说，有些人是了不起的，可只有极少数堪称卓越，他们取得了杰出的成就，但那些成就不是在不知不觉中取得的，不是在消遣娱乐中意外地获得的，而是与自制力的培养和对目标的执着追求分不开的。

美国麦克唐纳公司的董事长雷·克洛克是一位令人瞩目的成功者，他利用廉价的汉堡包创造了巨大的财富。他说："我活得越长，就越注重自我约束和自我管理的能力……"

是的，只有善于期待以获得某种东西，而且又善于迫使自己在必要时拒绝某种东西的人，才有希望登上人生的顶峰。

我们再看一看我国著名数学家杨乐和张广厚是怎样拒绝各种各样的诱惑而坚持努力学习的。一篇报告是这样写的："……杨乐到数学系后，学习更加努力了。在庄圻泰教授的严格教育下，他和张广厚每天演算十二个小时，他们没有过过星期天，没有过过节假日。'香山的红叶红了'，让它红吧，我们要学习。'十三陵发现了地下宫殿'，真不错，可是得占半天时间，割爱吧。'给你一张国际足球比赛的入场券'，真是个难得的机会，怎么办？还是看看我们自己纸上的国际比赛吧！"

对杨乐、张广厚来说，他们的自制力时时受到事业心的召唤，而在克制玩的欲望过程中，事业心又得到了进一步加强。

奇妙的自制力！它就这样不知不觉地在自制者的人生道路上留下闪光的足迹。

生活好像划船，不应顺流而下，只有懂得约束自己的人才能站在时代的前列。我国著名数学家华罗庚曾对他的学生说："你要知道，顺流而下非常容易，逆流而上可就难了。你只要放纵自己，随随便便过日子，那么，水流就会把你带走，你再也游不回来了……"

"再玩一玩""再等一等""再上一会儿网"……看起来都是小事，但里面

"自我妥协"的因子就像细菌一样侵蚀你的肌体，吞噬你的意志，使你一辈子也站不起来。

记住：放纵自己，甚易，在"快乐"之中，你将被惰性的水流带走，甚至吞噬；约束自己，很难，伴随着你的常常是"痛苦"，然而，只有这"痛苦"才能给你带来人生的甘甜！

2.5 没有白流的汗水

在各门功课中,华志强学得比较吃力的是数学,下功夫不少,效果却不好,成绩总是在60分上下波动,并且60分以下的时候居多。

班里有那么几个同学,数学成绩与他不相上下,却常常嘲讽他,尤其是李振同学,他常说:"你天天用功,比我们这些天天不用功的多得了几分?走吧,网上一游,别做无用功了。"

每次约华志强上网,他都以学习为由拒绝李振。李振每次都讽刺他:"还想考大学?你知道我们这些人的成绩离大学门口有多远吗?十万八千里!"

又一次数学考试结束。这次考试,华志强得了57分,和以前相差不大,在他的预料之中。但在他预料之外的是数学试卷上竟然有两个分数:一个是57分,一个是100分。他反复检查了试卷,57分是卷面分,100分是什么成绩呢?他百思不得其解,问同桌,同桌也感到奇怪,问其他同学,其他同学也觉得不可思议。

是数学老师在喝醉酒的时候批的试卷吗?多数同学都同意这种判断,只有数学课代表提出了不同的意见:"不可能,我昨天送数学作业的时候,看到其他试卷都放在一起,只有华志强的试卷被单独放在数学老师办公桌的正中间,并且试卷上没有100分。看来,100分是数学老师经过深思熟虑打上的,大有深意。"

李振反唇相讥:"什么深意?无非是数学老师忽悠华志强,让他继续做无用功。"

华志强带着满腹疑惑去找数学老师。从数学老师的办公室回到教室的时候,他的言谈举止让人感觉他这次数学考试的成绩是全班第一。许多同学还没有参透100分之谜,又被他的变化所困惑,纷纷问他:"老师和你谈什么了?"他笑而不答。

他不愿对别人讲数学老师和他谈话的内容,但这次谈话的内容却时时激励着他,使他比以前更用功、更努力。

无论华志强多么用功,数学成绩很少有超过李振的时候,这常常使李振在他面前产生一种优越感。这次数学考试,李振又在华志强面前自豪:"怎么样?我说你'瞎子点灯白费蜡',你还不信,虽然我李振的成绩也无颜见江东父老,但还是比你多得了1分。"

李振虽然时常讽刺华志强,但心里却暗暗佩服他百折不挠的毅力。看到华志强试卷上的100分,心里却在琢磨为什么数学老师不在自己的试卷上打100分。趁人不注意,他拿着试卷偷偷去找数学老师。数学老师接到李振的试卷,不假思索地提笔在58分旁边打上了0分。

看着自己试卷上的0分,想想华志强试卷上的100分,李振就像进入迷宫。他想起数学老师经常与全班同学谈理想、话未来,心里忐忑不安:那"0"分是不是代表我的未来一无所获?

他问数学老师那个"0"的含义,数学老师拒绝回答,而是把一本杂志递给了他,指着其中的一篇文章,叫他回去看五遍,并告诉他答案就在其中。

李振接过数学老师递过来的杂志,哭丧着脸回到教室,草草地看了一遍,没有看出"0"分的含义,又去找数学老师。数学老师根据他以往的学习态度,断定他不会认真地看,叫他回去再看五遍。

这时,李振才认真地看数学老师推荐的文章。文章讲了一个农村青年艰苦创业的故事——

1975年,李健出生于山东省临沂市沂南县杨家坡镇一户贫寒的农家。1993年,李健从临沂市劳动局技校毕业后,被招聘进临沂兰陵酒厂做了宣传员,月工资150元。1995年3月,李健母亲的胃里长了恶性肿瘤,急需1万多元做手术,可一贫如洗的李家哪来这么多钱呢?看到母亲被病痛折磨得死去活来,李健不禁心急如焚。恰在此时,酒厂要派人去北京开拓"喜盈门"酒的销

第二章 坚定学习意志

售市场——业务员每月除了有基本工资加补贴共400元，还按销售额有不菲的提成，但若打不开市场则要扣掉大半工资，连一切生活开销都要自己倒贴！李健走投无路，决定冒险一试！

当晚，李健来到厂长家里，主动要求去北京当业务员。但厂长咬定他不是那块料，不答应！李健哪肯放弃？他几乎每天都跟在厂长身后，经常请求去北京。经过一个星期的"围追堵截"，厂长只好答应让他试试，但警告他："如果你3个月内打不开北京市场，就得给我回来，连宣传员也没得干了！"

李健就这样把自己逼上了"梁山"！1995年8月中旬，李健和同事王晓刚一起来到北京。找了家便宜的地下室住下后，他每天蹬着三轮车，从北京西三环到东三环——往返40多千米，没日没夜地四处推销"喜盈门"酒。谁知，一个多月过去了，他和王晓刚竟没销出一箱白酒。王晓刚泄了气，第二天便回了临沂。李健更加着急了——时间过去了一半，再不把酒的销售市场打开，哪能挣到钱给母亲做手术呢？

李健在绝望之际，觉得只有想办法让烟酒店的老板把酒摆上柜台，才有可能让酒被顾客认识，继而才能打开销路！于是，在10月初，当一家烟酒店的老板再次拒绝进货时，李健发下狠话说："老板，我放两瓶酒在你店里，你可以不付钱，先摆两瓶酒出来。如果1个月内没卖出去，我就当着你的面喝了它！"他把话说到这份上，老板才答应了。

从第二天起，李健每天都偷偷来到这家商店，看酒卖出去没有。可令他失望的是，整整30天过去了，酒竟然还没卖出去！

李健沮丧极了，绝望地跟房东结账退房，准备打道回府。临行前，他硬着头皮去那家烟酒店履行诺言。老板取笑他说："你不是说当面喝了它吗？我一直等着呢！"李健二话不说，把其中一瓶酒打开，竟真的一口气喝了下去，呛得眼泪汪汪……没想到，这溢出的酒香竟引来了一群人围观，有人说："好喝吗？我尝一口！"大家你尝一口，我尝一口，都说酒好喝，有个围观者竟抢着将另一瓶酒买走了。老板见状，当场向李健订了10箱酒。李健不由感慨万千：真的是要坚持到最后一分钟，才能绝处逢生啊！

李健就这样打开了北京的市场，很快就攒了7000元，拿回去给母亲治病。然而，因为耽误了治疗的最佳时期，一个月后，母亲还是去世了。李健悲痛万

分,同时也明白了:一个人只有打拼成功,才有能力保护家人。

由于3个月就打开了北京市场,李健成了兰陵酒厂的传奇人物。见李健已打开北京市场,1997年3月,酒厂的一位副总下海,在北京成立了一家酒水销售公司,拉李健入伙,想成就一番事业的李健欣然同意。半年之后,他一个人就掌握了公司的多半销售渠道。没想到10月底,老板对他说:"小李,只要你一心一意地跟着我,我就把女儿许配给你!"原来,老板见李健掌握着公司销售命脉,担心他会有一天单干,竟要跟他"和亲"!李健郁闷地想:老板的女儿才16岁,这分明是不相信自己啊!他委屈极了,当即拒绝,并果断地决定离开这个自己立下了大功的公司。临走时,老板为了防止他"自立门户",竟要求他签订"不在北京发展"的"协议"!

李健不相信自己不能闯出另一条路!他来到济南,和刘强等4个朋友一起,每人每月出20元的房租,栖身在一个破烂的楼的顶层,一边干点散活儿维持生计,一边苦苦寻找东山再起的机会!

机会终于来了! 1997年12月的一天,李健在《齐鲁晚报》上看到一则消息,山东省政府次日将在济南召开企业家座谈会,与会的有汇源集团总裁朱新礼。朱新礼也是临沂人,当年背着几箱饮料闯北京,成了中国的"饮料大王"。李健顿生灵感,他想:我没有别的特长,唯有一点销售的技能,可是我空有技能,却无钱进货,只有找到一个肯赊货给我卖的老板,才能掘到第一桶金。可是,天下哪个老板最有可能赊货给我呢——唯有这个朱新礼!因为他和我是老乡,有可能念及乡情……可当他兴冲冲地把自己的想法告诉那几个穷朋友后,他们纷纷大笑他痴人说梦!最后4个人打赌:如果李健赊到货,另外3个人无偿帮他卖货;如果李健赊不到货,就要一个人承担3个月的房租。

第二天一早,李健就拉着刘强去会场门口等朱新礼。然而,一连两天,朱新礼都来去匆匆,李健连和他碰面的机会都没有。刘强不愿意再陪他了,说:"你3个月的房租交定了!"说完,便头也不回地走了。

第三天是会议的最后一天了,李健倔强地想:即使只有万分之一的希望,我也决不放弃!当即,他到打印店做了一块大牌子,上面赫然写着"我要见朱总,和他谈生意"。会议散场时,他竟举着牌子,大步拦在了朱新礼面前,大声喊道:"朱总,我是你的临沂老乡,我想和你谈生意,卖汇源果汁!"朱新礼大感意外,却从内心佩服这个小伙子的勇气,便说:"我现在有急事。这样吧,下午5点左右,我要到大众日报社。你如果想卖果汁,就到那儿见个面!"李健听罢,高兴得跳了起来。

当天下午,李健提前到了大众日报社。5点左右,朱新礼果然坐车出现了。他刚一下车,李健便走上前,直截了当地说:"朱总,我没钱,但我想赊汇源果汁卖,保证3个月后给您结账!"朱新礼顿时万分惊讶:哪里见过这样赊货的?素不相识,凭什么赊给你呀?……见朱新礼愣在那里,李健赶紧把自己打拼的经历说了出来。或许是看到了自己当年的影子,朱新礼竟当场拍板,赊给李健一车价值3万多元的果汁!

李健当即欣喜若狂地跑回去向3个室友汇报这个好消息,并要求他们兑现诺言,和他一起做这个"无本生意"。因为有言在先,3个室友只得答应。

1998年1月初,李健借钱买了两辆二手三轮车,4人分成两组,分头找商店代销饮料。由于当时汇源果汁在济南还是新饮料,很多商店根本不愿意进货。他们转了一个星期后,居然一箱饮料都没有卖出去。刘强等人说什么也不再帮李健了。李健焦急地想:如果自己这一次失信,朱总肯定不会再赊饮料给自己了;老天可能只会给自己一次这样改变命运的机会,决不能放过!于是,他马上从老家找来好兄弟李远新和李明中,约定果汁卖出后,赚的钱李健分一半,两个合伙人分另一半。

当时,济南的天气非常寒冷,每天推着三轮车在大街上穿行,他们的手指都冻裂了,血水直往外冒……有一天,他们推着几箱饮料,在济南经十路转了一天也没推销出去。李远新忍受不了了,说:"这哪里是人干的活啊!我不干了!"第二天,李远新就执意回了老家。见李明中也有了退意,李健连忙请他喝酒,并承诺饮料卖完后,两人五五分成,这才暂时留住了李明中。

然而,李健和李明中又顶风冒雪推销了半个月,饮料仍然没有卖出去。无论李健怎么劝说,李明中都铁了心要回老家。送别伙伴的那一刻,李健悲怆的泪水夺眶而出——难道自己真的该认命吗?

天无绝人之路。恰在这时,李健得知济南益康百姓连锁超市刚刚筹建。他想:如果饮料进入这家超市,济南十几家和它连锁的超市市场不也就都打开了吗?由于超市经理躲着不见他,他只能通过超市人员问到了超市经理的家,找上门去。可是，一位老者开门后，看到他手中提着礼物，竟毫不客气地把他关在了门外。他站在门外足足待了10分钟，才想到只有"攻克"老人，才能说服超市经理。于是，他向邻居打听老人的生平、爱好。原来，这位老人是超市经理的父亲，是一位老革命，最讨厌别人送礼……了解这些情况后，李健再次敲开了超市经理家的门，诚恳地说："老人家，我在工作上遇到许多困难，不知该怎么处理。您是老前辈，有丰富的阅历，我今天特来请教您！"老人果然十分高兴，忙请李健进屋坐下，向他讲述"革命史"。李健听完，说："听了您的话，我有坚持下去的勇气了……"两人越聊越投机，老人听到李健的处境后，不禁说："小伙子，我愿意帮你……"就这样，汇源果汁成功地打进了济南超市。

朱新礼看到李健居然凭着三轮车打开了济南市场，觉得他很有潜力，决定让他正式成为汇源济南历城区的经销商。想到临沂地处山东中部，市场一旦打开，汇源果汁将很容易覆盖山东甚至河北等地，以前派往临沂的人却因为当地的果汁垄断市场，全都无功而返，朱新礼便对李健说："你如果再打进临沂市场，我就让你成为山东大区的销售经理之一！"李健兴奋了：这是多大的信任，我一定要拿下临沂！1999年5月底，李健把济南市场暂时交给其他经销商打理，受命到了临沂。按汇源公司的规定：前两个月，他们每人每月能拿到汇源所发的基本工资和补贴共2000～3000元；但如果第三个月还没有业绩，就只能拿到500～1000元的基本工资，公司不再提供开拓市场的费用。然而两个月过去后，临沂市场却纹丝不动，李健心急如焚！

7月的临沂，骄阳似火。一天中午，李健从一家商店出来后，突然中暑昏倒在马路上，被同事送到了医院。躺在病床上，李健沮丧地想：济南的市场已经给了别人，打不开临沂市场就是死路一条！怎样才能改变困境呢？这时同事发牢骚说："外面都热得快40摄氏度了，我们还在到处跑，大家早晚都要像你一样中暑！"李健听罢突然有了主意：那些零售摊的老板难道就不怕热吗？何不用赠送太阳伞的条件来"交换"、"诱使"他们接受汇源果汁呢……果然，一个月后，不仅在零售摊上，临沂大部分批发点上，都摆上了汇源果汁。

临沂市场就这样打开了。1999年8月，朱新礼兑现承诺，让李健正式成为汇源山东大区的销售经理之一，而济南历下区的销售网络也重新归于他。这样，李健每月工资加提成达到了5000元。中途退出的李明中和李远新后来听说李健每月能赚那么多钱，都非常后悔！

2000年8月，汇源集团决定在青岛成立销售分公司，由李健任总经理。李健惊喜之余，不由有些犹豫：自己打拼多年，终于有了稳定的高薪；青岛是一个空白市场，去了胜负未卜，而且临沂好不容易建立的销售网络又要拱手送人了……但是他很快战胜了自己的犹豫。他想：青岛是大都市，大都市必有大市场，那里一定有大机会！

2000年10月1日，李健带着20个员工挺进青岛，他们在青岛台东路租了一间小房子，开始创业！

然而，青岛饮料市场竞争更加激烈，遇到的困难竟比以前更多！起初，李健和员工也只能靠蹬着三轮去推销果汁，可青岛的路蜿蜒曲折，不断上下坡，让大家吃尽了苦头。有员工抱怨说："在青岛这样闯市场，完全是将人当牛马呀！"然而，更多的考验还在后面！

2001年1月初的一天晚上，李健外出见客户时，几个不明身份的人突然出现，手持铁棍，将公司砸得一塌糊涂，并将两名员工打伤，被打伤的员工被周围邻居送到了医院……原来，这是某饮料同行实施的"驱赶行动"！

2002年6月初，青岛连降大雨。一天清晨，李健打开仓库大门，愕然发现地势很低的仓库里居然涌进了1米多深的水，满目疮痍，价值60多万元的果汁全被毁了！怔怔地看了片刻，李健忍不住号啕大哭！因为按照和汇源总公司的合约，青岛分公司成立半年后就已自负盈亏，这60多万元的果汁一毁，公司就陷入了绝境。

见此，员工们纷纷辞职，只剩4个人。面对危局，李健擦干眼泪，告诫自己：自己不能垮！无论如何也要留住这4个人！于是，他大胆承诺："公司亏空没钱了，我用自己的积蓄给大家发工资。如果3个月后还不能扭亏，我给大家发双倍工资，放大家走人！"

从第二天起，李健每天都亲自奔波在销售一线。为了争取客户，他把自己的脸皮练得像大象一样厚实。然而，这次水灾造成的巨大损失，哪是短时间能填补的呢？看到公司前途渺茫，留下的4个员工还是想辞职。9月初，一个员工对李健说："李总，我在报纸上看到《生活日报》要加大发行量，正在招聘发行员，所以去试了一下，没想到竟应聘上了，今后不能在这里干了。"李健听了，先是心急如焚，觉得自己这一次可能真的要一败涂地了。可就在此时，他想到刚才那个员工离开的原因，忽然像抓住了一根救命稻草：《生活日报》不是准备加大在青岛的发行量吗？如果策划一个买果汁送报纸的活动，不就让汇源果汁在青岛出名了吗？

当晚，李健连夜赶作了一份详细的活动方案，次日拿到《生活日报》青岛发行站，请求合作。对方看了这份方案后，十分惊喜，竟当场答应——汇源果汁终于顺利进入了青岛的很多超市和酒店！

2003年底，汇源青岛销售分公司扭亏为盈；2004年初，公司新招了20多个员工，当年盈利200万元；2005年，经汇源总公司同意，李健成立了自己的欧亚投资公司，开始涉足服装、户外广告等实业，他也因此迈入千万富翁行列。2007年10月，他买了一辆40多万元的轿车，完成了从蹬三轮车到开轿车的华丽转身。

当年，与李健一起在北京推销酒的王晓刚，如今仍是酒厂的普通销售员；当年与李健一起在济南推销果汁的李远新和李明中，仍在村里当农民；当初遇到困难就逃离的那10多个员工，仍在四处打工……李健如果碰到困难时，哪怕像这些昔日的同伴一样退缩一次，那他就不会有今天的成功！可是，他拥有超常的韧性和抗压性。所以，创造奇迹的是他！

李振看完文章，还是没有走出迷宫，再次找数学老师。这次数学老师没有为难他，而是问他："在你和华志强之间，将来谁最有可能成为李健式的人物呢？"

李振一时难以作出判断。

"是华志强，而不是你。"数学老师严肃地说。

"您根据什么判断华志强有可能成为李健式的人物，而我就不能呢？"李振反问了数学老师一句。

"根据你们两个人的学习。"

"学习？根据我们两个人的学习作出那种判断是缺乏说服力的，因为我们俩的学习成绩在伯仲之间。"

"是啊,你们的学习在同一条水平线上,成绩都不理想,但他从来没有松懈过,而你却早早地放弃了努力。"

"他不放弃得到了什么,我放弃又失去了什么?这次数学考试我还比他多得了1分呢。"

"你只知其一,不知其二。在学习上,他得到的东西远远多于你。"

"他得到的是什么?"李振半信半疑。

"看看他的学习成绩,想象他在学习过程中遭受的心理磨难,你就可以知道他得到了什么:在学习落后的情况下,有父母的唠叨、有无知者的嘲笑、有他人的轻视,但他没有因此而消极;看到大部分同学走在他前面,他有羡慕,有自卑,有决心动摇的时候,有想逃避困难的一刹那,但他还是挺住了;有时感到身心疲惫,想躺下不干了,但他还是艰难地走下去了……就这样,他的心在无知的嘲讽中,落后的打击下,眼泪的浸泡中,翻滚着、跌打着、煎熬着,一天两天,一年两年,最终变得坚韧无比!"

数学老师继续说:"华志强试卷上那100分,不是数学成绩,是耐心的成绩、毅力的成绩、坚韧的成绩。李振同学,你平时学习不像他那样刻苦努力,天天无所事事,优哉游哉,却也取得了他那样的成绩,看似你赚了,其实你并没有赚。没有白流的汗水,付出就有回报。在学习的过程中,你没有遭受他所遭受的那一切,自然也没能磨练出他那样的坚强毅力。所以,老师才在你的试卷上打了0分。"

最后,数学老师对李振说:"相信你会从李健的创业经历中体会到100分和0分的含义,更相信你会意识到'坚韧'对人生的意义。不过,'坚韧'这种东西并不是轻而易举就能够得到的,它既不像黄土那样俯拾即是,更不像空气那样任你吸取,从来没有听说过在顺境中生活、安逸中成长的人能够成为一个意志坚强的人。因此,在学习上不要怕落后,更不能因落后而沮丧。落后虽然不是一件令人愉快的事情,但是一个磨炼意志的机会,充分利用这个机会,把自己锤炼成一个意志坚强的人、一个百折不挠的人、一个不达目的决不罢休的人。若真如此,在将来的某一天,你会发现自己成了同代人中的佼佼者,在所追求的事业上脱颖而出!"

记住:世界上没有什么能替代"坚韧"和"决心"。才能不行,最常见的

是有才能而不成功的人；天才不行，未得回报的天才几乎是常听见的话柄；教育不行，世界上多的是受教育而不能尽职尽忠的人。只有"坚韧"和"决心"才是万能的。"勇往直前"这句口号，已经解决过并仍将继续解决人类的问题。

2.6 先别谈"天才"

在课堂上,老师常常讲一些古今中外刻苦学习并有所成就的典型人物的事迹,以鼓舞同学们的士气,激发同学们的学习热情。可是,有些同学听了以后不是见贤思齐、发奋图强,而是说:"人家是天才,咱能比吗?"

在这里,"天才"成了一些同学的"挡箭牌",别人成绩突出是因为天才,自己成绩不理想是因为脑子笨,仿佛自己什么错也没有,错的是自己没有一个聪明的大脑。

一家报纸曾刊登了一名女中学生勤奋学习的事迹。让我们看看她是怎样成为"天才"的。

她住在一个偏僻的村庄,十三岁,读初一,母亲体弱多病,无法操持家务,父亲为挣钱给母亲治病而常年在外打工,弟弟读小学,家务重担自然落在了她那幼嫩的肩上。但是,她并没有因繁重的家务而影响了学习,在班里,她的学习成绩一直名列前茅。

她每天早晨五点准时起床,然后马不停蹄地去挑水、做饭、喂猪、喂羊、喂兔子。做好饭,她把弟弟叫起来,吃完饭一起去上学。虽然家务繁忙,但她并没有因此而迟到过,常常是班里第一个到校者。

请问,在早晨这段时间里,你干了些什么?有些同学,父母做好了饭,叫三遍起不来床,有时父母不得不去揭被子;好不容易起来了,却打哈欠,伸懒腰,磨磨蹭蹭,甚至蒙蒙头再躺一会;起床后,不是来不及吃饭,就是匆匆忙忙吃两口以后赶紧出门,因此常常迟到。

先别谈"天才",起床这种小事用不着什么大智力、大智慧。试试自己能

不能在早晨一跃而起！

中午放学后，她从不在回家的路上耽搁，总是一路小跑赶回家，挑水、做饭、喂猪、喂羊、喂兔子……有时中午有作业，为了挤出时间做作业，她拿着馒头边吃边做家务。

正是因为她赶速度、抢时间，虽然家务多，但并未耽误学习。

先别谈"天才"，试试自己能不能像她那样分秒必争！

晚上，做完家庭作业，一天的学习计划完成后，她有时也看看电视剧、听听歌曲放松。但是，她从来没有像一些同学那样看起电视剧来没完没了，一到睡觉的时间一定准时关上；更不像有些同学那样为了多看会儿电视剧，不管对错、不问孬好、心急火燎地赶完作业。她不是不想娱乐，她也想一气看完那悬念迭出的电视剧，也常常被那跌宕起伏、撩人心扉的剧情所感动，所吸引。但是，她能管住自己，立马能从剧情中走出来，直奔学习而去。

先别谈"天才"，看看自己有没有从电视、电脑前面准时走开的能力。

别动辄拿"天才"说事。学学"凿壁借光"的匡衡、"闻鸡起舞"的祖逖、"悬梁苦读"的孙敬、"警枕自励"的司马光，说不定你会由"愚"转聪，由"笨"转灵，就像你羡慕别人为"天才"那样，你也会成为被别人羡慕的"天才"！

2.7 不信我的青春不精彩

无论是在教室里还是宿舍中,常常有几个同学在一起畅谈理想,描绘未来。他们的话题仿佛长了翅膀,动辄上九天摘星星,下海底探龙门,无所不能,无所不敢。有些话题看似不着边际,却充满了青春的活力,显示出年轻人的非凡胆识。

然而,这样的畅谈往往只限于几个学习较好的同学之间,学习差一点的同学一般不愿意插嘴,虽然心里也充满了种种奇思遐想,可如果一时不注意而说出口来,别人就会不自觉地看他几眼,话虽然没有说出口来,但意思非常明显:"癞蛤蟆想吃天鹅肉。"即使别人没有这个意思,自己也感到唐突、冒失,不是借故走开,就是局促不安地待在那里。

可怜的同学,只因学习差一点就失去了在人前畅谈理想的勇气,不是太怯懦了吗?

别人说你不行,你自己也认为不行,因而局促不安、畏缩不前,"不行"就成了定论。假如你反其道而行之,发奋图强,勇往直前,"天鹅肉"总有一天会成为你的口中之物。

古今中外的许多杰出人物,往往在起初之时与你我一样,被打上"癞蛤蟆想吃天鹅肉"的烙印。但是,他们不自卑、不气馁,期盼着"有朝一日",目不斜视,发奋而起,终于刷掉了烙印。

华罗庚就是其中的一个。《华罗庚:数学为人民》一文是这样描述他的:"……在进中学时,华罗庚没有显示出智力过人的才华,反而有点笨头笨脑的样子。他对所学的功课,虽有广泛的兴趣,可是样样都平平常常,分数凑合及

格,勉强不当蹲班生。他念初中的时候,一件意外的事情触动了他发奋读书的心弦。那一年,他无意间听到新来的老师同即将离任的老师的一段对话:

"'我们学校有哪些好学生?'新任老师问。

"'没有。好学生都到省立中学去了,留在这里的都是差生。'

"一句话,刺伤了华罗庚的心。'闯,闯上去!不信我的人生不如人,我的青春不精彩。'这是从他倔强性格的深处迸发的火花!他所有的潜力火山般地爆发出来。他写呀,看呀,算呀,陪伴他的那盏小油灯,常常在他居住的小镇的夜里最后熄灭灯光……"

就这样,他毫不气馁,顽强拼搏,一步一个脚印,一步一个台阶,终于登上了世界数学的高峰。在《美国数学报》上发表的《华罗庚传记》中写道:"他的著作范围之广,足以使他堪称名列世界前茅的数学家之一。"

我们不妨想一想,华罗庚如果不发奋而起、顽强拼搏,很可能平平庸庸地了此一生。但是他发奋了,由平庸走上杰出,由受辱走上举世景仰。

瑞典科学家特奥多尔·斯韦德贝里年轻时也有华罗庚那种受辱的经历。他出生于耶夫勒,父亲是一家纸厂的经理。少年时代,他在当地的公学里读书,学习成绩不好,每门课只勉强及格,而且不遵守纪律,有时弄得老师上不成课。校长对他谆谆教诲,但他一只耳朵进一只耳朵出,听不进去一句话。一天,校长正在讲课,斯韦德贝里在下面大声喧哗。校长很生气,指着他父亲的造纸厂,毫不留情地痛斥他:"瞧着吧,二十年后,这家造纸厂将会倒闭在你的手里!"

这句恨铁不成钢的话,不但没有把他击倒,反而激起了他的学习斗志。从此以后,他下决心发奋读书,非以优异的成绩洗刷耻辱不可。经过一番刻苦努力,他终于考上了乌普萨拉大学,后来获得学士、硕士、博士学位,并成为著名科学家。1926年,他发明了超速离心机,应用于高分散系胶体物质的研究,也因此获得了诺贝尔化学奖。

我们再想一想,斯韦德贝里的成功,不又是得力于发奋吗?

有些人常常这样说:"人家是天才,咱这样的恐怕发奋也没有用。"

这种说法是欠考虑的。对杰出人物的成功,你只知道从智力的角度寻找原因,然而,他们在通向成功的道路上所洒下的汗水是多少你知道吗?他们咬紧牙关发奋而起的那种滋味你尝到过吗？他们在奋斗的征途上，一次次跌倒又一次次爬起来的那种坚强毅力在你身上产生过吗？

自认为这也不行那也不行，请问，你发奋了没有？拼搏了没有？在身心疲惫之时，你咬牙坚持了没有？

在没有做到这些之前，你有什么理由说自己不行呢？

美国心理学家威廉·詹姆斯认为，一个普通人只运用了其能力的10%，还有90%的潜力尚待开发。另一位美国学者玛格丽特·米德则认为，人的能力只被利用了6%，还有94%的潜力没被利用。苏联科学家伊凡·叶夫莫雷夫也说："如果我们迫使头脑开足一半马力，我们能毫不费力地学会四十种语言，把苏联的百科全书从头到尾背下来，完成几十所大学的必修课。"

依照这个标准，检查一下自己身体内部、心灵深处的潜能发挥出了多少，还有多少在沉睡。不用发挥出全部的潜能，即便发挥出其中的一半，也没人敢否认你能成为第二个华罗庚，另一个斯韦德贝里。

当然，能够达到华罗庚和斯韦德贝里所达到的高度的人毕竟是少数。但是，他们身上那种发奋而起的精神我们可以学到，那种达不到目的决不罢休的决心在我们身上同样可以产生。只要有了这种精神，下定了这样的决心，即便达不到那种令人仰慕的高度，相信你也会有一个光明的前程。想想，是不是这个道理？

年轻的朋友们，切莫丧气，提起更大的精神，鼓起更大的勇气吧！别人轻视的目光、睥睨的眼神算得了什么？将其变作志气，化为动力，发奋而起，世界会让出一条路，任由你来去！

2.8 给精神补补钙

现代医学一再证明,身体缺钙容易引起许多病症。

那精神上缺"钙"呢?

精神上缺"钙"也会带来一系列不良后果。有些后果尽管是严重的,但当事人往往茫然不知病根所在,一而再、再而三地被缺"钙"引起的"病痛"所折磨。

身体缺钙需要补钙,精神缺"钙"又岂能例外!身体补钙既可食补也可药疗,方法多多。精神上补"钙",其方法也不止一种,但有一种方法值得提倡,且廉价易行。这是一种什么方法呢?

答:"读书法"。

"读书法",也就是读一些"精神钙质"丰富的书籍。这样的书籍有许多,《毛泽东诗词》就是其中一本。毛泽东诗词是风雷激荡的中国革命历程的艺术记录和载体,是毛泽东本人波澜壮阔的革命生涯、人生经验的写照,凝聚着他的精神、情感、理想和愿望。

我们先看看他青年时代的诗词。1924年,胸怀救国之志的毛泽东,面对军阀混战、列强横行的祖国,在《沁园春·长沙》一词的上阕发出了顶天一问:"问苍茫大地,谁主沉浮?"

世上有问"花儿为什么这样红"的,有问"天多高地多厚"的,有问"太阳为什么东出西落"的,但敢于公开问"谁主大地沉浮"的,毛泽东是古往今来第一人。

试想一下,一个缺乏大气、大志、大智、大勇的人,能发出这顶天一问吗?

对这一问，毛泽东在词的下阕作了回答：

"携来百侣曾游，忆往昔峥嵘岁月稠。恰同学少年，风华正茂；书生意气，挥斥方遒。指点江山，激扬文字，粪土当年万户侯。曾记否，到中流击水，浪遏飞舟。"

这种艺术化的回答使人感到文字的穿透力、震撼力：

他雄视天下——"指点江山"；

他藐视一切——"到中流击水"；

他英雄虎胆——"浪遏飞舟"。

对"谁主沉浮"这一问题，毛泽东在写这首词的同期以另外一种形式再次作了回答，并且答得直截了当、慷慨激昂：

"天下者，我们的天下；国家者，我们的国家；社会者，我们的社会。我们不说谁说，我们不干谁干！"

毛泽东是这样说的，也是这样做的。

此时此刻的毛泽东在想什么呢？这一时期他写的诗词就是答案。1930年1月，他写了《如梦令·元旦》一词：

"宁化、清流、归化，路隘林深苔滑。

今日向何方，直指武夷山下。

山下山下，风展红旗如画。"

"宁化、清流、归化"是红军行军途中经过的三个地方。"路隘林深苔滑"概括了行军的艰难。

"今日向何方，直指武夷山下"，红军向什么地方进军呢？向武夷山进军。"直指"形象地说明红军目标明确、行动迅速、意志坚定、信心十足。

"风展红旗如画"是这首词的词眼，或者说是主题。五夷山下，春风吹绿了层层密林，火红的红旗（行进中的红军举的旗）在青山茂林中迎风招展，如诗如画。

这是武夷山下之景，也是毛泽东胸中的革命前程之景。这一"景"一再出现在他这一时期的诗词里：

他在《采桑子·重阳》一词中写道："战地黄花分外香"；

在《减字木兰花·广昌路上》一词中写道："风卷红旗过大关"；

在《菩萨蛮·大柏地》一词中写道:"今朝更好看";

在《清平乐·会昌》一词中写道:"风景这边独好"。

在同期的文章里,毛泽东同样对中国革命的前途充满了信心:"我们的同志在困难的时候,要看到成绩,要看到光明,要提高我们的勇气";"当天空出现乌云的时候,我们就指出:这不过是暂时的现象,黑暗即将过去,曙光即在前头。"在写《如梦令·元旦》一词的同年同月,毛泽东写了《星星之火,可以燎原》一文,回答林彪提出的"红旗到底能打多久"的疑问。他在文章的结尾写道:

"它(指革命高潮)是站在海岸遥望海中已经看得见桅杆尖头了的一只航船,它是立于高山之巅远看东方已见光芒四射喷薄欲出的一轮朝日,它是躁动于母腹中的快要成熟了的一个婴儿。"

如今,新华书店最显眼的地方摆放的无一不是"成功学"之类的书籍。这类图书封面装帧夸张,里面的"成功之法"更是令人跃跃欲试。不过,一遇挫折就悲观,千万方法都不起作用。还是走进毛泽东的诗词世界中去,先学学那"自信"之法吧!

1945年,历时十四年之久的抗日战争终于胜利了,苦难的中国人脸上露出久违的笑容。不过,这笑容很快就消失了,因为一场内战即将爆发。毛泽东在重庆谈判期间,把1936年写的《沁园春·雪》一词赠给柳亚子先生,借此公开发表。这首词的内容如下:

北国风光,

千里冰封,

万里雪飘。

望长城内外,

惟余莽莽;

大河上下,

顿失滔滔。

山舞银蛇,

原驰蜡象,

欲与天公试比高。

须晴日，
看红装素裹，
分外妖娆。
江山如此多娇，
引无数英雄竞折腰。
惜秦皇汉武，
略输文采；
唐宗宋祖，
稍逊风骚。
一代天骄，
成吉思汗，
只识弯弓射大雕。
俱往矣，
数风流人物，
还看今朝。

这首词大气磅礴，纵横万里，充分显示了一代伟人毛泽东的那种宇宙自在掌中、山河控于笔下的英雄气概，以及他那睥睨千古、志在天下的内心世界。

——这就是毛泽东的诗词。

——这就是毛泽东的精神世界。

在这里，我们不可能把毛泽东的所有诗词都解读一遍，也没有必要。何况，任何解读都有偏差，任何诠释都不能完全达意。更重要的是，任何人的解读、诠释都不能代替自己阅读的体会。只有自己去读，去体会，才能领略到毛泽东诗词世界的博大精深，才能从中吸收到不怕困难、不畏艰险、敢于胜利的"精神钙质"！

03 第三章
把握学习方向

　　学习如同登山。登山者能否登上巅峰，体力的大小、意志的强弱固然重要，但在登山途中不迷失方向往往显得更为重要。

　　在学习的过程中，一些学生明明误入歧途却不识庐山真面目，还自认为走在了一条正确的学习道路上，当识得庐山真面目时，往往时过境迁、物是人非。

　　为了让学生走在正确的学习道路上，本章的各篇文章告诉他们：哪条路是大道，哪条路是歧途，哪条路该走，哪条路不该走。

3.1 走"正常的学习生活"之路

在今天,因为学习生活不正常几乎成了一种常态,所以我们才提出"正常的学习生活"这一概念。使学习生活正常的方法其实很简单:就是按照课程表上的安排,该上什么课就上什么课。

课程表一般排得都比较科学,第一节是数学,第二节往往是难度小一点的课,比如历史、音乐;第三节是语文,第四节是地理、绘画……这种安排符合文武之道一张一弛的原则。除此之外,课程表上还有"课外活动"。课外活动是自由活动的时间,喜欢运动的学生可以去操场蹦蹦跳跳,打打篮球,翻翻双杠;喜欢唱歌的学生可以到学校花坛一角引吭高歌、一展歌喉;喜欢科幻小说的学生可以找本书来,领略一番那似真似假、如梦如幻的科幻世界;喜欢创新的学生可以去摆弄那些小发明、小创造——这就是正常的学习生活,它多样而不单调,丰富而不乏味。

看看那些在学习上取得优异成绩的班级,学习生活无一不是多样而不单调,丰富而不乏味的。魏书生老师所带的班级便是如此。

魏书生,辽宁省盘锦市盘山县第三中学语文老师兼班主任,全国著名教育改革家。盘山县第三中学是一所非重点学校,学生都是考重点学校落榜的,魏老师担任其中一个班的班主任。无人看好魏老师的班级,然而魏老师所带的班级却一骑绝尘、横空出世——毕业成绩不但超过了盘山县的重点中学,还超过了盘锦市的重点学校,这不能不说是一个奇迹。魏老师也因此一战成名。

魏老师是如何教的?在《后进生的逆袭》一文中,我们介绍了魏老师教育教学上的一些方式方法，本文再介绍一种"丰富的学习生活法"。所谓"丰富的学习生活法"，就是魏老师努力地让学生的学习生活丰富而不单调，多样而不乏味。具体做法是：魏老师向全班学生强调，上数学课要努力学好数学，上音乐课就要下功夫唱好歌，上劳动课就要累得满头大汗，不允许在音乐、美术等课上做其他课的作业；课外活动时间，魏老师经常到教室里撵学生："到操场上活动活动，别一天到晚坐在教室里。"星期天，魏老师时常带领学生走出县城，爬爬山，涉涉远，看看有别于县城的风景；魏老师还带领学生开荒种地……总之，学生的学习生活丰富而不单调，多样而不乏味。

不正常的学习生活呢？就是升学要考的课就学，不考的就不学，绘画、音乐、手工制作这些不考的课程自然而然地被淘汰出局，至于课外活动更是被"高效"利用，常常是老师占用课外活动时间讲课，一天到晚不是听课就是做作业，单调而又乏味。

省去了不该省去的课程，看起来为考试的科目增加了学习的时间，其实并不利于各科的学习。为什么这么说呢？其中一个原因在《发生在北京二十二中的教育奇迹》一文中进行了介绍，即正常的学习生活有利于优化学习情绪，除此之外，还有其他原因。

一、正常的学习生活有利于构建完整的知识结构

要想汽车跑得快，车上的各个零件都应当完备无缺，缺少哪一个零件，汽车都跑不起来，即便一时跑起来，早晚有故障的时候。学习也是这个道理，一个完整的知识结构就像一辆零件齐全的汽车一样，缺少哪一部分知识都有可能拖学习的后腿。

如何构建完整的知识结构呢？其实，构建完整的知识结构并不难，只要按照课程表上好每一门课就可以。在课程表上设置的所有课程都是经过众多专家、学者反复研究才决定的，其目的就是让每一位同学都能构建科学而又完整的知识结构。

所以，无论是主科还是副科，是否需要考试，你认为有用还是无用，只要

是课程表上安排的课程，都应当认真地学，这样才能构建起科学而又完整的知识结构。事实证明构建科学而又完整的知识结构是提高学习能力的一项基础工程。

二、正常的学习生活有利于学习成绩的提高

我们从理论上阐述了正常的学习生活有利于学习能力提高的道理，那么实际情况如何呢？英国著名科学杂志《自然》发表一篇题为《学习艺术有助于智力提高》的文章，揭示了艺术训练与学习其他学科的内在联系：

"在第一年里，我们的研究在两所公立学校一年级96名5～7岁的小学生中进行，其中，4个艺术实验班（每所学校2个班）编排了音乐和绘画课程，这些课程重点在系统、熟练地发展学生的技能（这个要求是相当高的）。而2个对照班（每所学校1个班）提供一般标准的绘画和音乐课程（学生学什么样就是什么样，不作过高的要求）。其他方面的课程，艺术实验班和对照班都一样。

"7个月后，学校对一年级全体学生进行了同一标准的考试，其中83%的学生的考试成绩有详细记载。我们把这个成绩与幼儿园的成绩比较后发现，在这83%的学生中，艺术实验班的学生在幼儿园时期落后于对照班的学生。艺术实验班的学生在幼儿园的成绩达全国平均水平的仅占38%，而对照班的学生在幼儿园的成绩达全国平均水平的占47%，二者差异显著。但在7个月以后，艺术实验班的学生在阅读方面赶上了对照班学生的水平，而且在算术方面已经领先，成绩达全国平均水平的学生占77%，而对照班的学生只占55%。

"到了二年级，全体学生再次参加考试。我们发现艺术实验班和对照班的学生在阅读方面又是水平相同，但在算术方面，艺术实验班的学生仍然领先——在理解能力方面有73%的学生相当或高于平均水平，而对照班的学生有此水平的仅占55%；在解决问题的能力方面，艺术实验班的学生相当或高于平均水平的占71%，对照班的学生占63%。"

以上实验结果证明，学习绘画、音乐等课程，不但不影响其他学科的学习，还能促进其他学科的学习。

总之，该上什么课就上什么课，这是提高学习能力的一个最基本的方法。

3.2 不走"高分低能"之路

所谓"高分低能",是指一些学生虽然考试分数很高,但学习能力和处理实际问题的能力并不强。本文只阐述学习能力不强的问题。

一些高校的教师私下闲谈的时候,无不认为如今学生的学习能力相比多年前是普遍下降的。以每次期末考试为例,题目稍微难一点,挂科的学生就很多,患抑郁症的学生也越来越多。

美籍华裔数学家、哈佛大学教授丘成桐,在一次专访时说:"我年前招收了两个来自中国著名高校的留学生,一个学生连续三次没有通过考试,重新再念本科,还是不行。另一个也考得不好。丘成桐说,十多年前中国来的学生至少考试成绩在班里排在前 1/3 的位置,但这些年只能排在后 1/3 的位置。"

是什么原因导致这些考入大学的高分者学习能力如此之低呢?他们在中小学阶段是怎么学的?

在回答这个问题之前,我们先谈谈学习能力的构成。学习能力如同一只由多块木板构成的木桶,哪一块木板短了都会导致盛水不多,即学习能力不强。

那么,他们的学习能力之桶上出现了哪些板短呢?

汉高祖刘邦平定天下后,论功行赏,以萧何居第一,群臣以萧何无战功而不服。刘邦从容地说:"追捕野兽的是猎狗,而发现野兽并指示猎狗追捕野兽的是人。你们冲杀在前,捕获野兽,不过是功狗;而萧何指示发令,纵狗追捕,乃功人也。"

对照刘邦的这个比喻,走进教室看看你就知道,学生之间普遍存在着"功狗的能力"较强、"功人的本领"不足的现象,而"功人的本领"又恰恰是

"学习能力之桶"上的一块重要的木板。这块木板短了，必然导致木桶盛水不多，即学习能力不强。

那么，为什么他们"功狗的能力"较强、"功人的本领"不足呢？

有一对父子住在一座大山附近，山上是清一色的马尾松，密密麻麻，连绵几十里。每年的春夏之交，如果温度、湿度、光照适宜，马尾松树下会生长出一种菌类物质，即野生蘑菇，是一种营养价值较高的菌类食材。每年的春夏之交，父亲估计这一天的气候适合野生蘑菇的生长，便领着儿子进山拾蘑菇。进山之后，父亲总是凭他多年的经验告诉儿子哪个地方有蘑菇，哪个地方没有蘑菇，哪个地方蘑菇多，哪个地方蘑菇少，以及在拾蘑菇的时候应该注意的各种事项等等。在父亲的指导下，儿子每次都能拾得筐满篮满。

尽管儿子每次都能拾得筐满篮满，但并不意味着他寻找蘑菇的能力强，只说明他采摘蘑菇的能力强，即"功狗的能力"较强。事实也是如此，儿子独自去拾蘑菇的时候就遇到以前没有遇到的种种挫折：他认为有蘑菇的地方，过去之后却没有；他认为没有蘑菇的地方却长出了蘑菇；山路崎岖，好不容易走到有蘑菇的地方，由于拾蘑菇的人太多，蘑菇早已被一扫而光。

也就是说，在父亲的指导下拾蘑菇，儿子只锻炼了"功狗的能力"而没有培养出"功人的本领"。

许多学校的老师指导学生学习与那位父亲指导儿子拾蘑菇是一个道理：给学生画范围、指重点、提供各种解题技巧、总结各种答题规则，久而久之，一些学生习惯了老师画范围、指重点，一旦老师不画范围、指重点，就不知道怎么学了，没人指路就迷路，这不能不说是导致学习能力不强的一个重要原因。

前文中所说的那些大学生，在中学阶段有老师画范围、指重点，学得游刃有余，能够高分考进大学。但到了大学阶段，老师不再是那种给学生画范围、指重点的教学模式，于是有些学生就不适应了，因为他们在中学阶段没有培养出"功人的本领"。

在这里，我们指出导致"高分低能"的原因，并非让同学们不听老师的，不按照老师所画的范围、指的重点学习。毕竟这种方式有它的优点：它能较快地把握住所学的重点，并且还能考高分。正是因为它有这个优点，才被普遍采用，才被发挥到极致——经济情况一般的学校把经验丰富的老师组织起来，经

济实力强大的学校高薪聘请中高考命题专家,给学生猜题、押题、画范围、指重点、提供解题技巧、寻找答题规则,其结果是升学率直线上升。

它优点明显,但弊端也不能忽视。那么,如何避免这种学习方式的弊端呢?

第一,在老师画范围、指重点之前,自己先试着画范围、指重点;当老师画范围、指重点之后,把自己画的范围、指的重点与之加以对照,从而找出自己的不足之处,并加以改正。慢慢地,你画范围、指重点的能力就提高了,也避免了老师不画范围、指重点就不知道怎么学习的弊端。

第二,对老师画的范围、指的重点,既要作为学习的依据,又不能死守雷池而不越一步。因为老师指的重点未必是你的重点,如果老师指的重点内容你已经掌握了,那就不是重点;如果在老师画的范围之外,还有学得不扎实的知识,你就应当下功夫学习。总之,既要按照老师画的范围、指的重点学习,又要根据自己的实际情况作出适当的调整,这样你才能学得更好、更全面。

第三,多问、多总结。就如同前文所说的那位儿子,当父亲指出哪个地方有蘑菇,哪个地方没有蘑菇时,就应当问问父亲具体原因,然后再去拾蘑菇;拾回蘑菇之后,再总结经验:有蘑菇的地方温度有多高,湿度有多大,长出蘑菇的地方腐殖质有多厚等等,每一次都这样做,就不至于独自进山拾蘑菇时一无所获。

总之,既要吸取"老师画范围、指重点"这种教学方式的优点,也要极力避免其不足,这样才能走出"高分低能"的小路,踏上"高分高能"的大道。

3.3　不走"有知识没智慧"之路

所谓"有知识没智慧",是指一些同学掌握的知识不少,但聪明才智与其掌握的知识不对等,普遍偏低,甚至18岁的人只有15岁时的聪明才智。是什么原因导致了这一结果呢?

一、在学习上亦步亦趋限制了聪明才智的发展

南北朝时期的诗人王籍,在《入若耶溪》中有这样一句诗:"蝉噪林逾静,鸟鸣山更幽。"

宋朝王安石在《钟山即事》中却写出不同的诗句:"茅檐相对坐终日,一鸟不鸣山更幽。"

以上两位诗人的诗句说明,同样表达山的幽静,但各人有各人的思路,各人有各人的见解,各人有各人的想象,各人有各人的判断,一句话:各人有各人的聪明才智。王籍发挥出他自己的聪明才智,写出了"鸟鸣山更幽"这样的经典名句。王安石如果亦步亦趋,而不是发挥自己的聪明才智,就不可能写出"一鸟不鸣山更幽"这种同样经典的名句。

宋朝诗人陆游以梅花为题,写了《卜算子·咏梅》一词:

驿外断桥边,

寂寞开无主。

已是黄昏独自愁,

更著风和雨。
无意苦争春,
一任群芳妒。
零落成泥碾作尘,
只有香如故。

同样以梅花为题,毛泽东却反其意而用之,也写了一首《卜算子·咏梅》:

风雨送春归,
飞雪迎春到。
已是悬崖百丈冰,
犹有花枝俏。
俏也不争春,
只把春来报。
待到山花烂漫时,
她在丛中笑。

从两首词的立意和风格上看,毛泽东的词迥异于陆游之词——陆游词中的梅花失意潦倒,而毛泽东词中的梅花积极向上;陆游词中的梅花遭群芳嫉妒,而毛泽东词中的梅花为百花报春;陆游词中的梅花孤芳自赏,而毛泽东词中的梅花为山花烂漫而微笑。

假如毛泽东亦步亦趋,而不是发挥自己的聪明才智,就不可能写出这首备受赞誉的词作。

作诗填词是这样,学习也是这样。很多同学在学习语文、历史、政治等学科时,往往心醉于课本,崇拜权威,跟在别人后边亦步亦趋。这样既不能发挥自己的聪明才智,也不能锻炼自己的聪明才智,长此以往,得不到锻炼的聪明才智,不是停滞不前就是逐渐萎缩,不能随着学龄的增长而增长。

一个人聪明才智的高低,后天的努力起着极为重要的作用。学习的目的不仅是获取知识,更重要的是锻炼聪明才智。聪明才智只有经过不断地锻炼,才能由小到大、由弱到强、循序渐进、步步登高。假如一味地跟在别人后边亦步亦趋,你学到的只是别人的思路、别人的见解、别人的判断力,而你自己的思路由于得不到锻炼而难以开阔,思维能力由于得不到锻炼而无法提高,判断力也由于得不到锻炼而踏步不前……一句话，亦步亦趋式的学习无法使自己聪明起来。

二、"标准答案思维"无法发挥自己的聪明才智

所谓"标准答案思维"，是指一些同学在学习过程中，长期依赖标准答案而导致思维固化，一旦遇到问题，由于没有标准答案作参照，应当提出自己的见解时，却提不出来，应当作出自己的判断时，却作不出来……养成这种思维的人给人一种缺乏聪明才智的印象。

比如，阿里巴巴旗下的"蚂蚁金服"，其高杠杆的金融运作具有很高的金融风险，弊端多多。但是，在国家没有暂停"蚂蚁金服"上市之前，无论是"线上"还是"线下"，无论是公开场所，还是私下谈天，无论是学金融专业的，还是学非金融专业的，少有人指出其弊端。

然而，当国家暂停"蚂蚁金服"上市后，好像有了标准答案，话锋陡然一转，很多人无不指陈"蚂蚁金服"高杠杆运作的种种弊端、危害。

无论是前恭还是后倨，都没有自己的观点、自己的见解、自己的判断，随大流，人云亦云。这便是"标准答案思维"固化的局限性。

三、批判思维的缺乏无法表现出应有的智慧

批判思维是一种理性思维，是一种不盲从的思维，是一种遇到问题敢于问为什么的思维。一些人缺乏批判思维，其智慧往往无法表现出来，让人感到缺乏智慧。

2009年，教育进展国际评估组织对全球21个国家的学生进行的调查显示，中国孩子的计算能力这一项得分排名世界第一，创造力排名倒数第五，想象力排名倒数第一。

这一结果公布之后，无论是网络之中，还是网络之外，人们一谈起中国

的基础教育都异口同声地说：中国孩子的创造力虽然不强，但计算能力是最强的。

一位高二的同学对此提出了质疑：中国学生的计算能力最强吗？他希望中国学生的计算能力最强，但他又希望看到问题的真相。多年的学习经验告诉他：排名第一未必就是能力最强。

那位高二的同学提出自己的观点之后，一时又找不到有力的证据证明自己的观点，只好用假设法来证明。假设有张三和李四两名学生学习相同的知识，张三用100个小时学习，计算能力考试得了100分，排名第一；李四也用100个小时学习，计算能力考试得了90分，排名第二，这说明张三的计算能力比李四强。假如张三用100个小时学习，计算能力考试得了100分，排名第一；李四用50个小时学习，计算能力考试得了99分，排名第二，就不能说张三的计算能力比李四强。由此可以得出结论：排名第一未必就是计算能力最强。

这个结论得到了全班同学和任课老师的一致赞同。很多学生都认为这位同学聪明、有智慧。其实，他之所以显得比别人聪明、有智慧，并不是他智商有多高，而是他具有一定的批判思维，其他同学在这件事上显得缺乏智慧，并非智商低，而是缺乏批判思维。

总之，在学习上不人云亦云，摈弃"标准答案思维"，积极地培养批判思维，是走出"有知识没智慧"的必由之路。

3.4 不走"自废武功"之路

所谓"高分低能",是指一些学生虽然考试分数很高,但学习能力和处理实际问题的能力并不强。本文只阐述学习能力不强的问题。

语文试卷发下来以后,张涛看了又看,怎么也想不通那道10分的问答题老师为什么才给了2分,自己的答案与习题集上的标准答案一模一样,连一个标点符号都不差;而同样一道题,他同桌却得了8分。他认为同桌的答案如同一只丑小鸭,他的答案则是一只白天鹅,两者差别巨大,不在一个档次上,结果白天鹅得了丑小鸭的分数,丑小鸭却获得了白天鹅的待遇:"太不公平了!"

语文老师走进教室,他气哼哼地问老师:"我这道题做得不对吗?"

"对呀。"老师看到他满脸怒容,决定先稳住他。

"做得不好吗?"

"好呀,很好。"

得到了老师的肯定答复之后,他脸上的怒气消了大半,但仍然不理解老师的评分标准:"那您为什么才给我2分,却给了我同桌8分?"

"因为你的题是直接复制习题集上的答案,而你同桌是自己做的。"

"怎么做重要吗?"

"不重要吗?"语文老师反问了他一句,"学习要追求结果,更要注重过程,如同烤面包,必须亲自动手,一道工序一道工序地去做,最终才能学到烤面包的技巧。你不是亲自动手做,而是把别人烤好的面包直接拿过来。这种学习方法看似是学习的捷径,其实是学习的歧途;看似省时省力,其实在自废武功。"

看！他们的逆袭

老师看到他脸色恢复了常态，决定趁热打铁："人家制作的面包膨松可口，你知道是怎么制作的吗？"

"不知道。"

"各种原料的比例是多少？"

"不知道。"

"为什么面包表皮是薄薄的一层？"

"不知道。"

"加什么原料，烤多长时间才能使面包表皮呈均匀的金黄色？"

"不知道。"

"人家使用的酵母是鲜酵母、干酵母，还是速效干酵母？"

"不知道。"

"人家制作的面包使用的是一次发酵法，还是二次发酵法？"

"不知道。"

"一个面包的成本是多少？"

"不知道。"

"什么都不知道，给你2分少吗？不错，你同桌的答案确实存在许多问题——有错别字，有词不达意的地方，有语言不通顺的句子。但这是他自己做的——自己亲手制作的面包；虽然制作得不尽如人意，但他努力的方向是正确的，制作的程序是科学的，工序是完整的；他知道各种原料的比例是多少，使用的是什么酵母，采用的是哪种发酵方法，发酵时的环境温度有多高，烤面包的时间有多长……再次制作的时候，就会以此为借鉴，或改进制作方法，或改变原料比例，或更换发酵方法。经过一次、两次、三次……慢慢地他就掌握了制作面包的技巧。

"自己不动手，把别人制作好的面包直接拿来，你能掌握制作面包的技巧吗？"

"不能。"

"许多知识一通百通；你同桌掌握了制作面包的技巧之后，就能制作出很多新品种——全麦面包、杂粮面包、水果面包、夹心面包、软质面包、硬质面包、脆皮面包、松质面包……这些你能做到吗？"

"不能。"

"你同桌能做到,你为什么做不到,是智商低吗?不是,是学习方式不对。"

这时,语文老师既是对张涛也是对全班同学讲:"许多同学平时做作业,就如同把别人烤好的面包直接拿来,习题集上有答案的抄答案,没有答案的在课本上抄一段,东拼西凑,移花接木,长此以往,思维得不到锻炼——不开阔、不灵活、不深刻;学习能力踏步不前——18岁的人,15岁的学习能力。遇到问题别人很快想出解决的办法,自己却愁眉苦脸、一筹莫展。

"更令人叹息的是,一些同学明明被照抄照搬式的学习方式废了武功,却把学习落后的原因轻率地推给脑子,从此心安理得地放弃努力,致使学习一落再落,以至于上了十几年的学,走出校门时连封求职信都写不好。

"由此可见,那种照抄照搬式的学习方式不是学习的良方,而是学习的歧途。学习的正途就像烤面包那样,亲自动手,躬身而行,不断地探索制作技巧,不断地总结制作经验,不断地改进制作技术,不断地优化制作工艺……只有这样,也只能这样,才能由生到熟,由拙到巧,循序渐进,步步登高——最终成为面包制作大师。不然,永远与大师无缘!"

最后,语文老师总结道:"照抄照搬式的学习所导致的后果,就像古代的武林高手误服了对手暗下的虽不致命却使剑法不再的药物,慢慢地被废了武功!"

3.5 "读书"胜于"读屏"

"读书"就是读纸质书，它是相对"读屏"（就是在电子屏幕上阅读）而言的。如果阅读是为了提高学习能力，"读书"胜于"读屏"。

2016年4月28日的《南方周末》上刊登了美国加州圣玛利学院英文系教授徐贲的一篇名为《读"屏"，还是读"书"？》的文章。该文以心理学和神经学最新研究成果为依据，从如下三个方面论证了读书胜于读屏。

一、读书与读屏的生理差别

读书优于读屏的第一个原因是读屏更容易产生视觉疲劳。无论在纸上，还是在阅读器或电子屏幕上阅读，都需要用眼。阅读的眼力专注，必然会减少眨眼的次数，这就会增加眼球上泪水的蒸发，也就是所谓的"干眼"。干眼会引起疲劳、头部不适、视力模糊、对光亮敏感等症状。科学实验发现，眼睛不舒服会影响学习的能力和效果。阅读时间越长，阅读难度越大，这种影响就越明显。现有的研究发现，读屏造成的眼疲劳程度超过读书，对需要高度注意力的深层阅读来说，更是如此。

二、阅读认知差别

阅读时，人脑把已有的基因功能调动起来，加以协调，用来处理字母或字词的信息，短期储存在记忆中，以便维持一段时间的思考。对于阅读中的大脑来说，越是有助于调动和协调已有的基因功能，阅读理解的效果就越好。读书之所以优于读屏，是因为读书更能调动和协调人脑的阅读功能，因此更有利于与"理解"有关的深层阅读。

心理学家安娜·曼艮设计了一个阅读实验，它需要阅读者在阅读过程中运用先前读到的部分。文本共四页，测试的是理解性的问题。参加测试的学生中，有一半在没有页码的PDF文档上阅读，另一半在纸页上阅读。结果发现，纸上阅读的学生获得的理解成绩要好得多。曼艮推测，阅读理解与在头脑里重构文本之间存在着某些联系，纸页上的文本是固定的，这有助于文本的空间建构，让读者有明确和固定的提示，形成文本记忆和记忆唤回。

三、学习认知差别

读屏和读书的差别不仅表现在阅读认知上，还表现在更高层次的学习认知上。不少研究者发现，读屏很难有阅读书籍的那种热情或投入，原因是读屏会让阅读者有"触觉失调"的问题。"触觉失调"就是手感不好。电子屏幕没有书籍的样子和特性，给人以疏远、不真实和不舒服的感觉。看上去读屏和读书只是阅读媒介不同，但实际情况是，不同的媒介的物理特性会有不同的认知价值。如果一种阅读媒介给人以不舒服、不自然、不亲近的感觉，那是会影响阅读热情和效果的。这一区别对于深层次阅读的不利影响要远超于一般的浏览和消遣阅读，对于阅读较长、难度较大的读物则更是如此。

以色列心理学家拉克菲特·阿克曼于2010年对一些大学生做了一个主动学习的测试。她选了五篇较难阅读的说理文，每篇1200字，分成电子文本和纸质文本两个阅读组。测试结果是读纸质文本的学生的成绩比另一组高10%。在让学生估计自己错误的时候，测试结果也出现了差异，纸质文本读者的错误估计率在4%之内，而电子文本读者的错误估计率平均为10%。这说明，电子文本读者对自己理解准确度的估计不如纸质文本读者。

总之，对于提高学习能力而言，"读书"胜于"读屏"。

3.6 尊师是一条重要的学习之道

在远离城区的一个依山傍水的空旷土地上,某市教育局建立了一个教育基地,基地里有桃树、梨树、苹果树等各种水果树,还有一大块待耕的土地。每年的春、夏、秋三个季节,全市各中小学的同学轮流到教育基地体验生活、接受教育。

在基地里,一棵树大根深、枝繁叶茂的苹果树常会引起一些学生的疑问。它是基地里一棵最大、最旺盛的苹果树,却稀稀拉拉地结了很少的几个苹果。相比之下,它附近的苹果树,树干不高,枝条稀疏,却果实累累,以致把许多枝条都坠弯了。这是为什么呢?

基地的讲解员总是指着那棵少有果实的树不厌其烦地给予解答:

因为这是一棵无人管理的苹果树,冬天需要剪枝的时候无人给它剪枝,春天需要剪枝的时候还是无人问津,使得那些不结果的枝条恣意生长,夺取了结果枝条的养分。由于结果的枝条得不到充足的养分,枝条上的许多苹果早早地脱蒂落地,即便没有落地,也因养分不足而长不大、长不好。

果树需要管理,正在成长中的学生也需要管理。逃避早操时,老师批评你;上课迟到时,老师批评你;做作业潦草时,老师批评你;应当掌握也能够掌握的知识没有掌握住时,老师批评你……这就是管理,像给果树剪枝一样的管理。但是,很多学生对这种管理抱有抵触情绪,轻者出言不逊,对老师毫无尊重之意;重者与老师发生肢体冲突,弄得老师颜面扫地。从此以后,老师可能就要少管,甚至不管。一个失去老师管理的学生,其结局就像那棵无人管理的苹果树一样。比如,有这样一个学生,上课看手机,老师批评他的时候,他

第三章 把握学习方向

不但不承认错误，上课不再看手机了，反而对老师横加指责："你知道我为什么看手机吧？是因为你讲得太好了！"从此以后，老师再也没有管过他，他看手机，老师装没有看见，随他而去，任他而为，没过多久，他的学习成绩一落千丈。学习一旦落下，再想赶上是件很困难的事情。类似的事情、类似的同学、类似的结局比比皆是、不胜枚举。所以说尊师是一条重要的学习之道。

在这里强调尊重老师的管理，接受老师的批评，并非要你一味地接受、无原则地服从。假如老师误解了你，错批了你，你和老师说明情况时应语气温和，态度端正，给老师应有的尊重。假如你当时不说明情况，默默地接受了老师对你错误的批评，事后找老师谈谈，让老师知道错批了你，那时老师会对你敬重有加。

假如你误解了老师，认为老师不该批评你，一时又情不可禁，与老师当堂理论，事后才知道错怪了老师，这时，一定要找老师赔礼道歉，老师会对你这个有棱有角的学生刮目相看。

看过《恰同学少年》的都知道，毛泽东的语文老师袁仲谦，为了让毛泽东改掉作文中的毛病，有意压低他的作文分数，而他不知道老师的用意，与袁老师发生了语言上的冲突，气得袁老师找校长。事后毛泽东知道袁老师的良苦用心以后，当天晚上去袁老师家认错，但袁老师正在气头上，不开屋门，毛泽东一直站在院子里。这时，似乎老天也站在袁老师一边，哗哗地下起了大雨。毛泽东毕竟是毛泽东，他是一个非常之人，能做出非常之事——雨下了一晚上，他站了一晚上。第二天早晨，袁老师看到毛泽东还站在院子里，并且衣服被雨淋得透透的，觉得孺子可教，就开门让他进屋，让他换下了淋湿的衣服，拿出了厚厚的一摞图书递给嗜书如命的毛泽东，并且告诉他日后有什么问题随时可以问，所藏的万卷图书随时可以取——这就是认错所得到的收获，尊师所得到的回报！

所以说，尊师是一条重要的学习之道。

3.7　让课堂成为每一个同学借鉴和碰撞灵感的来源

　　课堂上常常存在这样一种现象：老师在讲台上提出问题后，总是期待有同学主动地站起来回答，但很少有这样做的同学，讲台之下总是一片寂静。这不是一时的现象，也不是个别的现象，而是一种长期而又普遍的现象。

　　是什么原因导致了同学们不敢大胆站起来回答老师的提问呢？

　　是不会吗？不是。很多同学不是不会，而是"怕"当头，怕答不好而丢人，怕答错而让人笑话，因而该站起来时不站起来。他们的"怕"不是没有根据的，主动站起来回答问题的同学，答对了还好，一旦答错了，轻者引起同学哄堂大笑，重者收到个别同学的尖酸刻薄，极尽嘲讽之能事。久而久之，就没有愿意主动站起来回答问题的同学了。这样的课堂氛围是不利于学习的。那么，如何改变这样的课堂氛围呢？

　　在这里我们只强调一点：对那些勇敢站起来回答问题而又答错的同学要给予充分的尊敬，不要讽刺、挖苦、嘲笑、打击；对那些与你相悖的观点、见解，你可以不赞同，但不要轻率地否定，一棍子打死。因为那些观点、见解中也许含有你一时还不理解的远见卓识，也许含有某种创新的萌芽，轻率地否定、一棍子打死是错误的。

　　2010年，电视台举办中国最有影响力的10大歌手的评选活动，刀郎也参与了评选活动。2004年他凭借一首《2002年的第一场雪》闻名全国，短短数月就卖出了270万张唱片，这个销量是其他歌手难以望其项背的。2005年，他凭借《冲动的惩罚》获全国金唱片奖。2008年，他为北京奥运会创作了《荣誉》《就是现在》等歌曲。2009年以后，刀郎又以《一家人》《爱是你我》获中宣部"五个一工程"奖。然而，就是一位如此受欢迎的歌手，却落选10大歌手榜单。

落选并不令人惊讶，评委有评委的标准。令人惊讶的是几个评委对刀郎的评价："他的歌缺乏音乐性""不具备审美观点""卖得好不等于唱得好""他的歌使中国流行音乐倒退20年""刀郎的走红，是中国流行音乐的悲哀""如果把词曲比作写文章的话，我的文笔就比他的好，他距离诗人还遥远得很""我会把刀郎的专辑扔进垃圾桶""刀郎有音乐吗"，如此等等。这哪里是评价，简直就是苛责，是一棍子打死。

鲁迅说过："我独不解中国人何以于旧状况那么心平气和，于较新的事物那么疾首蹙额，于已成之局那么委曲求全，于初兴之事那么求全责备？"

在苛责的评价之下，有多少有梦想、有创作潜力的歌手无奈退出了歌坛，消失在茫茫众人之中，就是刀郎这个已经名满天下的音乐奇才也因此而隐退了，直到2023年7月，才以一首《罗刹海市》再次震动歌坛、风靡网络。这首歌却让人们多少听出了一些"复仇"的意味。

当今的歌坛，就那么几种唱法，几种风格，单调乏味，假如我们多一些鼓励少一点嘲讽，多一些扶持少一点苛责，想必这里早已成为一个百花齐放、百家争鸣的歌坛。

由歌坛回到教室。我们再一次强调前面的话：对那些勇敢地站起来回答问题而又答错的同学要给予充分的尊敬，不要讽刺、挖苦、嘲笑、打击；对那些与你相悖的观点、见解，你可以不赞同，但不要轻率地否定，一棍子打死，因为那些与你相悖的观点、见解，也许含有你一时还不理解的远见卓识，也许含有某种创新的萌芽。你一棍子下去，"打死"的极有可能是一个创新之才。

所以，要以友善、鼓励的态度对待他人。你以这样的态度对待他，他以这样态度对待你，最终在课堂上会建立起一个良好的回答问题的氛围。在这样一个良好的氛围中，每一个同学都会勇敢地站起来大胆地发言：讲出自己的观点，说出不同的见解，喊出不同的声音，这样才构成一个多元的课堂。让多元的课堂成为每一个同学借鉴和碰撞灵感的来源。

3.8 不可偏离的航线

在信息发达、资讯畅通的今天，五颜六色的概念、说辞、观点、思想纷沓而至，扑面而来，使人眼花缭乱、应接不暇。有些概念、说辞、观点、思想被人为地推波助澜，如汹涌的波涛一般冲击着学习的航船，如果不紧握学习之舵，则会有偏离航线的危险，以至于翻船落水。

比如一些网络游戏的广告，说玩游戏能"开发智力""提高智商""使人变得聪明"等等，仿佛不玩游戏人就变傻了。于是，一些同学玩起游戏来经常通宵，作业、学习统统靠边站。就开发智力而言，以上那种说辞不能说没有一点道理，但是，通过玩游戏开发的智力微乎其微，可以忽略不计，远不如坐在教室里学习所开发的智力可靠。有些同学不是不知道学习的重要性，也想走出网吧而摆脱网络游戏的诱惑，努力学习而获得一个好的成绩，但一想起"玩网络游戏能开发智力"这种令人神往的说辞，又心安理得地继续玩下去。每年，不知有多少同学的学业被网络游戏毁掉。

再如，"成长比分数重要"这一教育理念，它在大大小小的媒体上频繁出现，它被专家、学者、名人奉为教育的瑰宝，它在美国的教育土地上结出累累硕果——一些灰头灰脸的落榜生进了美国的学校，几年的工夫出挑地令人刮目相看。于是，它漂洋过海来到我们的校园，被一些同学所认同、所接受，牢牢地抓住不放。但是，老师却理性地看待，谨慎地接受，没有被"成长比分数重要"这一"响亮动人的理念"所迷惑，常常督促、批评那些不努力学习的同学。然而，那些被批评的同学往往在心里回敬老师："成长比分数重要。"

是啊，"成长比分数重要"这一理念没有错。问题是我们不追求分数是否

03 第三章 把握学习方向

就能健康地成长呢？现实的回答往往不容乐观，仅仅1分之差，你可能就落到了一块贫瘠的教育土地上——这类学校，学风不浓，校风不正，教室里有打牌的，下棋的，玩手机的，就是没有学习的，在这样的环境里怎么成长？成长什么？

一种"学得好不如嫁得好"的思想在个别女生中间悄然流行。这本来是一种危险的思想，却被一些学生当成了人生的圭臬。小小的年龄，不顾学校"不准谈恋爱"的禁令，今天花前之约，明天月下之会，不再把学习放在心上。这明明是偏离了学习的航线，驶入了危险航道，但"学得好不如嫁得好"告诉她们，这是一种正确的选择。

南京某大学有这样一位女同学，在大二未上完就早早地披上了婚纱，嫁入豪门——"学得好不如嫁得好"的思想终于有了结果。但是，这不过是过眼烟云，转瞬即逝。没过多久，她就被赶出豪门，孤苦伶仃，不得不抱着自己的女儿在一个地下车库里以看车为生。

她为什么没能在豪门中争得一席之地？是她错了？还是"学得好不如嫁得好"的思想错了？这是一个局外人难以回答的问题，即便是当事人也未必能够做出清醒的反思。那么，我们只能从另一桩婚姻中映照这个令人心酸的结局。这桩婚姻的当事人就是于凤至和张学良。于凤至和张学良的婚姻是由他们双方父母订下的，等到谈婚论嫁的年龄，张学良一百个不乐意。父亲握有东北三省的军政大权，又在奉天这样的大都市长大，张学良自命不凡，他的眼界之高是可以想象的，岂能看上于凤至？迫于父亲张作霖的压力，他表面上去于家求婚送礼，但背后却写诗嘲讽于凤至，暗示于家是在巴结握有东三省军政大权的张家。于凤至当即回敬了张学良一首词："古镇亲赴为联姻，难怪满腹惊魂。千枝百朵处处春，卑亢怎成群？目中无丽人。海誓山盟心轻许，谁知此言伪真？门第悬殊难知音，劝君休孟浪，三思结秦晋。"

张学良读罢大吃一惊，深悔自己险些与一位才华超群的女子失之交臂。遂回心转意，同意迎娶于凤至。

与张学良结婚以后，于凤至深知自己纵有满腹经纶，若没有相当的学历，也难以在张家这豪门大户立足，所以婚后坚决要求进东北大学读书深造。

大学深造之后的于凤至，学识见地、处世能力、眼界胸襟更上一层楼，常常令张学良自叹不如。最难得的是，她虽为一女子，却有大丈夫的豪杰气概。每当张学良在危难关头，她都从容不迫，帮他渡过难关。当张学良第一次与蒋介石因抗日之事闹翻脸，被迫放下东北军权，一家老小去东洋时，他在渡轮上发出"此去不知何日归"的感慨，于凤至当即写了一首《摸鱼儿·破浪西行》，道出她的雄风和傲骨：

越大洋乘风破浪，
等闲千堵冰障。
人言英雄志无量，
空余豪气万丈。
将门子，
百将战骁勇何惧敌囚旺。
一马平荡。
叹成命难违，
请缨无路，
长啸叹沦丧。
道什么，
外交可攘顽敌，
国人急呼良将。
问君此去何惆怅，
蓄得青山树千丈。
述衷肠，
实难忘，
永志塞外耻辱帐。
慢动悲怆戕。
青史无虚谎，
黑白分明，
笑对世人谤。

于凤至的这首词扫除了张学良心头的失落惆怅，他仿佛一棵柔弱的小草依傍上了一棵挺然屹立的大树。

从于凤至的学识见地、处世能力、眼界胸襟,我们大概看出了南京那位女大学生被赶出豪门的一些端倪。她被赶出豪门时,有人说:"如果大学毕业,她或许能在豪门中争得一席之地;即便被赶出豪门,凭自己的本事也能找一份体面的工作;如果有一份体面的工作,还愁没有比翼双飞之人?"

如今是一个信息爆炸的时代,类似于以上形形色色的观点、思想,在网络里比比皆是,良莠难分,真假难辨,躲不开,赶不掉,不知误了多少同学的青春年华。

不可否认,一些同学之所以被那些形形色色的观点、思想所误导,并非没有进取之心,只因不识庐山真面目,错把莠当良,误把假作真,以至于偏离了学习的航线。那么,我们应当怎样辨别其真假良莠呢?方法是:

它们(指那些形形色色的观点、思想)如果松懈你的学习意志,瓦解你的学习斗志,使你不再执着于学习,无论它们多么美丽动人、入情入理,无论谁说的,无论说的人权威有多大、名声有多响、在你心目中的形象有多崇高,你都要毫不犹豫地拒绝、抛弃、踏在脚下!

04 第四章
提高大脑的灵活性

"一个人5岁以前是智力发展最为迅速的时期,每一个人的智力尽管多种多样,但是它的发展趋势都是到4岁就约有50%的智力;4~8岁期间获得30%的智力;最后的20%是8~17岁获得的。"①这就是说,一个人的智力,20%是在小学到高中这一阶段获得的。但这并不意味着这20%的智力是自然而然地获得的,如果努力不够、方法不当,获得的智力将远小于20%。所以,每一个同学都应当努力地获得这20%的智力。如何获得呢?本章介绍了一些最基本、最简单、最容易操作的方式方法。

比如,合作学习就是一个比较好的方法。脑科学研究发现,当"一个人安静地学习"时,"社会脑"处于休眠状态,导致无法达到最佳学习效果。当我们与他人合作时,"社会脑"开始活跃,控制思考和行为的大脑前额叶皮层也因此变得更发达,即大脑更灵活。所以说,"合作学习"是提高大脑灵活性的一个比较好的方法。

---

① 王运武:《学习科学与技术》,第37页,科学出版社,2018年。

4.1 向"睡眠"要智力

大脑是人体的最高神经中枢,任务重,消耗大,如果睡眠不足或睡眠质量不高就容易导致大脑的疲劳,出现头昏脑涨、神经衰弱等现象,这对智力的提高是极为不利的,继而影响学习。所以,睡眠是提高智力的一个重要方式。

一、保证睡眠时间

脑科学研究表明,睡眠时间与大脑机能的关系极为密切。研究人员以每天8小时睡眠为基准,分别对比了每天睡8小时、6小时和4小时的人的大脑机能。结果发现,连续14天每天睡6小时或4小时的人,其大脑机能逐日下降。即使每天睡6小时,人的认知能力也会下降。

为了维持白天大脑清醒的状态,人每天需要7~9小时的睡眠。如果人为地缩短睡眠时间,特别是在不够6小时的时候,第二天的专注力就会显著下降。

所以,同学们一定要保证每天睡眠时间不少于8小时。

二、提高睡眠质量

除了每天有足够的睡眠,还应当保证睡眠的质量。如果睡眠的质量不高,也会降低大脑的机能。那么,怎样才能保持良好的睡眠质量呢?

04 第四章 提高大脑的灵活性

第一，睡前散步。尤其是午睡之前，最好先外出散步十几分钟，因为刚吃过午饭，散步有助于消化食物和入睡。所以，千万不要刚吃完饭就上床睡觉。

第二，保持卧室的良好环境。睡觉时应该保持卧室的清静和床具的舒适，一般以软硬适中的床垫和枕头为宜，尽量做到冬暖夏凉。另外，应确保卧室的通风，因为新鲜的空气对睡眠的质量十分重要。

第三，养成良好的睡眠习惯。无论是每晚的睡眠，还是白天的小睡，都要尽量保持在同一个时间上床和起床。养成习惯之后，就不要轻易破坏，千万不要在星期六、星期天或节日晚上不睡，早上不起，破坏了自己的睡眠习惯。

第四，调节好饮食。晚上不要食用咖啡、巧克力、可乐、茶等食品或饮料，虽然食用这些之后似乎没有睡眠不良的感觉，但实验证实，这样对我们的深度睡眠还是会有不良的影响。因此，晚上尽量不要食用这些东西。

第五，掌握好睡眠时间。一般情况下，有较好睡眠质量的入睡时间是晚上9:00—11:00，中午12:00—1:30，凌晨2:00—3:30，这时我们的体力、精力下降，反应迟钝，思维减慢，情绪低下，因此有利于转入慢波睡眠。另外，对于容易失眠的同学来说，应该有睡意时再上床，早早上床的结果往往是"欲速则不达"，只会加重心理压力。

当然，我们所说的保证每天睡眠时间不少于8小时，也并非绝对的，就算你的睡眠时间稍短一些，但如果第二天起床后很有精神，就表示有好的睡眠质量，但是如果睡了8小时以上仍然觉得很累，就表示睡眠质量不是很好。

总之，要想在学习过程中让大脑始终处于灵活、敏锐的状态，就要高度重视睡眠。

4.2 向"动口"要智力

"嘴"这一器官在大脑皮层中占有很大的相应"代表区",由许多脑神经来指挥。既然嘴的运动要那么多脑神经来指挥,那么,它的运动,自然也会给予大脑皮层大面积的刺激,促使大脑的发育与成熟。实验证明,咀嚼肌的有力收缩,能给大脑发出强大的觉醒信号,而嘴的运动能使脑部血流量增加,改善大脑的供氧,因而起到健脑益智的作用。

因此,学会经常有意识地"动嘴",自然就会收到很好的脑力修炼的效果。

一、多说话

多使用语言沟通不仅能使我们学会更多的沟通技巧,更重要的是通过嘴部的运动向大脑发出刺激,使大脑的语言中枢和思维中枢得到有效的信息,进而促进大脑的发育。现在有些同学因为害怕说错话或者不够自信,变得不爱说话,尤其在课堂上,该说的不说,让老师的提问落空,这是不应该的。我们应该鼓励自己多说话。

二、多咀嚼

咀嚼是一种十分有效的健脑运动。咀嚼的东西可以是口香糖或泡泡糖。

当然，这在课堂上或考场上是不允许的，而且成天嚼口香糖也会影响消化功能，造成胃酸过多，使食欲下降，因此，咀嚼的时间应该讲究限度。另外，吃饭时细嚼慢咽，不仅有助于食物的消化与吸收，对锻炼大脑功能也有一定的益处。

三、多朗读

朗读能活动口腔及其周围肌肉，并能促进大脑功能提升。最好朗读能理解的内容，即使不能理解，朗读也可以起到刺激脑部神经的作用。平时在写作文、考试等用脑较多的活动之前，可以随便拿本书，大声地朗读5分钟，这会在很大程度上改善大脑血液循环和供氧，使思绪宁静、全身轻松、头脑达到敏捷的效果。

一位有多年教学经验的语文老师说："读书声音小，不愿意放开喉咙的学生，成绩一般都很难提高。读书声音越大，越能刺激大脑皮层集中注意力，记忆越深刻，语感也越好。"

四、多漱口

漱口所起的作用好比对大脑进行"按摩"，它与"笑"一样，也是一种较剧烈的口腔运动，能给大脑提供有益的刺激。口腔与大脑只隔一层骨头，就像一墙之隔的邻居。漱口时，除了口腔四面的肌肉、脸部肌肉剧烈运动给予大脑刺激之外，口腔内的血管也会得到运动。口腔血管与脑血管的关系比较密切，因此，脑血管的功能可以得到改善，脑部的血液循环加强，供氧也会增多。尤其是用冷水漱口，口腔血管先是迅速收缩，然后逐渐扩张，使血管得到"弹性锻炼"。漱口对大脑的促进作用，只要通过简单的实践即可得到证明：当你学习疲劳时，只要用冷水漱口四五遍，就会感到神清气爽、眼明心亮。

总之，多"动口"是一个简单易行的益智方法。

4.3 向"动手"要智力

　　苏联著名教育家苏霍姆林斯基在他的《动手和智慧》一文中说："在人的大脑里,有一些特殊的、最积极的、最富有创造性的区域,依靠这些区域把抽象思维跟双手精细的、灵巧的动作结合起来,就能激发这些区域积极活跃起来。如果没有这种结合,那么大脑的这些区域就处于沉睡状态。在童年和青少年时期,如果没有把这些区域的活力激发出来,那么这些区域就永远不会觉醒了。"

一、动手可以促进大脑的发达和思维的发展

　　《社会发展简史》一书从另一个角度阐述了动手的意义："用手劳动和直立行走,引起和促进了大脑的变化。""人类手的发达增进了人的智慧。"苏霍姆林斯基也说:"儿童的智力发展体现在手指上。"科学研究表明,人体的各个器官及每一块肌肉,在大脑皮层都有着相应的"代表区"——神经中枢,其中手指运动中枢在大脑皮层中所占区域最广泛。这是一些特殊的、积极的而富有创造力的神经细胞群,当一个人的双手从事一些精细的、灵巧的动作时,就能把这些细胞群的活力激发起来。估计人的双手能做出上亿种动作,这些动作都是和思维活动联系着的;信息由手传导到大脑,又由大脑传导到手。因此,手的动作越复杂,对发展大脑的思维功能越能起到积极的作用。

二、动手能促进思维的细致

在教室里我们常常听到这样一句话:"那道题我会,就是粗心了。"粗心是一种常见现象,但粗心在许多情况下是思维不精确、不细致而导致的。那么,如何锻炼思维的精确性、细致性呢?其中一个重要的途径就是动手。

动手和动脑是相互联系、相互促进的。动作的细致,促进思维向精细发展;思维的细致,又促进手的精巧。

苏霍姆林斯基在他的《动手和智慧》一文中说:"我们从一年级起,就要求学生的双手能做出准确的、有成效的动作。在手工劳动课上或在课外小组里,孩子们就学习用纸剪出或者用木料雕刻出精细的图画。谁学会了使用雕刻刀,能写出漂亮的字,谁就会对稍微有一点点偏差的地方很敏感,不能容忍马虎潦草的作业。这种敏锐的感觉会迁移到思维上去。手能教给思维以精确性、工整性、明确性。"

三、动手能促进形象思维的发展

学习上有许多难点,数学上的应用题就是其中之一。一些同学在数学老师讲课的时候听懂了,但一到做应用题的时候就不知所措。原因在哪里呢?

形象思维在学习中起着重要的作用,学习中有许多难点都是由于不重视形象思维的锻炼而造成的。数理学科的应用题就是学习的难点。人们通常认为解应用题要用抽象思维,其实不尽然,应用题中有很多情景的叙述,如果形象思维偏弱,往往连题意都读不懂。如果形象思维较强,解题时展开想象把问题画出图来,如数学线段图、力学受力图,解题就变得更容易。由此可见,平时不重视形象思维的锻炼是一个重要的原因。

那么,如何锻炼形象思维呢?一个重要的措施就是动手。人们在劳动时,头脑中先有一个目标,即要生产制作的产品。这个目标或来自图纸、样品,或是头脑中想象的产物。这个目标以表象的形式存在于操作者的头脑中。通过动手操作,一步步地接近目标。每一步操作,都能在头脑中产生一个新的表象,它与目标进行比较后获得反馈信息，接着按照反馈信息进行下一个操作，直到达成目标。这时，头脑中的表象，在知觉中起到一种整合的作用。表象的整合、类比就是思维的加工，使我们能抓住事物的特征和它的本质，达到识别客体或预测目标的目的，这就是一种形象思维活动。[①]一句话：动手能促进形象思维的发展。

总之，动手能使大脑更精细、更灵活、更聪明！

[①] 温寒江：《学习与思维》，教育科学出版社，2010年。

4.4 向"社会脑"要智力

在《发生在北京二十二中的教育奇迹》一文中,我们已经简单证明"合作学习"与"一个人安静地学习"相比,前者的学习效果更好。教育进展国际评估组织的测评结果也证明了这一点。

教育进展国际评估组织每三年对全世界15～16岁的学生进行一次学力测评,包括阅读、数学和科学三方面的能力。

2015年,教育进展国际评估组织把"合作学习"的能力纳入了测评内容。测试结果表明,"合作学习"能力与其他能力成正比。

在能力测评中名列前茅的学生,他们的"合作学习"能力也出类拔萃;相反,能力测评较差的学生,他们的"合作学习"能力也明显偏低。

由此看来,"合作学习"应当成为我们日常学习中一种不可或缺的学习方式。

辽宁省盘锦市盘山县第三中学的语文老师魏书生是中国著名的教育改革家,他曾经办了一个实验班,这个实验班不是把尖子生集中在一起的实验班,而是把全校各平行班级中倒数第一名的学生集中在一起的实验班,然而就是这样一个谁也不看好的实验班,考试成绩不但超过了对照班(那些把倒数第一名的学生送到实验班的班级),还超过了盘山县的重点学校的学生。

当年,北京二十二中既不是北京市的重点学校,也不是东城区的重点学校,只是北京市的一所普普通通的学校,孙维刚老师带的班是这所普通学校的一个普通班。1997年,孙老师所带的班有55%的学生考上了北大、清华。

魏书生老师的学生和孙维刚老师的学生,之所以取得了如此好的成绩,一

个共同的因素就是合作学习。合作学习使他们每一个人的"社会脑"都得到了充分发挥。

一、合作学习的形式

合作学习的形式多种多样，不拘一格。平时同桌之间就某一问题相互交流，是合作学习；课堂上经常进行的小组讨论，是合作学习；同学之间就某一问题展开争论或辩论，也是合作学习。

近几年一些翻译的书上所谈的外国学生的一些合作学习形式，由于不适合我们现阶段的学习情况，在此就不再介绍。

合作学习形式多样、操作方便，随时都可以进行，请同学们善加利用。

二、合作学习应注意的问题

合作学习有优点也有缺点，控制不好就成了"合作闲聊"，这一点一定要注意。有关合作学习的意义、形式及应该注意的事项，在本书的《培养合作学习能力》一文中有较为详细的介绍。

总之，合作学习是充分发挥"社会脑"的一种学习形式，应当利用好，使我们的学习百尺竿头更进一步！

4.5 运动真的可以改造大脑

美国伊利诺伊大学的阿特·克雷默教授在研究中发现，每周走三次，每次走45分钟，能显著提高人的记忆力和执行控制能力。他的这项研究发表在《自然》杂志上，是目前证明锻炼能够提高认知水平的著名研究之一。

美国哈佛大学医学院临床副教授约翰·瑞迪，是大脑与运动关系的世界一流专家，1997年被评为"美国最佳医生"，他与美国《户外》杂志、《大众科学》杂志编辑埃里克·哈格曼合著的《运动改造大脑》一书，是一本权威性的图书，书中写道："大脑内的每一个神经元（也称神经细胞）通过树状分枝的'叶片'相互接触，而运动则可以促进这些分枝生长并发出许多侧枝，因此能从根本上增强大脑的功能。"

日本的神经科医生桦泽紫苑，有15年脑科学研究经历，对挖掘大脑潜能颇有心得。他在《为什么精英这样用脑不会累》一书中写道："运动不仅可以促进多巴胺的分泌，还能促进乙酰胆碱的分泌，而乙酰胆碱就有助于提高我们的专注力和想象力。"

洪兰，美国加利福尼亚大学实验心理学博士，曾在加州大学尔湾医学院神经科做博士后研究，于圣地亚哥沙克生物研究所任研究员，并于加州大学河滨校区担任研究教授。她在《大脑科学的教养常识》一书的《运动真的可以改造大脑》一文中写道：

"我们的孩子运动太少，有些父母甚至认为运动浪费时间；很久以来，社会上还有'四肢发达，头脑简单'之类的鄙视运动员的话。其实，运动不是剥夺孩子的念书的时间，反而是帮助孩子学习，现在已有很多的实验显示：运动

他们的逆袭

完学习效果更好。

"美国伊利诺伊大学做了一个研究,发现体能、心肺功能与学业成就高度相关。他们给四十位小朋友做了一些认知测验,同时用脑波仪测量检视他们大脑活动的情形。结果发现,体能越好的孩子大脑活动得越多,这表明有更多的神经元被活化起来,去处理注意力、工作记忆,而且处理的速度比体能不好的孩子快。也就是说,身体越健康,注意力越集中,成绩就越好。

"运动,还可以增加管记忆的海马回路的活化——运动后的学生,学习生字的效率比运动前增加20%。运动时,大脑会产生一种叫大脑神经生长因子的神经营养素,在实验室中把大脑神经生长因子洒在培养皿中的神经细胞上时,神经细胞上会长出新的分支,跟突触上的受体结合,增强电流信号的强度,使信息得以快速传递。同时,大脑神经生长因子可以启动基因,制造出更多的神经生长因子和血清张素与蛋白质。血清张素跟情绪和记忆有关。

"运动能使大脑中的神经生长因子增多是一个很重要的发现。因为如果缺乏大脑神经生长因子,大脑会自动断绝跟外界的联结;运动可以诱发神经元的再生,增加大脑的可塑性,制造新的血管以输送生长因子,等于通过强化大脑功能,直接帮助孩子学习。"

我国著名学者温寒江在他的《学习与思维——学习中思维的全面协调可持续发展》一书中写道:"本课题组的体育子课题组研究了一所重点初中体育成绩与中考总成绩之间的关系,得到的结果是:体育考试成绩的优劣与中考总成绩成正相关。"

以上研究无一不证明了这样一个事实:运动能促进大脑的发育,提高智力。

正是因为运动能促进大脑的发育,提高智力,许多学校才加大同学们的运动量。山东省青岛二中的升学率一直高居全省的榜首,这所学校每天设置一节体育课,一般学校一星期才设置两节体育课。著名的河北衡水中学,每年考进北大、清华的学生占河北省的80%以上,与这所学校设置的跑操与课间操不无关系。

甩开双臂、迈开双脚,积极地运动吧,它会给你很多很多!

4.6　阅读使人聪明

雷夫·艾斯奎斯30年来一直在美国霍巴特小学担任五年级的教师，该校高达九成的学生家庭贫困，且多出自非英语系的移民家庭。可是，就在这样恶劣的环境下，雷夫老师在第56号教室里，创造了轰动全美国的教育奇迹，被授予美国国家艺术勋章、全美最佳教师奖、不列颠帝国勋章。他在《第56号教室的奇迹》一书中写道："'阅读'是教育的重要一环，其他科目合起来都没有它重要。"

法国脑科学家斯坦尼斯拉斯·迪昂在他的《脑与阅读》一书中写道："人类的大脑中存在着阅读回路，只要我们阅读文字，左侧枕颞区就会被激活，就像跑步锻炼出腿部肌肉。每一次阅读，左侧枕颞区都在被加强，阅读能力也随着不断地增强。阅读还有一个重要的功能，它可以激发我们大脑的创造力区域——左下前额叶。"

中国教育追踪调查（CEPS）结果（2017年调查的结果）先后刊登在《中国教育报》《光明日报》《中国青年报》等各大报纸上，该项调查结果显示：每多读一本书，初中生在班上的学习成绩综合排名就会前进1.05%。此外，大量的研究证据显示：阅读对青少年的认知能力的培养具有积极的作用。语言能力是基本认知能力的一个重要方面，包括口头与书面语言的理解和表达能力，大量的阅读是提升语言能力的最有效的手段。而持续性的阅读，尤其是信息量大、内容丰富、逻辑体系清晰的整本书籍的阅读非常有利于提升信息处理能力的广度和深度，增强形象思维和抽象思维的能力。

苏联著名教育家苏霍姆林斯基对青少年阅读也有深入的研究。他说：

"三十年的经验使我深信,学生的智力发展取决于良好的阅读能力。缺乏阅读能力,将会阻碍和抑制脑的极其细微的连接性纤维的可塑性,使它们不能顺利地保证神经元之间的联系。谁不善于阅读,谁就不善于思考。"

苏霍姆林斯基指出缺乏阅读的坏处:"为什么有些学生在童年时期聪明伶俐、理解力强,而到了青少年时期,却变得智力下降,头脑不灵活了呢?就是因为他们缺乏阅读,或者说阅读能力差。相比之下,有些学生在家庭作业上下功夫并不多,但他们的学习成绩并不差。产生这种现象的原因,并不完全在于这些学生有过人的才能。这常常因为他们有较好的阅读能力。而较好的阅读能力又反过来促进智力的发展。那些除了教科书什么也不读的学生,他们在课堂上掌握的知识非常肤浅,并且把全部的负担转移到了家庭作业上。由于家庭作业负担过重,他们就没有时间课外阅读,这就形成了一种恶性循环。"

苏霍姆林斯基有一句名言:"使学生聪明起来的办法,不是补课,不是增加作业的量,而是阅读、阅读、再阅读!"

大量的研究无一不证明阅读是提高智力的有效手段。正因为阅读如此重要,各国对阅读都非常重视。

欧洲的孩子,最重要的功课就是阅读,没有之一。不但学校强调阅读,全社会都在营造阅读的气氛。

美国推出"阅读是基础"的运动。

英国有"阅读起跑线计划",是一个全国性的阅读指导计划,鼓励家庭参与计划,而所有参与计划的家庭往往会给孩子买更多的书,也会抽出更多的时间陪孩子阅读。最终的调查显示,参与计划的家庭的孩子明显在听说和写作成绩上高于班级平均成绩,而这个优势还意外地扩展到了数学领域。因为阅读是一个全方位的训练。

爱尔兰放出话来:到2026年以前,爱尔兰的教育与培训服务要成为欧洲第一。怎么成为欧洲第一?就是加强阅读。2011年,爱尔兰启动了"读写能力与计算能力计划",每年对老师进行培训,让他们在教学中每天给孩子增加30分钟的阅读。几年下来,经国际阅读素养进展研究项目(PIRLS)评估,爱尔兰学生的阅读能力已经是全欧洲第一。

而在全世界范围内,学生的阅读能力排在爱尔兰前面的有俄罗斯和新加坡。所以，新加坡才能从一个小国变为富国，而俄罗斯则是一个永远不能小看的国家。

在此，我们再一次重复苏霍姆林斯基那句名言："使学生聪明起来的办法，不是补课，不是增加作业的量，而是阅读、阅读、再阅读！"

05 第五章
抓住学习的主要环节

学习要重视"预习""课堂学习""做作业""系统复习"等环节，抓住了这几个环节，等于打蛇击中了七寸。

针对每一个环节，本章或介绍一种学习经验，或提供一种学习方法，或启迪，或引导，或鼓励，以帮助学生抓住每一个环节。比如，为了让学生做作业时放开手脚，尽情地发挥自己的聪明才智，《放开手脚做作业》一文告诉他们："做作业应力求做对，但不要怕出错，作业是一个允许出错的地方。"

再如，学生之间普遍感到作文难。针对这一问题，《作文》一文为学生提供了一些"化难为易"的方法。

5.1 制订学习计划

学习计划是学习目标的蓝图。有了学习计划后,就应该有步骤、有计划地去实现目标。"凡事预则立,不预则废"。有计划总比无头苍蝇更能成功——这就意味着,要想取得理想的学习效果,学会制订和实施学习计划是非常必要的。

一、制订学习计划的重要性

(一)制订学习计划能够促进学习目标的实现

如果我们订出学习计划并按计划学习,就能做到心中有全局,行动有方向,使平时的每项学习活动均与学习目标的实现联系起来,以避免学习上的随意性、盲目性。同时,按计划进行学习,还能防止主次不分,轻重倒置的弊端,从而有条不紊地促进各项学习任务的及时完成。

(二)制订学习计划有利于养成良好的学习习惯

如果我们坚持按计划学习,久而久之,学习生活就会形成规律,甚至成为"条件反射",再也不会玩起来没头、扯起来没完,起床、学习、休息等环节到时就会自动地进行,对来自各方面的干扰和诱惑就会主动地排除,而且也不必付出过多的意志。由于形成了良好的学习习惯,我们就不会临时想该干什么和怎么干,从而减少了时间和精力的浪费。

(三)制订学习计划能够磨炼我们的意志

事实一再证明,良好的意志与品质是学习成功的重要因素。我们知道,学习计划的实施并不是一帆风顺的,还要随时应对来自各方面的冲击和干扰。比如,当你沉迷于手机上的游戏时,计划中的学习时间到了,就必须用意志和毅力抵制游戏的诱惑,以确保自己的行动不偏离既定的学习任务和目标。这样,在不断排除干扰、坚持实施学习计划的过程中,我们的自觉性、果断性、坚毅性和自制力等意志与品质也就得到了磨炼和增强。

二、制订学习计划应注意的事项

学习计划的种类很多。按范围分,有学科计划、专题计划等;按内容分,有课内计划、课外计划等;按时间分,有学年计划、学期计划等;按形式分,有表格计划、条文计划等。无论制订哪种计划,都要注意如下事项:

(一)计划要全面考虑,统筹兼顾

制订计划时,要把各个方面的因素放在一起,统筹考虑,全面安排,不仅要考虑学习,还要做好社会服务、身体锻炼、文化活动、休息睡眠等时间的安排,不能只想到学习、吃饭两件事,以避免学习生活单调乏味而影响学习效率和全面发展。

(二)分清主次,合理安排

学习生活的各个方面的比重是不一样的,是有主次之分的。那些常规的学习内容,如各门功课的学习和其他课外活动,所占用的时间比例是不一样的,应充分看到这些差异,才能科学合理地制订并实施计划。

(三)学习时间的安排要科学

学习活动主要有以集体上课为主的常规学习和由自己支配的自由学习两种。相对而言,常规学习的时间较好安排,只要严格按照学校和老师的要求认

真学好当天的功课就行。而自由学习的时间却不然，如果利用不当，就是白白浪费时间，事倍功半。因此，我们必须科学地安排学习的时间，在最适宜的时间学习最适宜的内容。

生理学家研究表明，一天之内有四个学习的高效期。如果利用好这四个高效期，可以达到事半功倍的学习效果。

1．**清晨起床后**。清晨6—7点，此时刚结束睡眠，大脑经过一夜的休息，消除了前一天的疲劳，脑神经处于活跃状态，没有新的记忆干扰。此时学习一些难记忆又必须记忆的内容较为适宜。

2．**上午8—9点**。这段时间是第二个学习高效期，体内肾上腺等激素分泌旺盛，精力充沛，大脑具有严谨而周密的思考能力。此时是攻克难题的大好时机，应当把握住，充分利用大脑兴奋来攻关。

3．**晚上6—8点**。这段时间是人脑记忆的又一高效期。在这段时间复习全天学过的知识较为适宜。

4．**入睡前一小时**。利用这段时间来对一些难记忆的东西加以复习，则不易遗忘。进入睡眠的1~2小时之内，大脑一般不再接收新的信息，临睡时接收到的信息印象相对深刻。不少事实证明，某些所谓的"梦中的启示"，大多是在这段时间内产生的。有人认为这段时间是"灵感思维"比较集中的时间。

以上是学习的四个高效期，在制订学习计划时应加以考虑。

（四）计划要从实际出发，留有余地

在制订计划时，要充分考虑到自己的实际能力和水平。只有从实际出发，制订出的计划才会切实可行。否则，计划写得再好也不过是一张废纸。

计划毕竟是一种设想，并不等于现实，在付诸实践的过程中，还会出现各种各样的情况影响计划的实现。因此，为了保证学习计划的顺利进行，制订计划时还要注意留有余地。

（五）要和老师的教学同步、协调

制订学习计划应与老师的教学同步、协调。只有与老师的教学同步、协调的计划才能促进学习，提高效率。否则，计划的作用将大打折扣，以至于无效。

（六）认真检查，及时调控

计划已经制订，就应以顽强的意志和高度的热情去落实和执行，不能马虎了事，认为可有可无。因此，对计划的执行情况应定期检查，看其效果究竟如何，以便及时调控。

检查的内容一般包括：平时是否按计划学习，效果如何，目标是否适当，措施是否有效，未完成计划的原因是什么等。对检查出来的问题，要立即采取相应的措施，或提高执行计划的自觉性，或对计划中不科学的地方进行必要的调整等。

检查的方式一般是自查，有时也可以征求班主任、任课老师、家长或同学的意见，以取得别人的监督和帮助，从而提高检查的质量和计划的效力。

总之，只要我们学会制订学习计划并坚持按计划学习，学习效率就会大大提高。

5.2 预习的方法

预习就是在老师讲课之前,自己预先学习,为上新课做好必要的知识准备和心理准备。由于预习是整个学习环节的第一步,它对学习成绩的提高、自学能力的培养等都有重要的影响。

一、预习的重要性

(一)预习能够提高课堂学习的质量

1. 预习可以扫除课堂学习中的知识障碍。在课堂上,老师讲课面对的是全班同学,当然只能用同一速度,中途不可能停下来等着哪一个同学跟上来再讲。如果我们事先不预习,上课时匆匆打开课本,对新课内容一无所知,听课完全处于盲目而被动的状态,一旦碰到知识障碍就会停顿,而临时查书或问别人已经来不及了。相反,如果我们进行了课前预习,就会及早发现课堂上将要出现的知识障碍和自己的知识漏洞,从而采取适当的措施予以扫除和补救,使课堂学习顺利进行。

2. 预习可以提高听课水平。由于预习时发现了一些不明白的问题,就会盼着上课解决,上课时就不容易走神,精力容易集中,听课的效果会大大提高。同时,还可以把预习的思路与老师讲课的思路相比较,从而看到预习的思路有什么优点,老师讲课的思路有什么优点,优优相加,使听课水平向更高层次发展。

3. 预习可以加强课堂笔记的针对性。进行了预习,就会对老师讲的内容更加心中有数:哪些课本上有,哪里应该记,哪些该详记,都会更清晰,从而避免了课堂笔记的盲目性。有些同学课前不预习,课堂上记笔记缺乏针对性,该记的不记,并常常因为记笔记而误了听课,或听课顾不上记笔记,致使两者都受影响。这就是课前不预习所导致的后果。

(二)预习可以改变学习的被动局面

一般来说,学习包括"预习—上课—及时复习—做作业—系统复习"等几个环节。然而,不少同学却忽视了预习这一重要环节,听课一旦停顿,就会使被动局面一环一环地传递下去,最后形成恶性循环。通过预习扫除了课堂学习中的知识障碍,使得听课畅通无阻,大大提高了课堂学习效率。上课听懂了,还能进一步提高课后复习和做作业的速度,赢得充足的学习时间。同时,学习时间的充裕,又保证了有足够的时间和精力来进行预习。这样就使几个环节的学习形成了主动超前的良性循环,被动的局面得到了根本的改变。

(三)预习可以促进自学能力的提高

自学能力是每一个同学应该具备的重要的能力。预习是独自接触新知识,它需要自己读,自己想,自己动脑解决问题。长期坚持预习,自学能力才能如春园之草,虽不见其长,但日有所增,就像小孩走路一样,一开始蹒跚学步,一天两天,一年两年,终有一天健步如飞。可见,只要抓住了预习,就抓住了提高自学能力的关键。

二、预习的任务和方法

(一)预习的任务

一般来说,预习的任务有三项:初步理解教材的基本内容和思路;复习、巩固和补习有关的旧概念、旧知识,并将新旧知识联系起来;找出教材的重点和自己不理解的问题。

（二）预习的方法

1. **要阅读教材**。先将教材粗读一遍，领会其基本大意，然后再反复细读。细读时，在课本上初步勾画出重点、难点，标出疑难问题。

2. **要认真思考**。预习时要运用已有的知识、经验进行积极的思考，多问几个为什么，弄清新旧知识的内在联系和新内容中的知识点。

3. **要虚心请教**。预习中遇到不明白的问题是正常的，通过独立思考仍然不得其解，可与同学讨论，必要时向老师、家长或其他人请教，尽量把问题解决在课前，以便在课堂上集中精力思考新问题。

4. **要适当地做些习题**。预习时，可适当地做些自选习题，及时检查预习效果，并巩固、深化预习的知识，从而为上新课做必要的准备。

三、预习时应注意的问题

（一）根据自己的实际情况，质量大于数量

预习的好处固然很多，但需要一定的时间，为了保证预习的质量，最好先选一门难度较大的学科进行试验，取得经验后再逐步展开。对于个人的优势学科或较易掌握的内容可以少预习或不预习。

（二）时间的安排要服从整体计划

预习的时间要根据实际情况来安排，不要因预习占用过多的时间而打乱了学习的整体计划。时间多便多预习一点，钻研得深一些；时间少则少预习一点，钻研得浅一些。

（三）不可有依赖思想

预习遇到疑难问题是正常的，在时间、精力允许的情况下，该下功夫钻研的下功夫钻研，不要认为反正老师还要讲，要么束之高阁，要么浅尝辄止，使预习流于形式。

下功夫钻研，并不意味着让你把所有的疑难问题都解决，有些疑难问题解

决不了是正常现象，因为预习不可能把全部的新内容都吃透，而是让你养成不畏艰险、知难而上的精神。

  总之，预习虽然是学习的起始阶段，但它的重要性是不言而喻的。它如同战役前的侦察，战斗前的准备，对能否取得成功，赢得胜利，起着极为重要的作用。因此，我们应当重视预习，做好预习，为将要进行的学习奠定良好的基础，为高效率地进行课堂学习迈出坚实的第一步。

5.3 课堂学习

课堂学习的基本任务就是在老师的指导下学习知识，发展智力，提高能力。无数事实证明，同学们的大部分知识和能力是在课堂学习中学到和培养起来的。因此，要提高学习效率，就必须认真对待上课，并学会如何听课。

一、课堂学习的重要性

（一）课堂学习的地位

课堂学习在整个学习过程中占有很重要的地位。课堂学习搞好了，能一子激活满盘棋；搞不好，满盘皆输。

（二）课堂学习的作用

人们将中小学阶段称为一个人成长的"黄金季节"。然而，这个"黄金季节"的主要时间却是在课堂上度过的，这就足见课堂学习的重要性。因此，我们只有珍惜每一节课，刻苦努力，才能取得理想的学习效果，才会使这"黄金季节"真正放出异彩。否则，学习效果就会事倍功半，对将来的成才和发展也会造成不良影响。

（三）课堂学习是获取知识、发展智能的主要途径

知识是人类实践的产物，是人类智慧的结晶。社会发展到今天，人类已经

积累了大量的知识财富，而知识还在加速激增。我们要想以最快的速度掌握人类已有的知识并在此基础上有所创造、有所前进，最有效的方式就是提高课堂学习的效率。例如，元素周期律是经过几代科学家艰苦卓绝的努力才发现的，而我们在课堂上用几节课的时间就学完了。可见课堂学习是获取知识、发展智能的最便捷的途径。

二、抓住课堂学习的几个环节

一般说来，课堂学习分四个环节：听、记、看、练。听，就是听老师讲课；记，就是记笔记；看，就是看老师所讲的内容；练，就是课堂练习。

（一）听课

1. 听课前的准备

课堂学习是一种集体学习的形式，它要求每个同学都能够跟上老师的讲课速度。假如某种因素使你一时掉队，老师不可置多数同学而不顾，停下来等你赶上再讲。其次，老师只能按照大多数同学的水平讲课，所以课堂上常常会出现"吃不饱"和"吃不了"的情况。为了避免掉队和"吃不了"的情况出现，最好的办法就是做好课前的各项准备工作。

（1）生理准备

以上问题，我们在其他文章中已经强调过，在这里再次提出，希望同学们一定要重视。只有平时学好了，才能决胜考场；不然，决胜考场就是一句空话。

学习是一项复杂而又艰苦的脑力劳动，只有保持大脑的清醒，并使大脑在课堂上始终处于良好状态，才能较好地完成课堂学习任务。因此，要取得良好的学习效果，还必须保证充分的休息和睡眠，使大脑在课堂上处于最佳机能状态。一些同学的做法值得借鉴：他们总是遵守作息时间，从不"开夜车"；课间走出教室呼吸新鲜空气，伸伸腿、弯弯腰，以消除大脑疲劳，午睡后留点时间洗洗脸，使大脑从疲劳状态逐渐过渡到良好状态，从而在课堂上始终精神饱

满,达到良好的学习效果。相反,有些同学生活无规律,玩起来便忘了学习,学习起来便忘了休息,张弛无度,整天疲于奔命,大脑长期处于高度紧张状态,不仅严重影响了学习效率,有的甚至搞垮了身体。

在这里强调一点:课间不要玩手机、看短视频、打游戏,这些快节奏、强刺激的事情容易引起兴趣;而老师讲课,无论讲得多么好,都不如看短视频、打游戏有趣。这样课间做感兴趣的事情,上课之后往往还想着那些感兴趣的事情,精力很难集中在课堂上,从而影响学习,继而影响考试成绩。

(2)心理准备

实践告诉我们,求知欲越强烈,对学习内容越感兴趣,学习的意志就越坚强,学习的效率就越高,反之就越低。影响学习的心理因素是多方面的,它有时来自教材或学习内容,有时来自学生的负面情绪,有时也与教师的某些不足有关。无论来自哪里,都应当以积极的心理状态迎接老师讲课。

在这里要特别强调一点:要努力适应每位老师的讲课特点和风格。不同的老师有不同的讲课特点和风格:有的语言简练,有的稍显啰嗦,有的板书扼要简洁,有的略显凌乱,有的说话风趣幽默,有的讲课语言严谨。喜欢的听起来自然顺耳入脑,不喜欢的也要努力适应,切不可产生排斥心理,更不能让这种排斥心理以外在的行为表现在课堂上。因为你无法改变老师,还要从老师那里获得知识,那就只有改变自己,让自己适应老师,接纳老师,从而喜欢老师。

适应每位老师的讲课特点,不但是一个学习问题,还是一个观念问题。你喜欢甜的,社会给你的可能是苦的;你喜欢辣的,社会给你的可能是酸的……世界上没有事事如意、时时顺心的时候,只有甜酸苦辣样样能行,你才能汲四方之营养、取八方之精华,成长自己,壮大自己。

因此,要随时做好心理调节,力求使自己每一节课的心理都能达到一种理想的状态,以确保课堂学习的效率。

(3)知识准备

因为上课要涉及很多以往学过的知识,课前如果没有一定的知识准备,就可能出现听"天书"的现象。一般来说,知识准备主要通过预习来进行。不过,课前最好将预习的内容再回忆一下,对一些关键问题再简单地思考一遍,这样对课堂学习很有好处。

总之，只有做好了充分的课前准备，才能取得良好的听课效果。否则，就会造成时间的浪费。

2. 听课的方法

（1）集中注意，专心听讲

有人说，注意力是知识的窗口，不集中注意，知识的阳光便很难照射进来。这就形象地说明了专心听讲在课堂学习中所起的作用多么重要。那么，如何才能做到集中注意力、专心听讲呢？实践证明，最有效的办法就是时刻想着课堂是获取知识的主要途径，努力在课堂上提高效率。基于这样的认识，上课才能做到全神贯注而不走神。相反，如果本末倒置，不是寄希望于课堂上解决问题，而是专靠课下加班加点，自然就很难做到集中注意力、专心听讲。

（2）分清听课时的主次，把握住听课的重点

听课以"听"为主，以"记"为次。对老师讲课的内容要听清楚，听明白，听仔细，不要只顾做笔记而忘了听课或顾不上听课。

听课的重点是：听老师对事物是怎样分析、推理的；听老师解决问题用的是什么方法、技巧；听老师如何将理论联系实际等。这样才能把握住听课的重点。

（3）听课时不要钻"牛角"

课堂上，老师总是一个问题接着一个问题地往下讲，有时会遇到疑点或听不懂的问题，不要中断听课而钻"牛角"，应先将问题记下来，留到课后解决，以保持听课的连续性。否则，如果中断听课而去专攻某个问题，就会使听课的整体性遭到破坏。等到你从"牛角"中醒悟过来时，老师又讲到其他问题了。这样就会因一步掉队而步步被动，甚至造成整堂课都听不懂的严重后果。所以，听课时一定要紧跟老师的思路，不走神、不掉队、不钻"牛角"，始终保持思维的灵活性和听课的连续性。

（二）做好课堂笔记

好记性不如烂笔头。做好课堂笔记，是提高课堂学习效率的一个重要措施。课堂笔记主要记录以下几方面的内容：

1. 记尚未听懂的内容

在预习的时候没有弄明白的内容，老师讲的时候又听得似懂非懂，这是要重点记的内容。记的时候，在不影响听课的前提下，尽量记得详细一点，为后续解决这部分问题做更多准备，准备得越多、越充分，问题解决起来就越容易。

2. 记重点、难点内容

在预习的时候已经弄明白的内容，老师讲的时候又没有发现疑难问题，这部分内容即便是重点、难点，在原则上也不用记，因为你已经掌握的内容就不是重点、难点了。但为了后续复习能抓住重点，还是要用重点符号简单地标注，但不用详细记。

3. 记下老师要求记的内容

在讲课的过程中，老师或讲一些课本上没有的知识，或补充一种解题技巧，或强调一种历年升学考试经常出现的题型，根据老师的要求，认真记下这部分内容，以便日后复习。

4. 记下一闪而过的"思维火花"

所谓"思维火花"，是指在听课的过程中，突然闪现出的新思路、新见解、新感悟。这些东西是非常难得、非常珍贵的，但也容易消失，所以要及时记下来。

坚持记课堂笔记，可以促使思维的发展。由于听课、记笔记需要眼、耳、手、脑并用，可以使大脑接受多种感官的综合刺激，从而加深对老师讲课内容的理解、掌握和记忆。

（三）要认真看老师所讲的内容

老师讲完课以后，通常叫同学们看看所讲的内容。看书除了复习、巩固老师讲的内容以外，还有一个重要作用，就是及时地发现问题。这个时候发现的问题容易解决。因为，老师讲的内容还历历在目，趁热打铁就把问题解决了，即便自己不能解决，有老师在场，及时问老师也可解决。

有些同学看书不深入，自己有问题却发现不了，等到发现问题的时候，已经错过了解决问题的最佳时机。这是因为，老师讲课的内容由历历在目变得模糊不清，这时解决问题就没有原先那样容易。假如自己解决不了，老师又不在场，问同学，也不一定像老师讲得那样透彻。问题得不到解决，必然影响做作业，继而影响下一节课的学习，从而造成被动的学习局面。被动的局面一旦形成，再扭转过来，需要花费很大的力气，甚至难以扭转。所以，要重视看书这个环节，并认真对待这个环节。

1. 看书要讲究方法

很多老师都有这样一个经验：在讲课之前，看着要讲的内容感觉没有什么问题，而走上讲台，就会在讲课的过程中发现问题，才知道自己准备不足。这就是古人所说的"教然后知困"。鉴于老师的这个讲课经验，同学们在看书的时候，不妨变"看"为"讲"，不出声地把要看的内容"讲"一遍。这样做，不仅能大大提高看书的效率，还能及时地发现"看"没有发现的问题。

变"看"为"讲"，能够发现"看"没有发现的问题；变"看"为"做"，也能够发现"看"没有发现的问题。比如，老师讲过的数学例题，你看的时候觉得没有什么问题了，但未必没有问题，合上书自己做一遍，往往才能发现问题。所以，不妨变"看"为"做"。

至于什么样的内容适合变"看"为"讲"，变"看"为"做"，要根据自己的情况而定，不可机械地套用、盲目地照搬。

2. 发现疑难问题要大胆问老师

发现疑难问题，自己解决不了的，要大胆地问老师，不要害怕提问。有些同学遇到疑难问题，不好意思问老师，或不敢问老师，从而造成学习的被动，这是很不应该的。

大胆地问老师，这样不仅能解决疑难问题，还能锻炼敢说敢干的勇气。敢说敢干就是一种能力。同学们将来踏上社会，驰骋大地，行走四方，离不开这种能力。

（四）认真做好课堂练习

老师，尤其是数学老师，让同学们看一遍所讲的内容之后，往往会出一两道题让全班同学练习，然后根据同学们做题的情况再当堂答疑，这就是课堂练习。然而，在老师讲题的时候，一些同学却听不懂。为什么听不懂？一个普遍性的原因是他们不做老师布置的课堂练习。

也许有些同学会提出抗议：我们不做是因为不会做，假如会做我们怎能不做？不会做就不做，这看似一个正当的理由，恰恰是听不懂的一个重要的原因。

不会做更要做。有时候，多回顾老师讲课的内容，多思考一会儿，也许就能把题做出来，即便做不出来，也有收获，老师讲的时候更容易听懂。为什么说不会做更要做，老师讲的时候更容易听懂呢？这就如同烧水，水已经烧到了99℃，老师讲的时候，等于在99℃的水上加上1℃，水开了，你也就听懂了；假如水还处于0℃，老师的讲解等于在0℃的水上加上1℃，对100℃的水来说，这1℃无济于事，你就还听不懂。这就是要求同学们不会做更要做的道理。

综上所述，课堂学习是掌握知识的中心环节，同学们要想高效率地完成课堂学习的任务，就要认真对待课堂学习的各个环节，有始有终地度过一堂课。

5.4　及时复习

复习是再一次学习学过的知识，以强化记忆，加深理解，融会贯通，从而使知识学习系统化。

一、复习的意义和分类

复习，是掌握知识的重要一步。掌握知识的过程可分为三步：第一步是理解知识；第二步是复习巩固知识；第三步是在初步理解和复习的基础上转入应用练习，以形成智力技能。可见，复习在掌握知识的过程中，起到承前启后的作用，是必须重视的一个学习环节。

复习，从时间上讲有及时复习、期中复习、期末复习。下面我们只介绍及时复习。

二、及时复习的程序

及时复习，指紧随课堂，天天都采用的复习方法。

及时复习，贵在及时。这是由"先快后慢"的遗忘规律所决定的。心理学教授曾做过这样的实验：让三个组的学生记同一篇诗歌，第一组间隔一天复习；第二组间隔三天复习；第三组间隔六天复习。要达到熟记的程度，第一组的学生平均需要复习四次；第二组的学生平均需要复习六次；第三组的学生平

均需要复习七次。可见，复习能做到及时，会产生事半功倍的效果。

然而，有些同学常出现的弊病是：课上听课，课下做作业，把复习环节省略了。当然，做作业也含有消化复习所学知识的部分，但主要在于运用知识，以培养智力能力。若长期忽视及时复习，必然造成知识的缺漏，难以使知识具有系统性、完整性。即使是作业中曾用到的知识，课后虽会，题能做上来，但因缺乏及时复习，在知识理解的深度上、知识之间的联系上都会受到影响。时间稍长，所学的知识只能是模糊、理解不深的。不系统的知识是最容易被忘记的。再则，不复习就做作业决不会省时。

及时复习有如下几个程序：

（一）尝试回忆

所谓尝试回忆，就是独立地把老师在课堂上讲的内容回忆一遍。这种做法实际上就是自己考自己，是逼着自己专心致志去动脑筋进行思考的一种方法。其好处有以下三点：

1. 能及时检查听课的效果

及时复习能及时检查听课的效果，以促使自己积极进取、聚精会神地把课听好。如果能独立地回忆出讲课的全部或大部分内容，能把知识线索、层次和要点大体上写出来，就证明自己听课的效果是好的。反之，就应查找疏漏，及时纠正听课所存在的问题。

2. 有利于动脑习惯的养成

学习中积极思考、勤于动脑是取得优异成绩的基本保证。这一习惯的养成是在学习实践中得以实现的。尝试回忆就是一种积极的思考活动，它可以把学过的知识，通过再现，使之在头脑中得以强化、巩固。若能经常如此，自然有利于动脑习惯的形成。

尝试回忆若能同阅读教科书交替进行，更能加强记忆效果。专家们设计实验，让受试者识记课文内容：一种是连续阅读四次进行识记；另一种是阅读两次、回忆两次交替进行识记。在熟记后一小时进行测定，两者"保持"记忆的百分比分别是52.5%和75.5%；记忆10天后再次测定，两者"保持"的百分比分别是25%和57.5%。结果表明，后者的记忆效果远远超过前者，原因就是后者的大脑通过了积极思考。

3. 能更明确复习的针对性

通过尝试回忆记住的多是已懂得的，没有记住的正是自己没有掌握的。没有掌握的部分正是自己需要复习的重点。

（二）阅读教材

教材是教育部门组织专家、学者和有经验的教师依据教学大纲，按照知识的科学体系，针对学生的年龄特征和社会发展的需要而编写的，内容上系统、精炼、严谨、深刻。我们在复习时若不认真钻研教材，则难以达到教材的基本要求，也难以系统地掌握所学的知识，因为教科书是教与学的重要凭据。

读教材，不求遍数而求质量。我们反对机械重复，提倡积极思维；力求读出"味道"，读出"学问"来。为此，精力必须高度集中，思维要活跃。读教材，我们一要领会字面"学问"，二要从字里行间读出"学问"，后者的要求更高、更难。

为达到质量较高的阅读，在具体方法上我们需要做到以下几点：

1. 圈点勾画

阅读时，我们应把概念、定义、定理、结论等重点部分，或容易忽略的要点部分，用笔勾画出来。

2. 提要

在书页的空白处，我们应运用少量文字，把书的重要内容简明扼要地概括出来。

3. 思录

在书的空白处，我们应把所思、所悟、所感的东西写出来。

总之，我们应当重视课本的学习。有些同学轻视课本，重视辅导读物，实际上是本末倒置的做法，并不可取。

（三）整理课堂笔记

课堂笔记的详略因人而异，但记好听课的重点、难点是学生所共取的。课堂笔记是我们在复习中尝试回忆和阅读教科书的线索和纲目，但反过来也要通过阅读教科书来整理课堂笔记，使知识深化和系统化。

整理笔记的任务有以下几点：

1. 补充

补上该记而没有记的内容，使知识系统化。

2. 更正

更正课堂笔记不太准确、用词不当、深度不够的地方。

3. 增添

增添个人的学习心得、见解、评价等。

（四）看参考书

适当地看参考书是有必要的，但我们要摆正教材与参考书的主从关系。阅读参考书仅是作为学习课本的补充，目的是拓宽知识面或加深对课本的理解，所以我们应选择个别章节或个别知识点做参考性阅读为宜。

阅读参考书应注意以下几点事项：

1. 有重点地阅读参考书

我们应围绕课本的内容和老师讲课的中心去阅读。

2. 选择好的参考书

所谓好的参考书，一般是指老师公认的参考书。所以，我们应在老师的指导下选择参考书。

3. 阅读参考书要做到心中有数

我们应先仔细阅读课本内容，后看参考书。看参考书时，我们心里要有个目的：要么加深理解，要么解疑，要么拓宽知识面，要么了解知识间的联系。

及时复习，贵在及时。它上可以加深理解、记忆课堂学习的知识，下可以使做作业省时、省力、快速地完成，从而赢得时间、节省精力，使学习更从容、更有效。

5.5 放开手脚做作业

做作业是学生根据老师的要求，在上课以外的时间独立进行的学习活动，是学习的重要环节之一。

一、做作业应放开手脚

一般而言，做作业的时候，越是没有心理负担，能放开手脚的学生，越能发挥自己的聪明才智把作业做好；越是担心做错作业的学生，越放不开手脚，自己的聪明才智就越难发挥；聪明才智越难发挥，就越做不好作业。所以，同学们做作业应放开手脚，卸下包袱，充分发挥自己的聪明才智。

然而，很多同学却做不到这一点——遇到有一定难度的题，觉得应当这样做，但又不敢下笔，唯恐做错了；为了保险起见，要么抄别人的作业，要么抄标准答案，要么在网上找答案，其结果是：走进一些教室拿起任何一本作业看看，每一次作业都是全对，看不到错题。这种没有错题的作业，对学习毫无益处。

（一）没有错题的作业不利于老师讲课

老师批作业时，既批学生也批自己。所谓批学生，就是通过批作业能了解到学生的学习情况：哪些学生学得好，哪些学生学得差，学习好的占多大的比例，学习差的占多大的比例。所谓批自己，就是通过批作业能了解到自己的讲课情况：如果某道作业题全班大多数学生出错，说明讲课有问题，至少存在不足之处；如果全班大部分学生的作业是对的，说明讲课是成功的。

教师只有既了解学生的学习情况，又了解自己的讲课情况，下一次讲课才能做到心中有数、有的放矢；如果学生的作业全是对的，从中既了解不到学生的学习情况，也了解不到自己的讲课情况，下一次讲课只能是盲目地讲。盲目地讲课，对学生学习有益吗？答案是不言自明的。

所以说，同学们做作业应力求做对，但不要怕出错，作业是一个允许出错的地方。

（二）全对的作业不利于精准练习

课下练习是复习、巩固课堂上所学知识的重要环节，一定要抓好这个环节。怎么才算抓好呢？

1. 应避免大水漫灌式的练习

所谓大水漫灌式的练习，就是拿一本练习册，从第一题做到第十题，或者从第一题做到第二十题。这种练习是一种效率极低的练习：那些已经会做的练习题，完全可以不做，我们应该把省下来的时间和精力用来攻克那些不会的题，这样将大大提高练习的效率；而大水漫灌式的练习主次不分，把大量的时间和精力用在那些已经会做的习题上，重复劳动，浪费时间，耗费不应该耗费的精力。

有些同学可能有话要说，不从头到尾地做一遍，怎么知道哪道题会做，哪道题不会做呢？这个问题问得好。其实，"正常的作业"已经给出了答案。

2. 要做到精准练习

所谓"正常的作业"，就是在做作业的时候，对那些拿不准的题，你认为这样做对就这样做，你认为那样做对就那样做，不要怕出错，更不要去抄别人的作业，也不要抄标准答案。这样，做对了有收获，说明你的分析、判断是正确的；做错了也有收获，因为那些做错了的题就是你平时练习的主要对象。针对错题的练习就是精准练习。

所以，我们再一次强调：做作业应力求做对，但不要怕出错，作业是一个允许出错的地方。

二、做作业应准确、规范、快速

做题是通过分析题目之后，把思路表达出来的演算过程。这个过程必须做到准确、规范、快速。

（一）准确

准确是指做题的思路、表达、运算都准确无误，这是做题的基本要求。思路不对，题解不出来；思路对了，若表达、运算有误，也不会得出正确的结果。后者多与平时训练不严有关。因此，做作业必须认真、细心、一丝不苟。

平时不严格要求自己，做题马虎、潦草、差不多就行，当时可能问题不大，但日久天长就显露出弊端。比如，有些同学做语文作业的时候，对义项不清、含义模糊的字词，不是认真搞清其含义再用，而是马虎用事：今天遇到义项不清的词马马虎虎地过去了，明天遇到含义不明的字又在一知半解的情况下使用，后天遇到之后仍然不改旧习……而许多字词只有在使用时才能加深对它们的理解和掌握。做作业的时候，一知半解，字词学得不少，真正准确掌握其含义的却不多。词义不清，字义不明，写作文的时候自然就不会用、不敢用。本来某个词能使文章生辉，却因词义不清而放弃；原本某个字能起到画龙点睛的作用，也因字义不明而不得不忍痛割爱。如此这般写出的作文干干巴巴、乏而无味，一旦到了决定命运的考场上，这样的作文是得不到高分的。所以，做作业时要严格要求自己，来不得半点的马虎、潦草。

（二）规范

规范是指文字、数字的书写要工整、清楚，解题的格式要规范；步骤要合乎要求；层次要条理分明；疏密要适中，留有必要的空白，以备老师批阅和自己更正。

规范是我们平时做作业不容忽视的问题，要作为个人的基本能力和要求自己的严格标准加以对待。否则，在考试时，这一点可能会导致我们失利。

（三）快速

快速是指做题速度要快。做题速度的快慢，取决于你掌握知识的牢固和熟练程度，你的思维是否清晰、敏捷以及你的表达能力和运算能力的强弱；除此之外，还涉及你是否已经具备某些良好的学习习惯。

不少同学只重视做题的对错，不重视做题的速度，这是不对的。当今选拔人才，非常重视做题的效率。因为，效率的高低是学生智力、能力高低的表现。所以，我们平时做题时必须加强做题速度的训练。

三、做作业应重视总结

很多同学做完作业就认为万事大吉，其实还漏了极为重要的一个环节，即总结。这一环节是提高解题能力的重要一环。我们应如何总结解题经验呢？

第一，回顾一些重点题的求解途径、思路、涉及的知识点及应用的解题方法、技巧和关键点。

第二，该题是否还有其他解法，即考虑一题多解，并对不同的解法进行比较，选出最佳解题方法。同时对比过的题目，找出哪些题目的解法与此类似，或者这类解法可以解决哪一类问题。

第三，该题有没有变式的可能和价值，当条件和结论改变后，情况将如何？

同学们如果每一次做作业都能做到这几步，并持之以恒，就能逐渐地积累起解题经验，提高解题能力。这是从"题海"中解放出来的重要途径。

总之，做作业是学习的一个重要的环节，它对知识的深化理解、智力能力的提高等方面都起着极为重要的作用。所以，我们在做作业的时候，要舍得下力气、花时间、不辞劳苦、勇于攀登。

5.6 系统复习

系统复习,就是用较集中的时间,再一次对学过的知识进行系统地理解、消化和巩固的学习过程。

一、单学科系统复习法

第一步:回忆

回忆就是对要复习的内容进行回忆。以理科为例,回忆每个概念,概念的内涵和外延,定义是怎样规定的,原理是怎样推导出来的,适用于什么范围,公式反映哪些数量关系等。回忆不全或回忆不出来的,可能是当初没有学好,则需要进一步复习。

第二步:复习

复习是回忆之后的步骤。对已经回忆出来的内容可以不复习,重点复习那些回忆不全或回忆不出来的内容,加深理解和记忆,以达到掌握的目的。

第三步:再回忆

再回忆是复习之后的回忆。这次回忆与第一次回忆不同,不用全面回忆,可重点地回忆刚刚复习完的内容。

第四步:整理

完成以上三步之后,应把课本内容进行整理,使知识系统化、实用化。

多数学科，要么是科学的概念和原理组成的知识系统，要么是观点和材料组成的知识系统。分章节学习时，我们已初步掌握了基本概念和原理，或观点和材料。但概念和原理、观点和材料都不是孤立的，而是既有区别又有联系。通过复习，我们了解了它们之间的区别和联系，然后通过它们之间的联系把零散的知识组成系统的知识，使之更加实用。

比如，在初中化学中，我们学习了物质、混合物、单质、纯净物、化合物、氧化物、酸性氧化物、碱性氧化物、两性氧化物、酸、碱、盐、正盐、酸式盐、碱式盐等概念，又学了与这些概念相对应的物质，如：氧气、氢气、二氧化碳、二氧化硫、三氧化硫、空气、土壤、钠、镁、钙、铁、氧化钠、硫酸、盐酸、硝酸、碳酸、氢氧化钠、氢氧化铁等，还学了这些物质的化学式、性质等。这些知识分散在课本的不同章节，掌握起来的难度是可想而知的。

如果利用它们之间的联系，把这些知识组成下面的思维导图，情况如何呢？

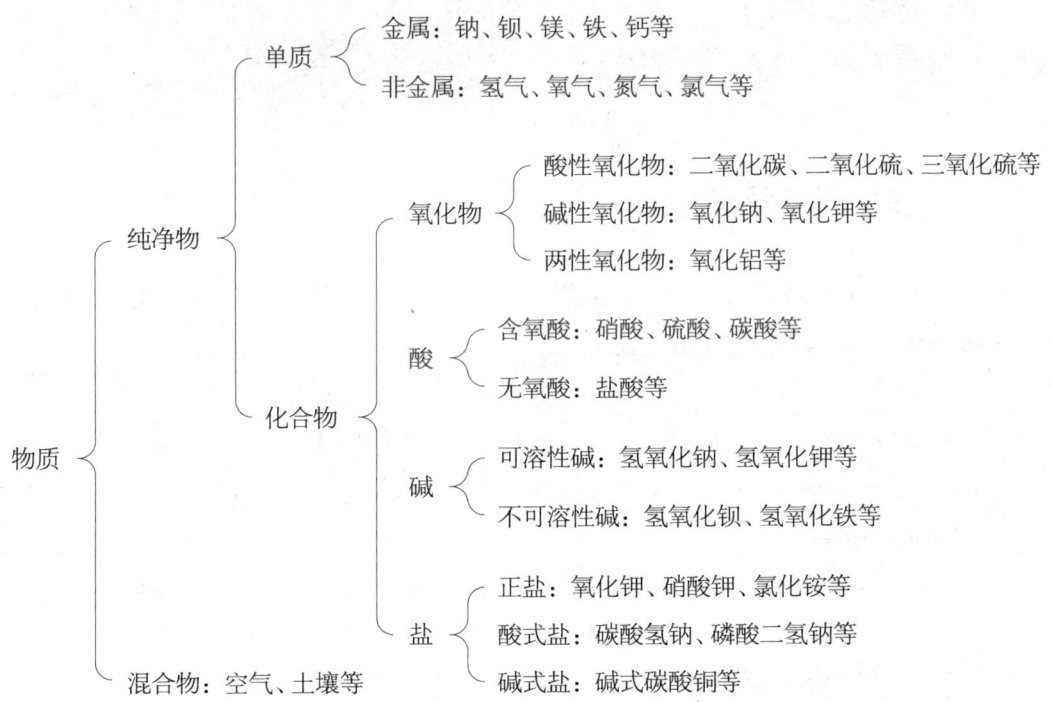

通过这样一番组织,我们对知识的掌握显然要容易得多。其原因就在于,我们将概念和物质按它们之间的联系进行了组织。这种组织使记忆变得容易,大大减少记忆的时间、强度。我们只要记住一些主要的概念、物质,即便对其他一些相关的知识记不太清,利用它们之间的联系往往也能推导出来。我们还可以在大脑中对这种组织勾画出一个轮廓,清楚地看到所学课程的全部的、内在的结构,这样不仅能提高学习的兴趣,还能提高分析问题、解决问题的能力。

第五步:练习

在完成以上四步之后,我们还要适当地做些练习题:一是为了在做题过程中发现问题,以便带着问题去钻研、深化知识;二是为了培养运用知识解决综合问题的能力。

在练习阶段的后期,我们还应把自己曾做过的单元练习题和总复习题,按解题思路、逻辑关系的不同进行归类、对比,并从中找到题目的差异。

在这里特别强调一点:你越害怕某类题型,你就越应该一直做这类题型,直到将其吃透,这样一来,这类题型再出现时,便成了送分题。

二、多学科系统复习法

多学科复习和单学科复习的流程是一样的。为了加强记忆效果,多学科复习一般采用分配复习的方法。

分配复习,是指在复习过程中,将不同学科穿插进行。实验证明,集中复习需要14~15分钟才能记住的材料,分配复习只需8~9分钟便可达到相同效果。原因是集中复习时的神经活动过程容易产生抑制的积累,分配复习可以使抑制得以消除。

系统复习是一个把多而杂的知识变得少而精的过程,是一个把学过的知识按其内在逻辑系统网联的过程。知识少而精,能大大减轻记忆的负担;系统网联能使理解加深、储存容易、应用方便。一句话,系统复习是一个值得倾力而为的学习环节。

5.7 作文

"一怕作文,二怕文言文,三怕周树人。"这虽然是一句戏言,但也反映出一些同学的实际情况。就拿作文来说,写好作文的确不容易,有的同学甚至发出"作文之难,难于上青天"的感叹。

作文难是事实,但并没有难到一些同学想象的那种程度。一些同学之所以感到作文难,是由种种原因造成的。下面我们谈谈如何化解作文之难。

一、让"开门见山"化解作文的开头之难

作文的开头是一个难点,即便是一个普通的开头,也不是随随便便就能写出来的。比如:

"幸福的家庭是相似的,不幸的家庭各有各的不幸。"这是俄国作家列夫·托尔斯泰的《安娜·卡列尼娜》一书开头的一句话。这个经典的开头,如果不是有神来之笔,那必定是下了千思万虑的功夫。

路遥的《平凡的世界》一书,被誉为茅盾文学奖皇冠上的明珠。他在《早晨从中午开始》一文中说,该书开始写作的时候,用了一个星期都没有写出一个令他满意的开头,最终不得不采用了"一九七五年二三月……"这个平凡的开头。

这说明写好文章的开头对谁来说都不是轻而易举的。有没有比较容易的开头方法呢?有!"开门见山"就是一个比较容易的方法。

当写作文开头遇到困难的时候，我们就采用开门见山的方法，不必为此耗费过多的精力。这并非说文章的开头不值得下功夫，也并非说一个引人入胜的开头不重要，而是说文章的各部分内容都要下功夫写好，不只是一个开头。如果文章的各部分内容都能写好，一个引人入胜的开头无异于锦上添花。但为了写出一个令人满意的开头而花费过多的时间，耗费过多的精力，从而影响其他部分内容的写作，一个好的开头又有什么用呢？反而得不偿失！

二、必要的时候，省略过渡句、过渡段以降低作文的难度

也许有的同学说，写不好就回避，这叫什么方法啊？

确实，这乍一看不像个方法。但仔细想想，它又值得在此提出以供同学们参考。文章的其他部分，好写也得写，不好写也得写，唯有过渡句或过渡段，写好了当然更好，写不好或写不出来，可以不写。著名文学家梁实秋在《我的一位国文老师》一文中说："该转的地方，硬转；该接的地方，硬接，文章便显得朴拙而有力。"这说明文章的过渡句、过渡段没有想象的那么重要。

当然，省略过渡句、过渡段是为了化解一时之难，让你顺利渡过这一难关，以便写好其他必须要写的内容，不是可以随便省略。当作文写顺手了，写熟练了，我们一定要补上这一课。

三、用比喻化解作文之难

写作文的时候，还常常遇到这种情况：有时你想把某个问题讲清，但需要花费很大的力气，还不一定能讲清；有的问题你根本就没法讲清，但你又不能回避。面对这种情况，该怎么办呢？一个化难为易的办法就是用比喻来说明。

比如，追求个性是很多青少年的共同心愿，但一些青少年对追求什么样的个性懵懵懂懂，缺乏清晰的概念。作为教育者，我们应当告诉这些青少年应该追

求什么样的个性,但这个问题说起来容易做起来难,因为个性是不容易说清楚的问题。本书的《我们应该追求什么样的个性》一文用一个比喻化解了这个难题:

"个性要有朝气、有活力,给人一种蓬勃向上的感觉,就像飞行在空中的利箭,带着呼啸的风声,携着永不坠落的梦想,拼力穿透重重阻力,义无反顾地射向那寥廓无垠的长天——这才是我们需要的个性,执着的追求!"

"就像飞行在空中的利箭,带着呼啸的风声,携着永不坠落的梦想,拼力穿透重重阻力,义无反顾地射向那寥廓无垠的长天"是一个喻体,用来比喻青少年应该追求的个性,既较好地解决了对个性的说明问题,又省时省力。所以,要善用比喻化解作文之难。

四、以"真实的自己"化解作文之难

一些同学之所以感到作文难,不写"真实的自己"又是一个原因。比如,张三喜欢吃辣椒,自然会说辣椒的好处多多,但对你这个不敢吃辣椒的人来说,就不能跟着张三唱辣椒的赞歌;窗前百鸟齐鸣,李四认为鸟鸣声美妙动人,对你这个昏昏欲睡的人来说却是一种噪声,你便无法同李四一起欣赏;天高云淡,艳阳高照,引起王五的诗情画意,但对你这个来自农村的学生来说,可能引起的是忧愁——天不下雨,庄稼歉收,明年的学费怎么解决?你心里充满了忧愁,却跟着王五写诗情画意,能写出来吗?能不难吗?所以,作文要写自己熟悉的事情,写自己经历的事情,写自己的见解,写自己的心声,写自己的感受,写自己的感悟,一句话:"写真实的自己"。那时,你会觉得写作文并非一件多么难的事情。

五、让小事情化解作文之难

有些同学之所以感到作文难,一味地写大事件也是一个原因。在日常生活

中,我们既没有董存瑞舍身炸碉堡的经历,也没有黄继光勇堵敌人枪口的壮举,哪有大事件可写呢?然而,一些同学没有大事件就编造大事件。编造没有经历过的事情,能不难吗?

一些同学之所以编造大事件,是认为只有大事件才能写出动人的作文,其实这是一种误解,小事情一样有大作为。比如,全国优秀教师、作家李振伟的《听娘说话》就是用小事情写出的大作品。这篇文章99%的篇幅写"我"听娘说话,娘说的话全是鸡毛蒜皮的小事,你看了以后不但引不起兴趣,甚至认为作者水平欠佳,其实这正是作者的高明之处。这篇文章的结尾是这样写的:"假如有人问我做什么事情最幸福,我会毫不犹豫地说:听娘说话最幸福!"这篇文章的主题表达了"我"对娘的深情厚爱。如果没有对娘的深情厚爱,"我"听娘说那些鸡毛蒜皮的小事是不会感到幸福的。这种写作手法十分高明,值得我们借鉴。

当然,不是说我们不能写大事件,而是有大事件写大事件,没有大事件则写小事情,不要挖空心思去编造大事件,徒增作文的难度。

六、多途径练笔,以化解作文之难

锻炼写作能力,提高作文水平,我们不能只靠那几节作文课,因为那是远远不够的。也许有些同学说,不靠作文课靠什么?每天被各科作业压得几乎连喘息的机会都没有,哪有时间去练笔呢?

那些同学并不是没有练笔的时间,而是缺乏决心。你若决心攀登山峰,必能找到山路。比如,我们可以利用做作业的机会练笔。语文、政治、历史、地理等学科的作业,很多都是叙述题。把每一道叙述题都当成一次作文练笔,用自己的语言写,写自己的心得,写自己的见解,用不了几年,你的作文水平就会达到一个新的高度。那时,你写作文时的愁眉苦脸会一扫而光。

而一些同学是怎么做作业的呢?书上有明确答案的,就直接复制、抄写到作业上,没有明确答案的,就东摘一句,西抄一段,拼凑着完成作业。这样做,既做不好作业,又无法锻炼写作能力,白费工夫。然而,有些同学天天都在做这样的无用功，白白浪费了大好时光，估计走进社会时连封求职信都写不好。

从现在起，我们应该改变以前的做法，把每一次作业当成一次作文，这样一路走下来，毕业之时，即便达不到"落笔惊风雨，诗成泣鬼神"的程度，也不会走进社会时连一封求职信都写不好。

总之，多途径练习是锻炼写作能力的关键，是写好作文的不二法门。

七、以敝帚自珍的态度保留好以前的作文，以降低作文之难

很多同学重视积累作文素材，却不注意保存以前的作文。比如说，初中写的很多作文题目在小学已经写过，高中写的很多作文题目在初中已经写过。有些同学总认为以前的作文没有保留的价值，上了高中便把初中写的作文扔了，进入高三便把高一写的作文扔了。以前写的作文，也许幼稚，也许存在这样或那样的不足，但那毕竟是自己下了功夫、动了脑筋的产物，它或多或少有一些参考价值。这就如同烧水，尽管以前烧的水没有烧开，但已经烧到50℃了，你参考以前的作文，就等于烧50℃的水。假如把它扔了，再次写同题作文的时候，就等于烧0℃的水。要把水烧到100℃，从50℃开始烧容易，还是从0℃开始烧容易，这是不言自明的。

所以，我们要敝帚自珍，别把以前的写的作文当废纸扔了。

八、逼自己，以解作文之难

逼迫自己是化解作文之难的又一措施。一些同学可能会有这样的经验，如果语文老师对布置的作文没有时间上的要求，很多同学就会迟迟写不出来，甚至用一节课的时间也写不出一个开头。假如老师规定在某一时间内必须完成，那些平时迟迟写不出作文的同学也能按时完成任务。

为什么在老师的逼迫下写作文由难变易了呢？因为在老师的逼迫下，产生

了一种紧迫感。人在紧急情况下，脑内会分泌一种名叫"去甲肾上腺素"的物质。它可以使人的注意力高度集中，使大脑变得清醒。这就是在逼迫下按时写出作文的原因。

现实社会中逼迫自己写作的大有人在。路遥写《平凡的世界》的时候，规定一天必须写出多少字，不写完不睡觉。正是逼迫自己，他用四年时间就完成了《平凡的世界》这部上百万字的鸿篇巨著。法国作家雨果，每当写作遇到困难想放弃努力去找朋友玩、去咖啡厅或去散步时，他就让佣人把所有的衣物都拿出房间，告诉他们不到某个时间不准送回来，他自己光着身子，只有笔和纸，这样就只能坐下来写了。雨果逼着自己写作，助力他成为闻名世界的大文学家。

当你看着作文题目发愁时，要变愁为逼，让自己尽快地进入写作状态，不要在畏难发愁中浪费宝贵的时间。

以上纯属个人的经验之谈，同学们能借鉴则借鉴，不能借鉴便一笑了之。

5.8 探索学习方法的方法

本文向同学们介绍的是探索学习方法的方法。

也许有些同学要问：为什么让我们自己去探索学习方法，直接告诉我们不行吗？答案是否定的。这是因为：

第一，任何人都无力把每一位同学所需要的所有的学习方法告诉他们，那些不能告诉的部分就需要自己去探索、去寻找。

第二，即便能够全部告诉，也不可能每一个学习方法都适用于每一位同学，哪些适用哪些不适用，哪些效率高哪些效率低，都需要自己去分析、判断、总结，以便做出取舍，找到适合自己而又高效的学习方法；也只有找到适合自己而又高效的学习方法，学习才能进入快车道。

所以说，探索学习方法也是一个重要的学习环节，是不可或缺的学习内容。本文主要通过如下几个方面谈谈如何探索学习方法。

一、多向老师请教

向老师请教获得的学习方法往往具有很强的针对性。因为老师对你的学习情况比较了解。比如，你如果学习有点吃力，老师会让你以课本为主；你如果学习比较从容，老师很可能让你多看些课外书籍，以拓宽你的知识面。

其次，学生向老师请教，得到的往往是老师对你的综合施教。比如，你是一个自信心不强的同学，老师除了告诉你有针对性的学习方法，还会为你加油

鼓劲，让你走出自卑，迈向自信；如果你是一个容易满足的同学，除了向你传授一些学习方法，老师还极有可能对你加以鞭策，让你百尺竿头再进一步。总之，多向老师请教。

二、多与同学交流

同学之间在学习上应当多交流，多沟通，取长补短，共同进步。

有些同学则不然，在学习上"鸡犬相闻，老死不相往来"，自己的长处他人学不去，他人的长处自己也得不到。这种"独学而无友"的学习方式，既不利己也不利人。

交流的好处很多，有关这个问题请参考《发生在北京二十二中的教育奇迹》一文的"溢出效应之二：'名花效应'"，在此就不再重复。

三、学点有关学习的理论知识

（一）认真学点哲学、逻辑学

一般来说，老师常用的思维方法有分析综合、抽象概括、比较分类等，常用的思维规律有形式逻辑学中的同一律、矛盾律、排中律；辩证逻辑学中的对立统一的思维规律、量变到质变的思维规律和否定之否定的思维规律等。从一定意义上讲，同学们掌握了思维方法和思维规律，也就掌握了最根本的学习方法。所以，一旦到了高中阶段，同学们就要认真学习哲学、逻辑学等有关思维的科学，以提高思维能力和听课水平。

（二）学点内容简单、通俗易懂的学习理论

比如，《奇妙的教育心理效应》一书的内容简单又通俗易懂。它既有针对"教"的内容，也有针对"学"的内容。"教"与"学"是相通的，所以这本书比较适合小学高年级、初中和高中学生阅读。

当你读了该书中的《"权威性谎言"下的幸运儿》一文时，你就知道老师为什么千方百计地去提高同学们的学习信心；

当你读了该书中的《学习进步的"推进器"》一文时，你就知道老师让你及时检查、评价、验证、总结所做作业的原因，从今以后，你会更加自觉地听从老师的教诲；

当你读了该书中的《广大学生记忆的"块"》一文时，你就知道如何利用"组块"理论指导自己的日常记忆；

……

一句话，要探索学习方法，我们最好认真学点有关学习理论的知识。

四、挑选一本学习方法类的书作参考

现在的图书市场鱼龙混杂，良莠难辨。那么，我们怎样才能挑选到有参考价值的图书呢？

第一，看图书的目录。目录是一本书的架构和总纲。它就像一座建筑的外观，一看就知道设计得是否合理、科学。所以，挑选图书时，我们首先要看目录；看了目录之后，对图书是否有参考价值就有了一个初步的判断。

第二，看图书的序言。序言一般用来介绍图书的主要内容、全书的重点及特点。如果书中有独到的见解、创新的内容等，图书的作者就会写在序言里。所以，挑选图书时，我们要看图书的序言。如果序言让你觉得图书有新意，那你就继续看下去。

第三，看书中的文章。翻开书选挑几篇文章看看，看过之后，你如果觉得对自己今后的学习有所启发、有所帮助，这样的图书大概率值得拥有。

以上是挑选图书的几点建议，仅供参考。

磨刀不误砍柴工。探讨学习方法是一项重要的学习内容，是个值得重视的学习环节。在这个环节上，我们应多花一些时间，就像砍柴之前的磨刀，不会白费工夫。

第六章 培养学习能力

指导学生培养学习能力是任何形式的教育都十分重视的问题，所不同的是不同的教育有不同的关注点。下面谈谈本章的几个关注点：

第一，指导学生培养思维能力。培养思维能力主要有两条路径，一是勤于思考，二是善于思考。所谓善于思考，就是当我们遇到问题时，使用什么样的思维方法更容易解决问题。详细情况见《培养思维能力》一文。

第二，指导学生培养知识的迁移能力。有些学生上课听懂了，但一到做作业的时候就不知所措，其中的原因固然是多方面的，但知识的迁移能力不足是一个重要的原因。那么，我们应如何指导学生培养知识的迁移能力呢？详细情况见《培养知识的迁移能力》一文。

6.1 培养记忆力

有人说学习80%靠记忆力,也有人说90%靠记忆力。无论哪种说法,都说明记忆力对学习的重要性。那么,我们如何培养记忆力呢?

一、强化记忆意识

所谓记忆意识,就是决心记忆的心理倾向。

首先,要相信人的记忆潜力是巨大的。现代科学研究表明,人的大脑的神经细胞有150亿个以上,其中被利用的只有大约4%。因此,只要下功夫锻炼,一般人的记忆力都能提高五至十倍,这是一种保守的估计。苏联科学家伊凡·叶夫莫雷夫说:"如果我们迫使头脑开足一半马力,我们就能毫不费力地学会四十种语言,把苏联的百科全书从头到尾背下来,完成几十个大学的必修课。"

其次,要有记住的决心和信心。心理学家的实验证明,记忆的决心和信心越大,大脑的兴奋过程就越强烈、越集中,形成的记忆也就越深刻、越牢固,记忆力越强。

总之,只要有决心、有信心,锲而不舍地走下去,你的记忆力会获得高度的发展,最终你也能成为一个博闻强记的人。

二、掌握常规记忆方法

（一）雷厉风行记忆法

甲乙两个同学智力相当，记忆力相仿，老师布置了背诵课文的任务以后，甲信心满满、雷厉风行地去背，很快就背过了。

乙则不同，他看着课文愁眉苦脸，但又不能不背。你想，在愁眉苦脸的状态下去背能有效果吗？就这样，两人的学习渐渐地拉开了距离，最终一个榜上有名，一个则名落孙山。

我们把甲的行为概括成一种学习方法，叫"雷厉风行学习法"，或者叫"雷厉风行记忆法"。在学习方法的大家庭中，"雷厉风行学习法"是一个值得重视的学习方法。

（二）不记而记法

所谓"不记而记法"，是指一些学习内容不用专门去记，捎带着就记住了。

学习如同烤面包。你只要一道工序一道工序地去做，面包烤完了，各道工序做什么、怎么做你自然而然地就记住了，用不着专门拿出时间来记，这就是"不记而记法"。

有些同学则不然，不是自己动手一道工序一道工序地去做，而是把别人烤好的面包直接拿来，事后去背烤面包有几道工序，各道工序做什么、怎么做：一遍功夫两遍做，徒增记忆负担。

（三）形象记忆法

形象化记忆是将一个完整的表象作为一个单位来记忆，这个形象（表象）可以是一个人的肖像，也可以是一棵树或一朵花。形象记忆有极大的容量。加拿大的艾伦·佩维奥曾在一个实验中证实了有关形象记忆的优越性。"实验结果表明，对图片的回忆比对那些抽象的词语的回忆要强得多。"

所以在背课文时，通过再造想象，回忆文章中的场面、人物、故事情节的表象，就很容易记起文字的描写。这时的记忆不再是困难的、死记硬背的，而是一种生动的、有情有景的记忆。

（四）结构化记忆法

所谓"结构化记忆法"，就是通过知识的逻辑联系，形成统一的系统结构，从而帮助我们记忆。

看过《红楼梦》的都知道，该书中人物众多，仅一个贾府就上百口人，如果不采取一些措施，人物关系不容易理清，很多读者往往被人物关系弄得晕头转向。假如我们根据长幼之序、血缘关系的远近构成下图，记忆起来就容易得多，并且记得清，记得牢。

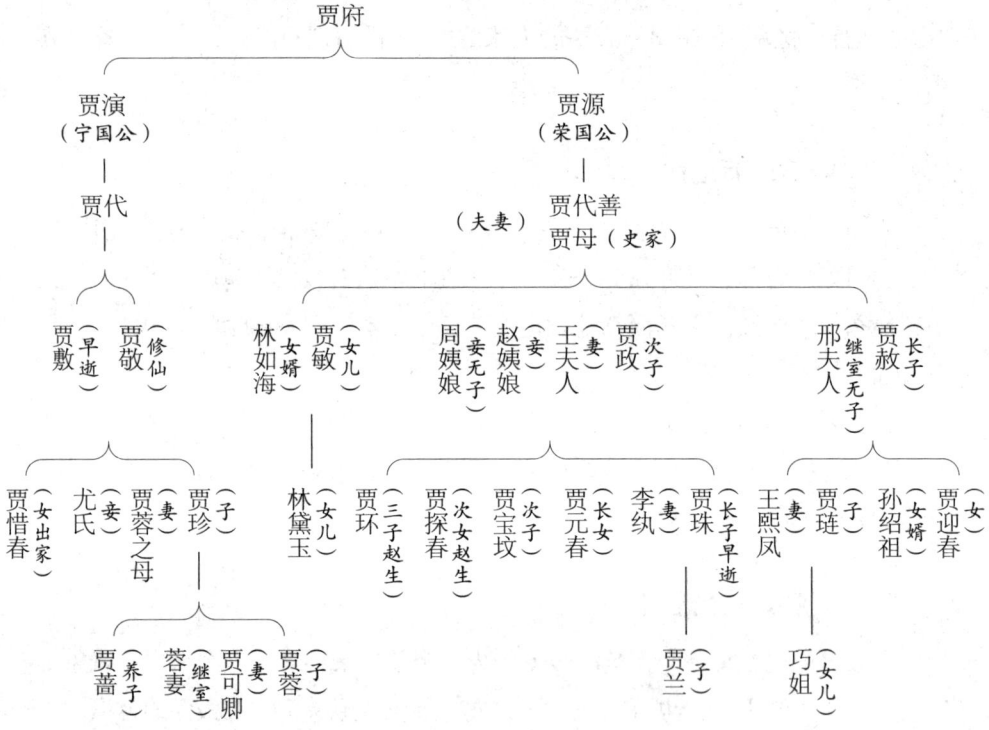

《红楼梦》贾府人物关系图

（五）根据"艾宾浩斯"曲线记忆

德国心理学家作了大量有关记忆和遗忘的实验，最后用记忆保持率与回忆时间间隔之间的关系，画出了一条函数曲线。如图：

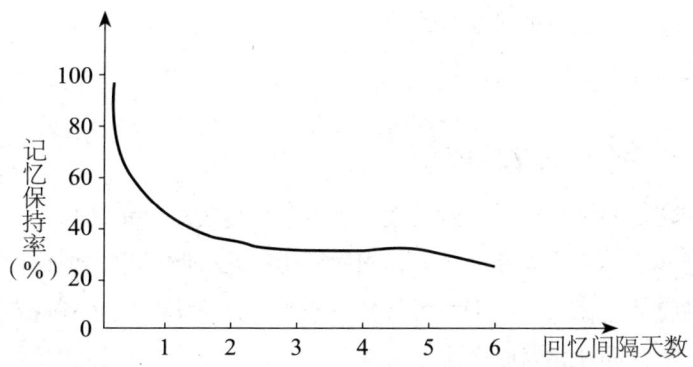

该图一般被称为艾宾浩斯遗忘曲线。它的纵坐标为记忆保持率,横坐标代表回忆的时间间隔。曲线表明了遗忘发展的一条规律:遗忘的进程是不均衡的,在记忆的最初遗忘很快,以后逐渐缓慢,到了一定时间,几乎就不再遗忘了。

针对遗忘先快后慢的规律,我们在学习的时候,要及时进行复习,予以巩固,正像俄国著名教育家康士坦丁·德米特利耶维奇·乌申斯基所说的那样:"不要等墙倒塌了以后再来造墙。"所学知识,尽量当堂消化,当堂巩固,如果当堂不能巩固,也要在遗忘还未开始时就进行强化记忆。

(六)集中记忆法和分散记忆法

要记住所学的内容,通常有集中记忆法和分散记忆法两种。前者指集中在同一时间内不加停歇地反复地学习,直到记住为止;后者指把学习时间分散开来学,直到记住为止。实验证明,分散记忆比集中记忆效果好。

集中记忆法为什么效果差一些呢?心理学家告诉我们:前面的学习活动会影响后面的学习活动,同样,后面的学习活动也会影响前面的学习活动。在学习过程中,处于中间阶段的学习活动,有可能受到前后两个方面的干扰。我们都有这样的经验:在学习过程中,总是开头和结尾阶段的学习效果好。分散学习相对地减少了中间阶段的学习内容;集中记忆法差的另一个原因是,连续学习相近的材料,大脑受到单调刺激,容易引起疲劳。

分散记忆也涉及一个"度"的问题,即学习的时间和各次学习的间隔时间

各以多长为宜，这是一个很难回答的问题，最好是根据学科特点和个人特点，通过实践掌握好记忆时间的分配。

（七）科学分配记忆内容

要记住繁多的学习材料，就其内容的分配可分为三种记忆法：一是部分记忆法，即把学习材料分成几个部分，然后安排在几个时间里去识记，直到记熟为止；二是整体记忆法，即把学习材料从头到尾进行识记，直到记熟为止；三是综合记忆法，即开始对整个学习材料作一番理解，然后分段去诵读和熟记，最后再综合起来复习巩固。实验证明，三种记忆法中，综合记忆法效果最好。为了熟记一首诗，按三种记忆法复习的平均次数分别是：部分记忆法16次，整体记忆法14次，综合记忆法9次。

值得注意的是，采用哪种记忆法必须根据实际情况而定。对于内容较多、难度较大、联系紧密的学习材料，应当采用综合记忆法；对于学习内容不多而联系紧密的可采用整体记忆法；对于学习内容多而联系不紧密的可采用部分记忆法。

（八）运用多种器官协同记忆

实践表明，多种器官协同运用，可以大大提高记忆的效率。例如，单靠听觉获得的知识，3小时后能记住60%，3天以后只能记住15%；只靠视觉记忆的知识，3小时后能记住70%，3天后能记住40%；视觉、听觉并用获得的知识，3小时后能记住90%，3天后还能记住75%。由此看来，把眼（看）、耳（听）、口（念）和手（写）都充分利用起来，换句话说就是把念、写、看、听结合起来，记忆效果会显著提高。为什么多种器官协同活动能提高记忆效果呢？这是因为多种器官协同"作战"，能使事物的多种属性以信息的形式，沿着不同的神经通道，同时传递到大脑不同的区域，这样就可以在同一时间内，在大脑皮层上建立多个神经联系，而神经联系建立得越多、越复杂，记忆效果就越好。

三、记忆需要注意的问题

（一）一鸟在手强似百鸟在林

有些同学把一些应该记住的知识存在手机里就算记了，这是不对的。记在脑子里才是你自己的，才能为你所用。储存在手机里的知识再多也不是你的，不会为你所用。"一鸟在手强似百鸟在林"说的就是这个道理。

（二）有时不理解的知识也要记忆

看看各种学习方法类的书，都强调在理解的基础上记忆，这是完全正确的。因为理解的知识容易记忆。但是，对一时理解不了而又比较重要的知识该怎么办呢？

记！时间允许一定要记住。记住以后，往往慢慢地可能就理解了。在旧社会的私塾（我国古代私人所设立的教学场所），孩子进入学校后，私塾先生领着孩子先读课文，读熟以后让孩子背课文，而不仅仅是讲课文。那些背熟的课文，时间一长老师即便不讲，孩子自己也能悟得差不多。所以，对那些一时理解不了的知识，如果有时间一定要记住。如果不记，极有可能成了一个永远理解不了的问题。那个永远理解不了的问题往往就是日后学习道路上的一个障碍。

总之，提高记忆力的方法有很多，这里介绍的只是一些最普遍、最常见的记忆方法，更多、更有效的方法还有待于在学习的实践中去总结、去探索。

6.2 培养观察能力

一、观察的意义

（一）学习离不开观察

观察是一种最基本、最常用的学习方法，或者说学习离不开观察。中小学设置了大量的实验观察课，能否上好实验课，观察的重要性显得尤为明显。据统计，仅中学物理这一学科的演示观察实验就有200多个。作为学生，只有通过大量的观察实验，高效地重复前人所进行的观察，再经过自己的思考，才能理解课本知识，掌握课本知识，最终达到运用课本知识的目的。

同样，那些非实验的学习，也离不开观察。以作文为例，那些自己熟悉的，进行认真观察的事物，往往写得生动具体，形象感人。反之，则言之无物。

（二）培养观察力是培养学习能力

为什么说"培养观察力是培养学习能力"呢？比如，同样是两岁的孩子，同样是坐公交车，观察能力强的孩子可能会问妈妈："为什么大家都是从前门上车，从后门下车呢？"妈妈回答了这个问题以后，这个孩子就获得了这方面的知识。反映在学习上，观察力强，发现的问题就多；发现问题多，学到的知识就多。在相同的时间里，学到的知识多，这个学生的学习能力就强。所以说，培养观察力就是培养学习能力。

（三）科学需要观察

一切科学的基础在于实践。可以说，各种科学研究都依赖于实践中的经验，而实践开始于观察。

我国药物学家李时珍非常重视观察和临床实践，常上山采药，向农民、渔民、樵夫、药农请教。他阅读了800多种书籍，纠正了古代本草书籍中的药名、品种、产地等错误，用了27年写成巨著《本草纲目》，收入药物1892种，分16部60大类。

法国昆虫学家法布尔，用其毕生精力对昆虫世界进行长期的、精心细致的观察，写出了200多万字的科学巨著《昆虫记》。

青霉素的发现者弗莱明正是观察到被霉菌污染的细菌培养基中，葡萄菌菌落消失，在霉菌菌落周围出现透明圈，从而才能发现青霉素对某些细菌的抑制作用。他曾深有感触地说："我唯一的功劳是没有忽视观察。"

被誉为19世纪三大发现之一的达尔文的生物进化论，也是建立在大量观察事实的基础上的。达尔文总结道："我能够成为一个科学者……最重要的是爱好科学，不厌深思；勤勉观察和收集资料。"达尔文前后花了20多年的时间，观察收集了成千上万种生物资料，才实现了生物学上的这次巨大的跃迁。

恒星天文学的先驱赫歇尔，用望远镜进行了一千多次观察，共数了十多万颗恒星，然后采用统计的方法，于1785年得到天文史上第一个建立在观察基础上的银河系结构图。

所以，苏联心理学家巴甫洛夫说："应当学会观察，观察，再观察，不学会观察，你就永远当不了科学家。"

二、怎样培养观察能力

（一）观察要科学

"工欲善其事，必先利其器"。要有效地进行观察，掌握良好的观察方法是十分必要的。这里介绍几种常见的观察方法：

1. 全面观察与重点观察

所谓全面观察，就是对某一事物的各个方面都要进行观察。19世纪，一些有理想、有追求的航天爱好者开始探索怎样实现人类上天飞行的夙愿，但都没有突破性进展，甚至像著名的德国天文学家勒让德、美国天文学家纽康都断定"飞机"无法离开地面。唯有当时籍籍无名的美国莱特兄弟观察并揣摩了各种鸟类的飞翔动作，解剖观察了鸟类的生物构造，运用数学和空气动力学的知识进行创造性的研究试制，终于获得了成功。成功的原因固然很多，但全面观察、多角度分析是一个主要原因。

所谓重点观察，就是每次观察总是有一定的目的，根据观察的目的确定观察的重点。比如，学习牛顿第三定律，需要观察一系列实验：弹簧秤的实验，磁铁和铁块相互作用的实验，磁铁和铁条相互作用的实验，带电球的实验……这些实验观察的重点主要放在物体间的相互作用上，其他现象就不作为观察的重点。

2. 解剖观察与对比观察

所谓解剖观察，就是把被观察的对象的各种特性、各个方面或各个组成部分，一一分解开来，认真进行观察。这样的观察可以使我们对事物了解得更加全面、精确。比如，观察直圆柱：（1）这个形体是什么形状？（2）有几个底面？底面是什么形状？（3）有几个侧面？侧面展开是什么形状？（4）两个底面之间的距离是否相等？通过这样一番解剖观察后，就能掌握直圆柱的主要特征：直圆柱的两个底面是相等的圆，它侧面沿高剪开是长方形或正方形。

所谓对比观察，就是把两个大同小异或小同大异的事物加以对照比较，进行认真观察，以获得清晰的印象。比如，观察长方形和正方形：（1）它们的相同点是都有四条边，四个角都是直角；（2）不同点是正方形的长和宽都相等，而长方形只有对边相等；（3）长方形的长和宽都相等时，长方形就变成了正方形。通过这样观察之后，我们不仅了解了长方形和正方形的异同，也掌握了它们各自的特征。

3. 长期观察与定期观察

所谓长期观察，就是对发展过程较慢，周期很长的事物或现象进行系统的观察。

美国心理学家特尔门，用追踪观察的方法研究智力超常儿童的才能发展。在1921—1923年，特尔门选择了1528名智力超常的儿童，其中男生857名，女生671名。他对每一个学生分别做了学校调查和家庭询问，详细了解了老师和家长对他们智力的评价，并对三分之一的学生作了体格检查。

1928年，他又重访了这些学生所在的学校和家庭，了解了他们进入青少年时期智力的变化情况。

1936年，特尔门仍以通信的方式掌握这些成年人在不同岗位上才能发展的情况。

1940年，特尔门把这些研究对象邀集到斯坦福大学座谈，并做了一次心理测试。之后，他仍然坚持每隔5年做一次通信调查，直到1960年。

特尔门逝世以后，美国心理学家西尔斯等人继续进行这项研究。1960年，这些研究对象平均年龄已达49岁，西尔斯对其中80%的人做了一次通信调查；1970年，西尔斯又对其中67%的人进行通信随访，这时，他们的平均年龄已达60岁。

这项持续半个世纪的研究表明：

1. 早期智力超常并不能保证成年以后具备杰出的才能和卓越的建树。
2. 一个人的能力的大小与儿童时期的智力高低关系不大。
3. 有才能有成就的人，并不都是老师和家长认为十分聪明的人，而是那些长年锲而不舍、坚韧不拔的人。这项研究于1976年获得了美国心理协会颁发的卓越贡献奖。

我国杭州市一位教师通过长期观察，也发现了类似的一种规律：小学期间前几名的尖子生在升入初中、高中、大学乃至工作以后，有相当一部分淡出了优秀者行列，甚至在以后的升学和就业方面屡屡受挫。而前三名之外，第十名前后的学生，却在后来的学业和工作中出乎意料地表现出色，并成为栋梁之材。这种现象就是第十名现象。

所谓定期观察，就是在比较短的时间内，对某些事物或现象进行预定观

察。比如，学习天文知识时，观察某一次日食或月食现象就是定期观察。

（二）观察要细心

宋朝科学家沈括的《梦溪笔谈》里有一个欧阳修和吴育欣赏古画《正午牡丹》的故事：宋朝的大文豪欧阳修得到一幅古画，画面是雍容华贵的牡丹花丛，花丛下有一只猫。欧阳修看不出名堂来，而他的亲家一看就说："其花披哆而色燥，此日中时花也。猫眼黑睛如线，此正午猫眼也。"欧阳修听了深服其论。可见，没有用心的观察，哪来如此精彩的议论？真是于细微处见精神。

在科学研究中，观察事物更要细心。英国科学家乔治说过："观察者最好不仅注视而且必须搜寻每一个细节。"

物理学家卢瑟福在两万五千张、四十一万个基本粒子轨迹的照片中，以精细的观察，像大海捞针一样，发现六张未出现轰击后（阿尔法）粒子的照片，从而找到了打开人工制造同位素和转变元素大门的"钥匙"。在科学研究中，往往由于纷繁多样的现象，人们眼花缭乱，茫然不知所从。卢瑟福能够明察秋毫，是由于长期的科学观察而炼成了一双"火眼金睛"。

巴甫洛夫的实验室的墙上写着这样的座右铭："细心、细心、再细心。"在一次实验中，实验人员忽视了实验狗总是抓坏石灰墙的现象，更没有探究其中的原因。为此，巴甫洛夫严厉地批评说："你们没有精心观察，虽然是长眼睛的人，却等于盲人。"在科学观察中，"熟视无睹"和"司空见惯"都是培养敏锐观察力的大敌。

（三）观察要动脑

建立在思考基础上的观察，可使观察深入，发现别人不易观察到的事物。哈雷彗星是英国天文学家哈雷于17世纪发现的。其实，我们的祖先早就对它进行了观察，从公元前613年到1910年的两千多年中，有31次记录，可惜我们的祖先没有积极地开动脑筋去思考，而失去了这一重大发现。

"杂交水稻之父"袁隆平，在一次野外观察时发现一棵以前没有见过的野生稻，他反复观察、思考，又采集了野生稻的稻花样品，放在显微镜下进行观察，最终确认这是一株十分难得的野生稻雄性不育株。从此，这株野生稻成了袁隆平研究杂交水稻的突破口。最终，袁隆平和他的研究团队培育出高产杂交水稻，为我国的粮食事业做出突出的贡献。

可见，在观察中开动脑筋是何等的重要。正因如此，恩格斯说："单凭观察所得到的经验，是决不能证明其必然性的。"离开动脑的观察，我们的观察只能停留在感性认识水平上，只能是片面的，零碎的。

总之，观察是"学者的第一美德"。在中小学阶段，每一个同学都应该认真培养自己的这种美德：观察、观察、再观察！

6.3 培养注意力

注意力对学习的重要性是一个人人皆知的常识。那么，如何培养注意力呢？

一、提高注意力的基础

（一）充足的睡眠

科学家对睡眠时间与大脑机能的关系进行了观察。研究人员以每天8小时睡眠为基准，分别对比了每天睡8小时、6小时和4小时的人的大脑机能。结果发现，连续14天每天睡6小时或4小时的人，大脑机能逐日下降。即使每天睡6小时，人的认知能力也会下降。

为了维持白天大脑清醒的状态，人每天需要7~9小时的高质量睡眠。如果人为地缩短睡眠时间，特别是在不够6小时的时候，第二天的注意力就会显著下降。

（二）经常的运动

有氧运动对大脑非常好。在进行有氧运动的时候，大脑会分泌一种名叫BDNF（Brain-Derived Neurotrophic Factor 脑源性神经营养因子）的物质，BDNF对脑神经的成长发育和正常的运转起着至关重要的作用。此外，大脑还会分泌一种叫作多巴胺的神经递质，多巴胺能提高人的兴奋度，使人产生幸福感。所以，适度运动之后，不仅能提高人的注意力，就连记忆力、思考能力、工作的执行能力等多种大脑机能都会得到提高。

（三）广泛的阅读

下面我们再看看德国研究人员对阅读的研究结果。德国研究人员曾经进行了大规模的调查，结果发现，越是喜欢读书的人，越容易获得"心流"体验，而经常看电视的人则很少获得这种体验。调查报告还显示，体验到"心流"最多的人，都是爱读书而很少看电视的人。反之，从未体验过"心流"的人，基本都是天天看电视的人。

所谓"心流"，就是一种完全忘我的、专注力高度集中的状态。也就是说，越爱读书的人，注意力越集中。

二、提高注意力的方法

（一）克服干扰

首先要克服内部干扰，除了要避免用脑疲劳，保持充足的睡眠，还要积极参加体能活动，把自己调整到最佳状态；其次是克服外部干扰，除了尽量避开影响注意力的外界刺激，还应适当地有意锻炼自制力，培养"闹中取静"的心态，使注意力能高度集中和稳定。

（二）明确完成目标

对学习的目的、任务有清晰的了解时，就会提高自觉性，增强责任感，集中注意力。即使注意力有时涣散，也会及时警觉，把分散的注意力收回来。只要目标明确了，学习自然就比较积极，注意力就不易分散了。

（三）养成一丝不苟的作风

如果我们养成了严肃认真、一丝不苟的作风，那么我们在学习时就能够集中注意力；反之，如果我们总是马马虎虎、粗心大意，那么在学习的过程中往往

无法集中注意力,而只顾东张西望、左顾右盼,或者糊里糊涂、敷衍塞责。

(四)养成注意习惯

在我们学习的过程中,还应该学会"自我提问",并为寻找答案而积极地思考,保持高度注意和注意力的稳定。俗话说:"习惯成自然。"从养成良好的注意习惯入手,是全面提高注意力的快捷方式。

(五)预防"强刺激"对注意力的影响

但凡想有所收获的学习,必须都要有极高的专注力;但如果一个学生已经习惯了看短视频、打游戏等快节奏、强刺激的事情,他们就会失去耐心、进而失去专注力,情绪就会变得暴躁易怒,但凡文章长一点、内容枯燥一点,他们根本不能静下心读下去;写几笔作业就想去看手机,背几个单词就想去刷视频,时间一长,成绩肯定差。

所以,平时少做看短视频、打游戏等这些快节奏、强刺激的事情,是提高注意力的一个重要方法。

培养注意力有很多方法,以上介绍的是最基本、最容易掌握的方法,相信同学们能够掌握,也一定会掌握。

6.4 培养动手能力

缺乏动手能力，在一些同学之间是一种普遍现象。之所以缺乏动手能力，一个重要的原因是认识不到培养动手能力的意义，认为动手与学习无关，与升学无关，与将来的工作无关。其实这是一种错误的认识。

一、培养动手能力的意义

（一）动手可以促进大脑的发达和思维的发展

苏霍姆林斯基在他的《动手和智慧》一文中说："在人的大脑里，有一些特殊的、最积极的、最富有创造性的区域，依靠这些区域把抽象思维跟双手精细的、灵巧的动作结合起来，就能激发这些区域积极活跃起来。如果没有这种结合，那么大脑的这些区域就处于沉睡状态。"

有关"动手可以促进大脑的发达和思维的发展"这一问题，在《运动真的可以改造大脑》一文中有较为详细的论述。

（二）培养动手能力有利于学习成绩的提高

培养动手能力有利于学习成绩的提高是有事实证明的。相反，缺乏动手能力或者说动手能力差，往往拖了学习的后腿。就拿中学化学课本中的银镜反应实验来说，一样的实验器材，动手能力强的同学一次就做完实验，并且很成功——试管壁上生成一层明亮的银镜；动手能力差的同学需要做两次甚至三次才能成功。动手能力强的同学做完实验写完实验报告时，动手能力差的同学还

在做实验，当他们做完实验写实验报告的时候，动手能力强的同学又在学其他知识了。就这样，动手能力差的同学总是比别人落后一步，中小学需要自己动手的实验有几百个，一次实验就比别人落后一步，积累下来差距就大了。所以说培养动手能力有利于学习成绩的提高。

（三）动手是预防好逸恶劳的重要途径

鲁迅先生笔下的孔乙己，上过学，只因没有"进学"便成了一个废人，好逸恶劳，一生贫穷。如果他养成了热爱劳动的习惯，即便不能"进学"，靠自己的双手也能养活自己，不至于落到那样悲惨的地步。在今天，这样的人又何尝少呢，他们有手不想劳动，有脚不能涉远，窝在家里成了啃老族。由此可见，养成热爱劳动的习惯是多么重要，而动手又是养成热爱劳动这一习惯的重要途径。

总之，动手能力不仅仅是一种技能，它对在校的学习、智力的发展乃至今后的生活都发挥着直接作用。

二、如何培养动手能力

（一）培养动手能力先从做家务开始

做家务是培养动手能力的一个便捷的途径。比如，父母做饭的时候，下厨房给父母打打下手，或者替父母掌勺烹煮，吃完饭帮父母刷刷碗，有时间帮父母拖拖地，换下的衣服要及时洗……慢慢地就会养成热爱劳动的习惯。无论是在科技落后的古代还是在科技发达的今天，热爱劳动的习惯都是一种重要而又必要的素质。

爱劳动、勤动手的习惯一旦养成，动手能力的提高就是一种自然而然的、水到渠成的事情。

（二）认真上好实验课

实验课是一种重要的学习方式。通过实验把实际操作和理论学习结合起来，培养我们的观察力、思维能力、动手能力，以及发现问题、分析问题和解决问题的能力。

那么，如何做好实验呢？首先，要明确实验的目的，克服随意性。理化生课本中的每项实验，大都有五部分内容：实验的目的、实验用品、实验步骤及问题和讨论。其中，"实验目的"是首要的。只有明确了目的，才能搞清楚做该项实验要解决什么问题，需要哪些物品，涉及什么程序，做起实验来才能按部就班，有条不紊。其次，坚持独立性，克服依赖性。自己做实验，开始可能动作不熟练，手忙脚乱，甚至做不成功，但不要灰心丧气，这是一个必须经过的锻炼过程。不要因为做不成功就放手不干了，站在那里看别人做，最后抄别人的实验报告，应付公事。这对培养动手能力极为不利，必须予以克服。

（三）积极参加课外活动小组

课外活动是培养动手能力的又一途径。我们可以根据自己的特长和爱好参加不同的活动小组。如生物小组、物理小组、化学小组等等。至于在活动小组中如何培养动手能力，现场往往有老师指导，在这里就不一一叙述了。

总之，要重视动手能力的培养。一双勤劳、灵巧而又富有智慧的双手，无论对今天的学习还是明天的工作，都起着不可替代的作用。

6.5　培养思维能力

在谈如何培养思维能力之前,我们先谈谈"思维"的含义。人们使用"思维"这个概念时,常常涉及不同领域的多种含义。有时它指思维的过程,可称为思考;有时它指思维的形式,如整体思维、相似思维、逆向思维等;有时也指思维的结果,如思想、观点等。不同学科对思维的研究角度不同,因而所下的定义也不一样。

本文所说的思维就是"思考""动脑筋""想一想"的意思。学习的过程就是一个思维的过程,进一步说就是一个发现问题、分析问题和解决问题的过程。能否发现问题、分析问题和解决问题,思维能力起着主要作用。下面我们谈谈如何培养思维能力。

一、提高大脑的灵活性

大脑的灵活性、聪明度是影响思维能力的一个基础性的因素。要想提高思维能力,首先要提高大脑的灵活性、聪明度。那么,如何提高大脑的灵活性、聪明度呢?本书的第四章为同学们提供了一些简单易行而又人人能行的方法,在此就不再赘述。

二、保持积极的思维状态

（一）要善于发现问题

思维是从问题开始的。当有了问题，产生解决问题的需求时，大脑才能活跃起来，思维能力才能在解决问题的过程中发展起来。

学习是一个不断发现问题、提出问题和解决问题的过程。提出问题，能使学习成为一个有准备的、主动的、时刻关注的过程。那么，怎么才能提出问题呢？靠主动探求的精神。比如，学习一条定理，有两种学习态度。一种是被动地接受，只是囫囵吞枣地记住了，公式的推导过程和应用范围，一概不去思考。用这种态度学习，就不会发现问题，也不会解决问题，当然思维能力更不会得到提高。另一种是主动探求，面对结论自然会去想：这个定理依据的事实是什么？这个定理是怎样得出来的？采用了什么样的思维方法？如果时间、地点、条件变了，这个定理会发生什么变化？用这样的态度对待学习，就会发现很多问题，而每次发现问题，认识就提高了一步，思维能力就得到了锻炼。

（二）在课堂上积极思考老师提出的问题

在课堂上老师总是提出这样那样的问题，目的是通过提问，启发学生进行思考。因此，上课是锻炼思维能力的好机会，必须主动地参与、积极地思考，踊跃地发表自己的想法。如果对每位老师每堂课的提问都积极思考，踊跃发表自己的想法，你的思维能力就会在不知不觉中得到提高。

你的想法也许是正确的，也许是错误的，由于是在上课时间，正确的想法会得到老师的及时肯定，错误的想法会得到老师的及时纠正，这样对不断提高思维能力是很有帮助的。

（三）要敢问、会问

1. 敢问

发现问题，经过独立思考后，仍然不得其解，这就需要请教别人。有的同学明明有问题，却不敢问别人，尤其不敢问老师，这是虚荣心在作怪，这样不利于学习进步。

要使学习不断地进步，敢问是一个重要的条件。在北京四中，每年考上北大、清华的学生常常比一个省都多。在《从北京四中到北大清华》一书中，一个同学介绍了这样一条学习经验："学习本身就是一个师生互动的活动，有了百思不得其解的问题不要攒着，赶快去问一问老师。在班里，某位同学的学习成绩往往与问问题的次数成正比。在四中，无论课间、放学后，老师常常被手捧着各式练习册的学生团团'包围'。"由此可见"问"的重要性。

所以说，要敢于提出问题，尤其要敢于暴露自己的问题，并能虚心向别人学习，这样的人才能成为真正的学习上的强者，才能学好。

2. 会问

什么叫"会问"呢？

第一，要在独立钻研的基础上发问。某班一个学习小组经过讨论，总结出"三不问"：一是学过的基础知识未经复习不问；二是老师留下的问题未经深入思考不问；三是提不出自己的思路和看法不问。

第二，向别人请教，求的是点拨，而不是结果；要的是解题思路，而不是详细的解题过程。

第三，问题解决后，认真分析别人在解决这个问题时的思路和方法。

做到以上三个方面，我们就可以说"会问"。只有敢问、会问的人，思维能力才能不断加强。

三、掌握基本的思维方法

正确的思维，要有正确的方法来保证。要发展自己的思维能力就必须掌握基本的思维方法。常用的思维方法有分析和综合、比较和归类、抽象和概括等。

（一）分析和综合

分析就是把事物的各种属性，各个部分或方面分解开来，一一加以考察的思维方法。比如：

把一个图形分解成点、线、面、体；

把一个句子分解成主语、谓语、宾语、补语、定语、状语等组成部分；

把一个事件分解成时间、地点、人物、原因、过程和结果。

综合就是把事物的各种属性，各个部分或各方面联合成为一个整体进行考察的思维方法。比如：

把一个学生的德、智、体、美、劳各方面的表现综合起来考察从而得出总体评价；

把"自然界是发展变化的""人类社会是发展变化的""人的认识是发展变化的"三个事实综合起来得出"事物是发展变化的"这一结论；

把一篇文章的各段的段落大意综合起来加以考察，最后概括出文章的主题思想。

分析和综合这种思维方法在各科学习中应用较广。

（二）比较和归类

比较就是把各种事物加以对比，并确定它们之间的相同或相异的思维方法。归类就是按照一定的标准把事物分门别类的思维方法。

在语文课本中，同学们学了很多文章，其中一大类是写人物的文章，这时，可以把写人物的文章集中起来，进行比较归类。比如，《一件小事》一文用对比的手法写了"我"与车夫对待跌倒女人不同的态度，表达了车夫高尚的品德。把这种用对比的手法写人物的文章归为一类。

梁实秋的《我的一位国文老师》一文用先抑后扬的手法写了他的国文老师。所谓先抑后扬就是先写国文老师穿的袍子如何脏，然后再写国文老师如何耐心细致地帮助他修改作文。这种先抑后扬的手法是一种常见的写作手法。把用这种手法写人物的文章归为一类。

《红楼梦》一书第五回中有这样一个情节："当下秦氏引了一簇人来到上房内间，宝玉抬头，先看见一幅画贴在上面，画的人物甚好，内容是《燃藜图》，也不知是何人所画，心中便有些不快。又看见一副对联，写的是：

"'世事洞明皆学问，人情达练皆文章。'

"及看了这两句，纵然室宇精美，铺陈华丽，亦断断不肯在这里了，忙说道：'出去，出去。'秦氏听了笑道：'这里还不好，可上哪里去呢？'"

为什么宝玉看了画和对联忙说出去呢？因为画和对联都有劝学的意思。

宝玉一看到劝学的意思就心烦，这说明宝玉厌学。可上边这个情节中没有一句写宝玉厌学。这种写作方法就是侧面描写。把语文课本中用侧面描写人物的文章归为一类。

通过比较，把用对比、先抑后扬、侧面描写的文章分别归为一类，加以揣摩，你就掌握了写人物的一些基本方法。以后遇到写人物的作文，你就不至于不知道怎么写了。

比较和归类也是学习中常用的一种思维方法。

（三）抽象和概括

抽象就是大脑在分析、综合、比较和归类的基础上抽取同类事物的一般的、本质的属性和内在联系，而舍弃非一般的、非本质属性和外在联系的思维方法。简单地说，抽象就是抽取出事物的本质的思维方法。

概括是在头脑中将抽象出来的事物的本质属性和内在联系综合起来，推广到一类事物上去，并使之普遍化的思维方法。简单地说，概括就是在头脑中将抽象出来的事物的本质推广到同类事物上去的思维方法。

比如，当人们从人类的行动中抽取出制造生产工具这一共同本质之后，就可以把这种共同本质推广到所有人身上，从而概括出：古今中外的每一个人都具有制造工具的能力。

再如，有这样一道题：

认真阅读下面一段短文，然后概括中心思想。

谭盾是一个喜欢拉小提琴的年轻人，可是他刚到美国时，却必须到街头拉小提琴卖艺赚钱。很幸运，谭盾和一位黑人琴手，一起争到了一个最能赚钱的好地盘——商业银行的门口。过了一段时日，谭盾赚到了不少卖艺钱之后，就和黑人琴手道别。

十年以后，谭盾有一次路过那家商业银行，发现昔日的老友——黑人琴手，仍然在那"最赚钱的地盘"拉小提琴。当黑人琴手看见谭盾突然出现时，很高兴地说道："兄弟啊，你现在在哪里拉小提琴啊？"谭盾回答了一个很有名的音乐厅的名字,那黑人琴手反问道:"那家音乐厅的门前也是个好地盘,也很好挣钱吗?"他哪里知道,十年以后的谭盾,已经是一位国际知名的音乐家了。

这是一则叙述性材料。看了材料,我们可能会产生这样的疑问:十年前两个命运相同的人为什么在十年后会有不同的命运呢?原因就在于黑人琴手满足于眼前的现状,不思进取;谭盾不满足眼前的现状,不断进取,终有所成——这就是从两个人的所作所为中抽取出的本质的东西。

这段材料意在启示我们,人必须懂得及时抽身,离开那看似赚钱,却不再进步的地方。于是,这段材料的中心思想可以概括为:人必须不断学习,不断追求更新、更高的目标。

从以上抽象和概括的过程中可以看出,抽象和概括是一个思维过程的两个阶段,前一阶段是抽象,后一阶段是概括,抽象是概括的基础。在日常学习中,抽象和概括的方法得到了广泛的运用。

除以上介绍的思维方法外,还有系统化和具体化等思维方法,在这里就不一一介绍了。

总之,既要勤于思考,又要善于思考,思维能力才能不断提高。

6.6 培养知识的迁移能力

所谓迁移,就是已经获得的知识、技能对学习新知识、新技能的影响。这种影响的表现形式多种多样,但最常见的有两种:积极的影响和消极的影响。前者通常叫正迁移或简称迁移,后者叫负迁移或称干扰。本文着重讨论正迁移。

好多同学都有这样的体会,数学老师讲课的时候自己也听懂了,但一到做作业的时候就不知所措,其中就有迁移能力不足的原因,或者说举一反三的能力不强。那么,如何提高迁移能力呢?

一、尽快掌握常用的字词,为广泛迁移打下基础

常用的字词是能产生广泛迁移最基础的知识。

教育部发布的《2005年中国语言生活状况报告》中说,"对平面媒体、有声媒体、网络媒体的语料调查分析研究后发现,在过去的一年里,汉字出现37亿次,平面媒体、有声媒体和网络媒体共用的汉字是5607个。其中581个汉字可以覆盖语料的80%,即可以读懂媒体文字的80%。当覆盖90%的时候,只需934个汉字。当覆盖率达到99%的时候,需要2315个汉字"。这就是说,认识900多个汉字基本上就能读书看报,而当认识2300个汉字时,就可以比较流畅地读书看报。这些常用的汉字是适用性较强的汉字,也就是能产生广泛迁移的汉字。"

所以,应尽快地掌握常用的字词,为广泛迁移打下基础。

二、消除学习上的"负积累",为知识的迁移扫除障碍

所谓"负积累",就是应该学会的知识而没有学会,形成学习上的沉重包袱。这是知识迁移的一大障碍。要解决这个问题,既不能操之过急,又不能掉以轻心,更不能"破罐子破摔"。平时,要努力学好新的知识,见缝插针地复习旧知识。尤其是在假期,要集中一段时间,有计划地补缺。

过去已形成的知识欠缺,也会形成智能的不足。因为掌握知识与智能的发展密切相关。即智能的发展依赖于掌握的知识;智能的发展又会促进对知识的理解、掌握和运用。因此,随着知识的补充,智能上也一定能得到发展,迁移能力也随之提高。

三、比较学习对象之间的共同要素,为迁移搭建桥梁

研究表明:学习对象之间的共同要素越多,越容易产生知识迁移,即学习的新旧知识之间、新旧方法之间共同要素越多,迁移就越容易产生;而新旧知识之间、新旧方法之间相同的要素越少,则迁移越不容易产生或不产生。比如,我们学会了加减法之后学乘除法比较容易,这是因为加减法和乘除法之间的共同要素较多;我们学了三角函数之后,学习古典文学则很少发生知识的迁移,这是由于三角函数与古典文学之间的共同要素很少。

那么,怎样找到学习对象之间的共同要素呢?

就拿学习数学来说,将不同类型的习题或相同类型的习题进行比较,将不同或相近的方法进行比较,就能找到共同要素,从而为迁移搭建桥梁,最终实现迁移的目的。比如,学习了数学中的"因式分解"一章后,遇到多项式分解因式,首先看看有没有公因式,若有公因式,先提公因式,然后看看能否继续分解,若能继续分解,且为二项式,则考虑平方差公式;若能分解,且为二次三项式,则考虑完全平方公式。

再如语文学习,将不同体裁的文章或相同体裁的文章进行比较,将不同或相同的音、形、义进行比较,就有利于语文学习的迁移。比如学了"恨"

"悔""忧""怅"等字，它们之间的共同要素是带有"竖心旁"，"竖心旁"表示的是心情、情绪等意思。以后在阅读的时候，遇到带有"竖心旁"的字，即便没有学过，不知道其读音，也能根据这类字的共同要素，大体猜出其含义。这就是共同要素能促进迁移的原因。

四、提高抽象概括能力，让迁移由难变易

科学的抽象概括，能够反映事物共同的本质属性。反映事物越广泛、越深刻，知识的迁移就越容易。

下边我们以数学中的一个简单的抽象概括，来说明抽象概括的知识容易迁移的道理：

张三有50头牛，李四有50头牛，一共有100头牛；

张三有20头牛，李四有80头牛，一共有100头牛；

张三有90头牛，李四有10头牛，一共有100头牛。

…………

我们舍去"头"和"牛"这个非一般的、非本质的属性，只考虑数量这个一般的、本质的属性，最后概括出如下算式：

$50 + 50 = 100$；

$20 + 80 = 100$；

$90 + 10 = 100$；

…………

我们对上面的算式还可以进一步抽象概括。把50、20、90等抽象成X，或者说用X来代替；把50、80、10等抽象成Y，或者说用Y来代替，最后把上面的多个算式概括成一个算式：$X + Y = 100$。

$X + Y = 100$，这个二元一次方程就是抽象概括的知识，这种抽象概括的知识容易迁移。也就是说，这个二元一次方程是你一步一步抽象概括出来的，知道它的来龙去脉，反过来用它解决问题就容易得多。这就是抽象概括的知识容易迁移的道理。

在日常应用中，为了简便起见，"抽象概括"这一个概念往往只说"概括"而省去了"抽象"，比如"概括文章的主题思想"。

我们学过的概念、原理、法则、定律、公式等知识都是概括化的知识，只不过这个概括化的知识是专家学者概括的。我们在学习的时候，对其理解得越深入、越全面、越透彻，就越能抓住本质性的东西；越能抓住本质性的东西，我们的概括能力就越强；概括能力越强，应用这些概念、原理、法则、定律、公式等知识的时候就越容易，即越容易迁移。

五、总结规律，为知识的迁移找到捷径

"时不我待""古人不余欺也""诚不我欺"等是古文中常见的一种否定句。按照现代汉语的习惯，这几个否定句应写成："时不待我""古人不欺余也""诚不欺我"。但是，古人行文有一个习惯，在否定句中，"我""余"等代词做宾语时都要前置。于是，"时不待我""古人不欺余也""诚不欺我"就写成了"时不我待""古人不余欺也""诚不我欺"。

那么，这种句式的语法规律就是："否定句中代词做宾语，宾语前置。"

掌握了这种否定句式的语法规律，以后再遇到这种句式，就容易理解了。

总之，找到学习规律，能对学习起到事半功倍之效。

以上谈了知识迁移的一些经验和方法，更多更有效的经验和方法还有待同学们去总结概括。

6.7 培养自学能力

自学能力,简单地说就是独立获取知识的能力。

一、培养自学能力的意义

(一)自学能力是在校学习的需要

在校学习既需要老师教,又需要自己学。随着年级的升高,老师教的作用越来越小,自学能力的作用越来越大。小学的时候,单凭老师教就能学会、学好,自学能力的作用体现不出来;到了初中,自学能力的作用开始慢慢显现出来;进入高中,如果缺乏自学能力,单凭老师教是学不好的;进入大学,缺乏自学能力将寸步难行。这就是自学能力重要性的体现。

罗马不是一天建成的,自学能力也不是一天就能培养出来的,必须从小学开始,循序渐进、慢慢提高,最终达到较高的程度。

(二)自学能力是终身学习的需要

随着科学的发展、时代的进步,社会要求人们终身学习。做不到终身学习的人很难跟上时代的步伐,甚至会被社会所淘汰。所以,走出校门不是学习的结束,而是另一种学习的开始。这种学习就是边工作边学习。在校学习有老师辅导、同学磋商,走上社会既没有老师辅导,也无同学磋商,缺乏自学能力,学习将很难进行下去。

（三）自学能力是成才的重要途径

从人才学的角度讲，自学是成才的重要途径。华罗庚只有初中文凭，靠自学成为名震中外的数学家；莫言当年小学都未毕业，通过后来不懈的努力，获得诺贝尔文学奖……类似的事例举不胜举。孟子说："君子深造之以道，欲其自得之也。自得之，则居之安；居之安，则资之深；资之深，则取之左右逢其源。故君子欲其自得之也。"大意是说，一个人要有较深的造诣，须用自学的方法达到。这样，他的学问就扎实，积累就深厚，应用起来就左右逢源，得心应手了。

二、怎样培养自学能力

研究自学能力的报告表明，自学能力是一项综合性很强的能力。要提高自学能力，必须注重打好自学的基础，有意识地培养如下几种能力。

（一）培养坚定的学习意志

自学与课堂学习有较大的差别。课堂上既有老师辅导，又有同学磋商，学起来自然顺风顺水；自学则不同，既无老师辅导，又无同学磋商，学起来自然没有课堂学习那样顺利，甚至困难重重、障碍多多，但是无论有多大的困难都要坚持住、不放弃，这样自学能力才能步步提高。

历史上但凡学有所成的人，无一不是有志者、坚韧者。近代大学问家王国维总结出为学的三种境界。

第一种境界："昨夜西风凋碧树，独上高楼，望尽天涯路。"这种境界为求学立志之境界，即决心登上学业的高峰。

第二种境界："衣带渐宽终不悔，为伊消得人憔悴。"这种境界为"行"之境界，为实现远大理想而坚韧不拔，即便"憔悴"也在所不辞。

第三种境界："众里寻他千百度，蓦然回首，那人却在灯火阑珊处。"这种境界为"得"之境界，经过一番努力终有所得。

记住这三种境界，可以把它们当成学习的座右铭。

（二）培养独立思考的能力

从目前一些同学的学习状况看，急需加强独立思考能力的培养。他们学习上的最大弱点是缺乏独立性，没有养成自主学习的习惯，缺乏独立的思想，没有独立的见解，只是师云亦云、书云亦云、死记硬背、生吞活剥。照此下去，后续学习将困难重重。

看看那些学有所成的大师，无不具有较强的独立思考的能力。我国著名数学家华罗庚就是一个独立思考能力很强的人。在上初中的时候，有一天，国文老师让学生认真阅读胡适《尝试集》中的作品，并写出心得体会。《尝试集》是胡适先生在1920年出版的中国现代文学史上的第一部白话诗集。他主张凡事要"尝试"，所以把南宋大诗人陆游的诗句"尝试成功自古无"改为"自古成功在尝试"，并以"尝试"做诗名，还特地加了一个"诗序"作说明："尝试成功自古无，放翁此言未必是。我今为之转一语，自古成功在尝试。"同学们都知道老师是胡适的崇拜者，无不满口赞美胡适以讨老师欢心，只有华罗庚一声不吭地托着腮帮子沉思。老师问他在想什么，他照直回答："'诗序'逻辑混乱，不堪卒读。"老师惊讶地呵斥："文学大师会有逻辑混乱吗？"

华罗庚看着脸色难看的老师，大胆地提出了自己的看法："第一句中的'尝试'是指初次尝试，句意是没有一次尝试就成功的；第四句的'尝试'是指经过多次尝试或失败之后的成功尝试，句意是没有经过尝试哪会获得成功。两个概念不同，各有各的道理。胡先生不该混淆概念，否定别人。"

旧波未平，新波又起。这一天，老师出了一道作文题——"周公诛管蔡论"。题目中说的是周朝初期曾经发生的故事：周武王因病去世，儿子姬诵继承王位（史称成王），这位小王年仅13岁，因此就由武王的弟弟周公旦摄理政事。武王的另外两个弟弟管叔鲜、蔡叔度，眼看周公旦代行天子职务，心里很不服气，就伙同武庚等人一起造反，结果失败，被周公旦处死。

一般说来，就这样的历史故事命题作文，一般人的写法都是顺着历史既定的说法，骂管叔鲜、蔡叔度作乱，赞扬周公旦平乱有功，但华罗庚没有写"顺水文章"，却说起周公旦的"坏话"。这下可把老师惹火了，责骂他"污蔑圣人"。面对这样的历史成见和武断专横的批评，华罗庚心里很不服气，忍了忍，想了想：对老师要尊敬，但道理还是要说明白的。于是就跟老师讨论:"倘若老师只许赞颂周公旦,那题目就应该叫作'周公诛管蔡颂'。既然是'论',那就允许学生自由议论,允许有不同的写法、不同的说法。"他说得入情入理。老师沉默了,深深地记住了这位学生。

20年以后,华罗庚成了闻名世界的大数学家,这位老师当面向华罗庚倾吐了肺腑之言:"我早就看出你的文章不落窠臼。"

华罗庚之所以能成为闻名世界的数学家,其原因固然是多方面的,但具有很强的独立思考的能力是一个重要原因。

那么,我们如何培养独立思考的能力呢?首先,在老师面前要敢于提出自己的观点;其次,对课本上的权威结论,要敢于质疑,多问几个为什么,这样就不会陷入"师云亦云、书云亦云"的窠臼。

(三)培养自我检测、自我评价能力

我们要知道自学的效果如何,就需要自我检测、自我评价。

1. 自我检测

所谓自我检测,就是选一些题做一做,通过做题即可知道自学的情况如何。这种自我反馈的方式,使信息构成双向传递,不断了解自学的效果和应完成的学习任务之间的关系,从而调节和控制自学活动,取得自学的最佳效果,并培养良好的自学习惯。

2. 自我评价

自我评价,指在自学过程中通过分析、对照和比较,逐步认识、评价自学的结果。它对自学起着重要的作用。自我评价的关键是培养自己认识错误的能力。错在哪里?为什么错?如何改正?要做到心中有数。

总之,要重视自学。联合国教科文组织早在1972年就旗帜鲜明地主张"自主学习"。其出版的《学会生存——教育世界的今天和明天》一书中明确地指出:

"未来的学校必须把教育的对象变成自己教育自己的主体。受教育的人必须成为教育他自己的人;别人的教育必须成为这个人自己的教育。"

看！他们的逆袭

6.8 培养合作学习能力

一个人安静地学习，是一种常见的、使用较多的学习方式。与之对应的是合作学习。越来越多的实践告诉我们：合作学习能取得更好、更大的学习效果。然而，很多同学对合作学习不积极、不主动，因而不能取得更好、更大的学习效果。

之所以对合作学习不积极、不主动，一个重要的原因是对合作学习的好处知之甚少。

一、合作学习的价值

目前合作学习最常见的形式是小组讨论，小组讨论免不了有讨论、争论或辩论。下面简单谈谈讨论、争论或辩论这几种合作学习方式的价值。

（一）讨论、争论或辩论能大大激发人的"社会脑"

人的社会行为都受大脑中的某些特定区域调控。那些调控人的社会行为的特定区域统称"社会脑"。社会脑包括前额叶、杏仁核、海马、脑岛以及视觉联合皮层、下丘脑、脑干等，其中发挥关键作用的是杏仁核和前额叶中的扣带回。这些部位通过彼此之间的复杂联系共同负责调控人的社会行为。

脑科学研究发现，当我们与其他人合作时，社会脑开始活跃，控制思考和行为的大脑前额叶皮层也因此变得更发达。对学习而言，"合作学习"能有效地促进学习,而"一个人安静地学习"会让社会脑处于休眠状态,导致无法达到最佳的学习效果。

也就是说,"讨论、争论或辩论"与"一个人安静地学习"相比,学习效果更好。教育进展国际评估组织的测评结果也证明了这一点。有关这一个问题的详细阐述请看《向"社会脑"要智力》一文。

(二)讨论、争论或辩论能使人们取长补短、共同提高

这种学习方式的价值还在于它可以把自学发展为互学,相互启发,取长补短,能弥补独自学习的不足。

事实也是如此。在20世纪30年代,英国送奶公司送到订户门口的牛奶,既不用盖子也不封口,因此,麻雀和红襟鸟可以很容易喝到凝固在奶瓶上层的奶油皮。后来,牛奶公司把奶瓶口用锡箔纸封了起来,想防止鸟儿偷食。没想到在20年后,英国的麻雀学会了用嘴把奶瓶口上的锡箔纸啄开,继续吃它们喜爱的奶油皮。

然而,同样在20年后,红襟鸟却一直没有学会这种方法,它们自然就没有美味的奶油皮可吃了。这种现象引起了生物学家的兴趣,他们对这两种鸟进行了研究。从解剖的结果看,它们的生理结构没有很大区别,但为什么这两种鸟在进化上有如此大的区别呢?原来,这与它们的生活习性有很大的关系。

麻雀是群居的鸟类,常常一起行动,当某只麻雀发现了啄破锡箔纸的方法,就可以教会别的麻雀。而红襟鸟喜欢独居,就算有某只红襟鸟发现锡箔纸可以啄破,其他红襟鸟也无法知晓。

对物种来说,进化需要集体交流与行动,这样,它们中的任何一个有了新技术,才可以真正发扬光大,使物种生生不息。

麻雀因交流而大饱口福,红襟鸟因独居而无缘美味。学习又何尝不是如此呢?所以,同学们应当经常就某一问题进行讨论、争论或辩论。

(三)讨论、争论或辩论能让你更全面地了解问题

教育家加里宁对于这种学习方式有过精辟的论述:"当你独自一人学习

时,你只了解了一面,即使了解了三面,还是没有了解到第四面,最后把四面全部了解了,可是哪知道这东西不是平面,而是一个立体,总共有六个面。"

事实也是如此。比如,从《三国演义》一书上看,马谡失街亭的原因,一是诸葛亮用人不当;二是马谡纸上谈兵且又高傲自大,不听王平的劝告,在山上安营扎寨。但几位同学一起讨论时,又找出了一些令人信服的原因:甲说诸葛亮不能临阵指挥也是一个原因;乙说马谡不会用兵,如果做好战前动员,官兵上下一心,拼死一战,即便在山上安营扎寨,也未必没有胜算;丙说张郃身经百战、有勇有谋,马谡败在这样的对手之下并不意外。

所以说,讨论、争论或辩论让人看到了问题的不同方面,更全面、深刻地了解问题。

(四)讨论、争论或辩论,尤其争论或辩论能强化学习效果

争论或辩论为什么能强化学习效果呢?这是因为在争论一些问题时,大脑处于兴奋状态,争论越是激烈,就越能促使双方回忆识记过的材料。这样,在争论中,错误的材料得到了纠正,正确的材料得到了承认,双方都加深了印象,记忆由此得到了巩固。

再则,即使记得正确的知识,与他人争论也会延长贮存期,这是因为争论强化了你头脑中对这一知识的记忆。

著名科学家杨振宁说过,美国的教师鼓励学生提问,鼓励向权威提出质疑。美国的学生在学习中热衷于吸收各学科的成就,热衷于辩论,从而获得快速的进步。而中国的学生在学习中往往是全盘接受而不习惯于质疑和考证。因此,杨振宁主张,中国的学生应该学习美国学生那种敢于怀疑、敢于创新、以兼收并蓄为主的学习方式,应该勤于辩论,把辩论放在与学习同等重要的地位上。

二、合作学习应注意的问题

进行合作学习时,应注意如下几个问题。

（一）把握合作学习的时机

合作学习虽然是一种重要的学习方式，但不是唯一的方式，因此，同学们应根据学习的内容，选择有利的时机进行合作学习。一般来说，较简单的内容，只需个人独立学习，而较复杂、综合性较强的学习内容，更适合用合作学习的方式。

（二）建立相互信赖的关系

小组学习是合作学习的一种常用方式。小组成员之间应当是一种相互信赖的互助关系，每一个成员都要对自己所在的小组负责。如果没有这种相互信赖的关系，往往会出现小组内"各行其是"的现象。如老师给出了共同探讨的问题，同学们各忙各的，一旦自己找到了答案就万事大吉，对组内其他成员进展如何则不闻不问，这是不利于合作学习的。只有建立相互信赖、彼此负责的关系，才能促进小组成员的共同进步。

（三）重视独立思考能力

合作学习旨在通过小组讨论互相启发，达到优势互补，解决个人无法解决的疑难问题。但合作学习必须建立在独立学习的基础上，有些同学不经深思熟虑就匆忙展开讨论，要么坐享他人成果，要么人云亦云，盲目随从，对小组内的不同见解无法提出真正意义上的意见或建议，也无法做到汲取有效成分修正自己的观点。这样的合作学习不但解决不了问题，还无意中剥夺了自主学习的机会。

（四）掌握合作的技巧

要达到合作学习的目标，同学们还要掌握一定的合作方法并形成必要的合作技巧。比如，如何倾听他人的意见、如何表达自己的想法、如何纠正别人的错误、如何汲取他人的长处、如何归纳众人的意见等。只有掌握了一定的合作技巧，才能达成合作学习的目标。

总之，要重视合作学习，利用好合作学习，从而取得更好的学习效果。

第七章 挖掘学习潜力

人人都有巨大的学习潜力。

从1962年开始，孙维刚老师一直在北京二十二中任数学教师兼班主任。当时的北京二十二中既不是北京市重点，也不是区重点，而是北京的一所普普通通的学校。孙老师带的班是这所普通学校的普通班。然而，在1997年高考时，孙老师带的普通班竟然有55%的学生考上了北大、清华。

发生在北京二十二中的这一事实告诉我们：即便是普通班的学生也具有巨大的学习潜力——考上北大、清华的潜力。这并非为了鼓励学生而随便一说。试想一下，假如是一群缺乏潜力的学生，孙老师即便有天大的本事，也难以把他们送进北大、清华。

由此可见，很多学生之所以学习不理想，不是没有潜力可挖，而是巨大的潜力在沉睡；不是缺乏聪明才智，而是没有找到激活聪明才智的途径。

7.1 人人都有巨大的学习潜力

我们每个人都有巨大的学习潜力,但我们对此常常毫无概念,一旦遇到困难就怀疑自己的能力,认为自己没有潜力可挖,其实,我们都还潜藏着巨大的能量。

在本书的《相信自己是优秀的》一文中,我们阐述过"每个人都有使自己优秀的巨大潜能"这一问题,本文将从不同的角度再谈谈这一问题。

一、植物的潜能

1985年,在日本筑波举行的一次科学博览会上,展出了一棵巨大的西红柿植株,其结出的果实竟然多达12000多个,成为博览会上被关注的焦点。这棵西红柿植株并不是转基因技术培育而成的,而是用普通的西红柿品种,采取无土栽培法培育出来的。

2016年9月27日,《南京日报》报道,马鞍农耕文化园的航天育种南瓜重达150千克,一株西红柿树结出了1000千克的西红柿。

…………

植物虽然没有大脑,但是植物的生命力、植物的潜能让人类惊叹。

二、动物大脑的潜能

2016年10月，在中央电视台《挑战不可能》节目中，警犬"草根"闻出了被稀释了2000万亿倍的血液。经过训练后的大象可以画出漂亮的画。信鸽能够从2000千米外飞回家。诸于此类，动物大脑具有超能力的例子还有很多。

三、人脑的潜能

植物、动物的潜能尚且如此之大，何况人呢。

（一）人脑潜能的物质基础

正常人的脑细胞数量是140亿~150亿个，其中有100万亿个连接点。大脑特有的连接模式如同一个电路图，使你成为一个潜能巨大的个体[①]。这就是人脑潜能的物质基础。

（二）人脑潜能的例证

世界上潜力最大，开发最少的宝藏是人脑。在江苏卫视《最强大脑》节目中，众多选手在脑力竞技中展现了人脑的超能力，科学家从科学的角度传播了脑科学知识。具有超忆症的人，大脑有自动记忆系统。有超忆症的人利用左额叶（通常这个区域是用来处理语言的）和大脑后方的后头区（通常用来储存图片记忆）储存长期记忆。这些都是在潜意识下发生的。具有超忆症的人，没有遗忘的能力，能把自己亲身经历的事情记得一清二楚，能具体到每一个细节。

美国加利福尼亚大学的布鲁斯·米勒曾在人的大脑中成功地发现了"天才按钮"。1996年，布鲁斯·米勒在医学期刊《柳叶刀》上报告了三个患者在患额颞叶失智症后成为出色画家的案例。患者在患病前对艺术并没有特别的兴趣

---

① 王运武：《学习科学与技术》，科学出版社，2018年。

和造诣，但随着失智症的病发却突然拥有了惊人的绘画才能[1]。

布鲁斯·米勒在自己的实验室里对72名因各种原因使大脑受过伤的患者进行研究，发现了一个规律，一旦人的部分大脑受过伤，就有可能变成某个领域的天才。例如，一名9岁的男孩在部分大脑受损后竟成了一名天才的力学专家；一名56岁的工程师，大脑右半球皮质的部分神经元因病受到损伤后却激发了绘画天分，成了一名大画家。

布鲁斯·米勒认为：这是因为受损神经元坏死后，大脑"天才区"被压抑了一辈子的天分被释放出来[2]。

澳大利亚弗林德斯大学的教授认为，借助磁场切断人大脑内的一些区段，会完全激活那些超级数学和艺术天分。不久前，澳大利亚科学家在17名志愿者身上进行了实验，结果证明了这一点。研究人员对志愿者的整个大脑进行磁刺激，把他们的大脑皮层的有关部分断开几秒钟，获得了惊人的结果。有5个人很快算出某个日子是星期几；6个人凭记忆把马头画得一点儿都不差，其余的人轻易记住好几个通讯地址。[3]

以上种种事实无一不证明人的大脑蕴藏着巨大的学习潜力！

---

[1] 王运武：《学习科学与技术》，科学出版社，2018年。
[2] 王运武：《学习科学与技术》，科学出版社，2018年。
[3] 王运武：《学习科学与技术》，科学出版社，2018年。

7.2 制订学习"战略"

战争要重视战略。同样的指挥员，同样的战斗员，往往因战略的不同而产生不同的结果。正确的战略能让指挥员、战斗员的潜力发挥到极致，从而克服重重困难，最终赢得胜利。

以毛泽东为首的老一辈无产阶级革命家，在井冈山时期，自知力量弱小，不足以攻城略地，就走向农村，建立农村革命根据地，发展自己，壮大自己，然后以农村包围城市，最后夺取城市，解放全中国。事实证明，这个战略是无比英明正确的。

战争要重视战略，学习也应当重视战略。

所谓要重视学习战略，就是规划好自己的学习，使其适合自身的情况。

《从北京四中到北大清华》是一本北京四中部分同学谈学习的图书，书中所提到的同学不是考上了北大就是考上了清华。他们在该书中，有的介绍了自己的学习心得，有的介绍了自己的学习方法，有的谈了自己的学习"战略"。

有一位同学在该书中说："……记得高二数学A、B班调整的时候，老师建议我去A班。但从实际出发，我认为自己的学习那时没有"吃不饱"的感觉，到A班去不一定合适，所以还是留在了B班。如果一味追求高层次，必定会打击自信心，成绩可能只降不升。"

后来这位同学考上了清华，这与其正确的学习"战略"是分不开的。

在《高分是怎样诞生的——北京四中学生谈学习方法》一书中，一位考上北大的同学也谈了自己的学习"战略"："……因为自己在数学上没有显出什么'天分'，因此我从不把时间花在一些难题、偏题、怪题上。一是觉得没有那个能力，二是觉得没有那个必要，不如把眼光放在基础上。所谓基础，一是指对概念、定义等内容的深入理解，二是做一些基础性的练习。一定量的练习对数学这种科目是必不可少的。如果只动眼不动手，很难找到解题的感觉，即便会做，在步骤上也难免出现一些问题，因而做练习是必要的，但切忌过多、过难。把自己置于题海之中，虽然熟练了解题，但会产生一种厌烦情绪，同时也不利于对每一道题的深入思考，事倍功半。我也曾担心高考中的难题，但后来发现，高考也是着重考查基础。况且，基础题熟练以后，难题自然而然就有了感觉。这就是我学习方法的统领和核心——抓基础。"

以上两位同学的学习"战略"，其共同特点是：不好高骛远，夯实基础，由易到难。年轻的朋友，你是否也制订了一个适合自身情况的学习"战略"？

你如果制订了一个适合自身情况的学习战略，为实现战略目标应做到如下两点。

第一步：要保持战略定力——你如果是一个重点班的同学，不要看到其他同学进了加强班、提高班，就轻易改变根据自身情况而制订的学习战略，一定要保持战略定力，不好高骛远；你如果是一位普通班的学生，不要看到重点班的同学就觉得矮人一等，丧失了战略自信。

第二步：守住底线——学好课本内容。怎么样才算学好课本内容呢？以数学为例，首先理解透概念、定义、公式、定理；其次，合上课本，能熟练地做出课本上的例题；再次，能顺利地做出课本上的习题。这就算学好了课本。然而，这个难度并不大的目标，许多同学却完不成。其原因不是能力不足，而是决心不够。

学习就如同战斗，有第一道防线、第二道防线、最后一道防线。课本内容就是最后一道防线，当你第一道防线守不住的时候可以退到第二道防线，第二道防线守不住的时候可以退到最后一道防线，这时你不能再退了，即便有天大的困难也要坚持住，抱着与最后一道防线共存亡的决心，就一定能守住最后一道防线——学好课本知识。

总之，要制订适合自身情况的学习战略，在任何情况下都要保持战略定力，守住底线。那时，你的潜能将被源源不断地挖掘出来，推动你的学习大踏步地前进。

7.3 轻履者行远

班主任在班会上经常强调：做好课间操就是提高你的学习能力。刘明对通过认真做操等举措来提高学习能力的方法虽然认可，但总觉得效果甚微，不是他想要的那种，于是对班主任说："老师，今天您能不能介绍一些效果明显的方法？"

"要效果明显的？那好，下午5点半到操场等着我。"

刘明不知道班主任"葫芦里卖的什么药"。5点半准时来到操场时，他看到班主任已经到了，手里提着一个提包，身边还放了一个不知装着什么东西的背包。

刘明来到操场，班主任指着跑道说："这是一条400米的跑道，你能不能一气跑下来？"

"没问题！"刘明立马站在跑道上，"老师，发令吧。"

"准备，跑！"

班主任一声令下，刘明撒腿就跑，很快便跑回到起点。

"累吗？"班主任问刘明。

"不累，再跑五圈都行。"

班主任指着身边的背包对刘明说："背着它再跑一圈。"

刘明看到背包里装满了沙子，疑惑地看着班主任："为什么叫我背着一个装满沙子的背包跑步？"

"跑完你就知道了。"

班主任一时并未说明原因，刘明只好背着装满沙子的背包艰难地跑在跑道

上，没有多久就累得气喘吁吁、大汗淋漓，最终倒在了跑道上。他抱怨班主任：“老师啊老师，您为什么让我背着一个装满沙子的背包跑步？”

班主任笑着走到刘明身边，问道：“才跑了两步，你为什么就跑不动了？”

“这还用问吗？老师，道理明摆着！”

“既然知道跑不动的道理，你就应当知道学习落后的原因。”

“我说是因为脑子笨，学习能力不强，您批评我，不同意我的说法。您说我学习落后的原因是什么？”

班主任指着刘明身上的背包说：“这就是一个重要的原因。你思想上的包袱就像这个背包一样沉重。学习的压力已经够大了，你又背着一个沉重的精神包袱，能学好吗？没被压垮就很不错了。”

“那有什么办法呢，哪一个学习落后的同学思想上压力不大？”

“是啊，哪一个学习落后的同学思想上压力不大呢。”班主任似乎在回应刘明的话，又似乎在自言自语，然后从提包中拿出了刘明的数学试卷说，"在思想上压力大的情况下，你考了58分；假如思想上没有压力，一直以轻松愉快的心情去学习，你估计这次数学考试能多考多少分？"

刘明想了想说：“不能说没有一点思想压力，就是减轻一半的压力，我也能多考20分。”

“所以，你应当尽快地抛掉压力。”

“怎么抛掉？”

“第一，不管学习多么落后，都要放得下，看得开，不必在乎。因为你越想得开，越不在乎，思想压力就越小；思想压力越小，释放出的学习能量就越大；释放出的学习能量越大，学习就越好。

“心理学上有一种名为'瓦伦达效应'的理论。这个理论来源于一个真实的故事。瓦伦达是美国著名的高空钢索表演者，在一次重大的表演中，他不幸失足身亡。他的妻子事后说，我知道这一次一定出事，因为他上场前总是不停地说'这次太重要了，不能失败，绝不能失败'。而以往他不是这样，每次表演之前，他只想着走钢索，并专心为此作准备，根本不去管其他事情，更不会为成功或失败而担心。

“后来，人们就把专心致志地做某件事，而不去考虑做这件事的意义和结果，不患得患失的心态，叫作'瓦伦达效应'。

"因此，在学习的过程中，一定要保持'瓦伦达效应'，不必在乎分数的多少，名次的高低。这不是阿Q精神，而是学习的智慧。

"第二，在学习落后的情况下，不要做无谓的攀比。不比不攀不是回避现实，而是让自己保持淡定。如果与这个同学比分数，和那个同学比名次，不但解决不了问题，反而越比越丧气，越比越焦躁，越比越不安。在这种心理状态下学习，很难发挥出自己的聪明才智。心理学家的实验也说明了这一问题。实验表明，一组儿童在情绪良好的情况下平均智商是105，在焦虑不安的情况下平均智商是95，两者相差十分明显。"

从今以后，刘明决心放下包袱，轻装前进！

7.4 目标与潜力

　　心理学家的大量研究表明：追求积极的人生目标与"生活满意度"之间存在着一种较强的联系。目标是通过超越自我并投入到一系列活动中，来带给个人满足感的。有目标的人会心无旁骛地专注于手头的工作或问题。当他们用全部身心力量来寻找一个解决方案时，他们可能会发现未曾想到的自身所具有的力量——未曾尝试的才华，未被挖掘的潜力，未被开发的精力……

　　美国耶鲁大学的一项研究成果发现，大学毕业时只有3%的学生为自己订下了明确的目标，而其他的学生则没有明确的目标或目标含糊。经过近20年的跟踪研究，当初有明确目标的3%的学生，其成就远远超过其余97%的学生。

　　在任何一个领域取得较高成就的人，他们的行为几乎都指向自己设定的未来目标。与自己未来目标紧密相关、对目标具有促进作用的活动，他们总是积极投入，而且竭尽全力。阻碍自己实现预定目标的事情，他们总是尽量避开或及时克服。一个人过去或现在的状况并不重要，最重要的是他们将来想要获得什么成就，达到什么目标。明确的目标使人产生无穷的学习动力。

　　心理学家做了这样一个实验：以10位刚入学的高一学生为实验对象，他们被告知参加学生会的种种优越性，然后被告知若想成为会员，必先经过磨炼和测验。接下来磨炼和测验开始了，5天之内他们不能理发、洗澡，被强迫吃生菜，每天只能睡5个小时，其余时间做工或徒步旅行。5天后的一个深夜，他们被叫起来进行计算测验，共进行7次，每次间隔时间很短。另外又以10名高二学生为对照组，以同样的时间和次数做同样的计算测验，但不告诉他们测验的目的，测验前也不受任何磨炼。结果，高一学生的正确率比高二学生的正确率几乎高出一倍。按常理，对照组的学生的精神和身体均未受到折磨，文化程度和计算熟练程度也更高，为何成绩却不如实验组呢？这是因为：

第一，目标使高一学生产生了强大的动力。在实现目标的过程中，他们会时时激励自己，鞭策自己，竭尽全力地跨过途中的一个个障碍，不会被一时的困难所吓倒，从而实现目标。

第二，目标使高一学生看清了自己的使命，有利于他们安排事情的轻重缓急，不会被与目标无关的事情所羁绊。相反，没有明确目标的人，很容易陷入跟自己的目标没有多大关系的琐事中。忘记自己最重要事情的人，很可能成为环境和琐事的奴隶。

第三，明确的目标使高一学生全神贯注于实现自己目标的活动中，使自己的潜能得到充分发挥。

一句话，目标使高一的学生产生了强大的动力，源源不断地激发出他们的潜能。

既然目标的作用如此重要，那我们应当制订什么样的目标呢？

一、制订长期目标

人生的长期目标是一个人十年、二十年甚至几十年为之奋斗的结果，应该订得比较远大一些，这样才有利于发挥自己的潜能。比如"我想成为一名科学家""我想成为一名作家""我想成为一名建筑师""我想成为一名企业家"，等等。

有些同学可能要问："我制订这么远大的目标能实现吗？"这个问题谁也不能作出肯定的回答，你也许能实现，也许不能实现。这就像登山一样，假如山的高度是1000米，你的目标是登上巅峰，到时候即便实现不了，也有可能登上800米、900米，甚至999米的高度；假如你制订的登山目标是半山腰，即便实现了也仅仅是500米。这就是古人所说的："取法其上，得乎其中；取法其中，得乎其下。"

所以，制订人生的长期目标一定是远大的。

二、制订中期目标

长期目标一般比较远大，给人遥不可及、高不可攀的感觉。因此，应分解成一些中期目标，分段实现。一般中期目标可以是三到五年，初中生以中考为界，高中生以高考为界。初中生的目标：三年以后进入一所理想的高中；高中生的目标：三年以后进入一所理想的大学。

制订中期目标与制订长期目标一样，不要过多地考虑是否能实现。你也许能实现，也许不能实现，但有一点是肯定的：目标能使你的潜能充分发挥，使你在攀登学习高峰的道路上走得更远，攀得更高。

三、制订短期目标

短期目标的制订可以以三个月到一年为限。具体可以按照学年、学期阶段来制订。短期目标不能与学校规定的学习任务相冲突，而且要综合考虑各科学习目标实现的可能性。越是靠近短期目标，越要考虑到自己的现状和可能性。

与制订长期、中期目标一样，制订短期目标也不能太低，太低没有激励作用。制订短期目标的原则是：跳一跳能够着。

总之，学习要有目标。目标是方向，目标是动力，目标能使我们学得更多、更好！

7.5 信心与潜力

1968年，美国著名心理学家罗森塔尔和助手们来到一所小学，从一至六年级各选了3个班，对18个班的学生进行了"未来发展趋势"测验。测验完成后，罗森塔尔以赞赏的口吻将一份"最有发展前途者"的名单交给校长和相关老师，并叮嘱他们务必保密，以免影响实验的正确性。8个月后，罗森塔尔再次来到这所小学对18个班的学生进行测试，结果奇迹出现了，凡是上了名单的学生，成绩都有了较大的进步，且性格活泼开朗，自信心强，求知欲旺盛，更乐于和别人打交道。这时，罗森塔尔才把真相告诉这所小学的校长和相关老师：8个月以前他和助手们做的测验，只是走了走形式，装了装样子，其实他没有做任何测试，名单上的学生是随便挑选的。罗森塔尔撒了一个"权威性谎言"。

为什么罗森塔尔的"谎言"使得那些学生的成绩有了较大的进步呢？罗森塔尔是著名的心理学家，在人们的心目中享有很高的威望，老师对他的话深信不疑，坚信名单上的学生都是有前途的，因而对那些学生产生了积极的期待。老师的期待在日常教学过程中会不自觉地通过眼神、语言等形式流露出来，传递给学生，使那些学生信心倍增、干劲十足，从而使学习更上一层楼。这就是罗森塔尔的"谎言"在学生身上产生的效应。人们把这个效应称为"罗森塔尔效应"。

德国有一位游泳运动员，在一次重大比赛中，完全有实力赢得比赛，只因在比赛过程中丧失了信心，放弃了努力，结果丢掉了到手的金牌。事情是这样的：比赛的枪声一响，他飞身跃入游泳池中，拼命地游，不曾注意其他选手。

过了一会儿，他抬头一看，其他选手从他对面游了过来，他认为自己落后了，就拼命地追赶，追赶了一会儿，眼看自己还落后那么多，便认为自己的失败已成定局，一下子没了力气，全身疲倦得就像瘫痪了一般，直向池底下沉。他勉强游到池边，连爬上游泳池的力气都没有了。他的教练大喊大叫，问他为什么退出比赛。事后他才知道，其他选手从他的对面游过来，不是因为他落后而是因为他领先。他如果没有丧失信心，尽力游完最后几圈，极有可能打破世界纪录，即便打不破世界纪录，获得本次比赛的冠军是没有问题的。错误的判断使他丧失了信心和勇气，丢掉了本应属于他的一切。

以上正反两个方面的例子说明自信对于挖掘潜能的重要性。既然如此，我们如何才能获得自信呢？除了参考本书的《相信自己是优秀的》《人人都有巨大的学习潜力》等文以外，还应注意如下两点。

一、拔掉心理之桩

驯化后的大象是人们的好帮手。象的驯化是从小的时候开始的，每天训练完，主人就把它拴在一个木桩上，小象不愿被拴着，总是试图挣脱，但因为力气小，始终无法做到。小象长大后本可轻而易举地拔掉木桩，然而它习惯性地认为那个木桩是无法挣脱的，也就不再去尝试了。

许多同学与驯化后的大象极为相似，努力了一阵子，看到成绩没有提高，名次没有前进，就认定自己再怎么努力都不起作用，便不再努力了——心理上埋下了一个无法拔掉的木桩，最终成为"驯化后的大象"。

所以，要下决心拔掉那个心理之桩。

二、正确地看待分数

无论哪一个同学都应正确地看待分数——分数说明一定的问题，但不能说明所有的问题；分数代表一时，但不代表一世，我们不能被一时的分数所左右,成了分数的奴隶。

成绩好的同学不要因此而骄傲,"分数说明一定的问题,但不能说明所有的问题",要百尺竿头更进一步。

成绩差的同学也不要灰心丧气,"分数代表一时,但不代表一世"。英国生物学家约翰·伯特兰·格登的事迹就是明证。他读中学的时候,生物成绩是全班倒数第一,授课老师认为他是一个愚笨的学生。熟悉他的人也给出了相似的评价:让他学习生物,无论对格登本人还是教育他的老师来说,都是在浪费时间,格登要成为科学家,简直是痴人说梦。

格登没有因为生物成绩倒数第一而放弃努力,也没有因为他人的评价而自卑,而是向着既定的目标勇往直前,63年后,他获得了2012年的诺贝尔生物学或医学奖。

无论哪一个同学都要以格登为榜样,抬起头,挺起胸,信心百倍地投入到学习中去。那时,你身体内部的潜能会像泉水那样源源不断地向外涌流,推动着你的学习大踏步地前进!

7.6 竞争与潜能

　　心理学家研究表明，竞争有利于人们的潜能发挥，能促使人们斗志昂扬、精神饱满，竭力克服各种困难和障碍，去夺取更大的胜利；竞争能增强人们的体力和智力，促使知觉敏锐准确、记忆效果增强、注意力集中、反映灵敏、想象力丰富、操作能力加强。早在1897年，心理学家崔伯就发现自行车运动员在与他人竞赛时，其速度比单独骑时要快。研究数据还表明，在竞争条件下，滑雪、游泳等运动的参加者中，有82.2%的人提高了自己的成绩，肌肉的用力强度也提高了30%～50%。

　　研究还表明，在竞争条件下，学习效率比没有竞争的情况下高6%～52%。日本诺贝尔奖获得者益川敏英说："相比独自进行学习，与同事或朋友们相互比赛、竞争更能够提高两三倍的效率，而且理解和思考问题的方法、途径也都不相同。"

　　竞争能最大限度地发挥人的潜能，这已经被专家学者以及千千万万参与竞争的人所证实。

　　年轻的朋友们，你参与竞争了吗？

　　不用问，都参与了竞争，只不过是一些同学竞争的意识不强，竞争的劲头不足罢了。那么，从现在起，要加强竞争意识，强化竞争精神，下定决心全方位地竞争。

　　在学习上，你能聚精会神、废寝忘食，我也能悬梁苦读、发奋自强；在运动会上，你能挥洒汗水、奋力拼搏，我也能抖擞精神、志在必得；在演唱会上，你能抒发人生理想、展现未来之路，我也能引吭高歌、表达青春豪情……

07 第七章 挖掘学习潜力

当然,竞争不是为了狭隘地排斥别人,而是为了积极地参与到集体活动中;竞争不是为了压制别人彰显自己,而是为了激发活力、挖掘潜能、相互促进、共同提高。

同时,我们还应当有充分的思想准备,勇敢地面对各种压力与挫折。任何竞争总是有先有后,走在前面固然可喜,落在后面也不必悲观。通过竞争,激发出活力,挖掘出潜能,使学习更上一层楼,倒数第一又何妨呢?

但是,我们经常看到,一些同学一时落后就丧气,一遇挫折就退场,这是没有勇气的表现。人一旦失去了勇气,积极性就难以调动起来,其潜能就像遇不着水分的种子,难以生根、发芽、开花、结果。

请打起精神,赶快加入到竞争的行列中去吧。

语文课,之乎者也你了然于胸;地理课,祖国山河我尽收眼底;化学课,你精通化合分解;历史课,我通晓古今中外;英语课,ABCD是你的强项;数学课,xyz我誓夺第一……这样一路走下去,你身体内部、心灵深处的巨大潜能会源源不断地被激发出来。

看！他们的逆袭

7.7　兴趣与潜力

学习兴趣是指一个人对学习的一种积极的认知倾向与情绪状态，是推动人们求知的一种内在力量。

一、学习兴趣在学习中的作用

美国著名的心理学家布鲁纳说："学习最好的刺激，是对学习材料的兴趣。"这句话是对兴趣的作用的概括。兴趣能够激发学生的求知欲，对学习具有推动作用。谁都知道，凡是自己感兴趣的知识，学起来就精神愉快，不知疲倦，越学越爱学。如果没有兴趣，就会推一推才能动一动，拨一拨才能转一转，认为学习是一种负担，甚至产生厌倦情绪。

二、培养学习兴趣的方法

（一）针对实际，制订学习目标

人的任何有一定目的的活动，都有一种要达到目的的愿望。目标恰当，活动容易成功，愿望容易实现，这时将感到心理上的满足，甚至喜形于色、眉飞色舞，这是积极的情绪体验。如果学习基础较差，而目标偏高，学习上就难以提高，得不到精神上的满足和乐趣，尝不到学习的甜头，久而久之就会挫伤已有的学习积极性,有的人甚至认为自己不是学习的那块料,干脆就不学了。学习需要一个循序渐进的过程,要一步一个脚印,弥补薄弱环节,逐步提高学习成绩,不断领略学习上取得成功的喜悦。一次成功引发的兴趣又会推动第二次成功,学习兴趣则与之同增,并不断加强。

(二)利用自己的好奇心

好奇心是兴趣产生的源泉,好奇心是一种极其宝贵的心理品质,被科学家誉为"人类的第一美德"。1878年,在法国盛产葡萄的梅多克地区,突然流行葡萄霜霉病,葡萄的叶子上长满了多角形的黄褐色病斑,叶子背面是白色的霜霉,严重影响葡萄的生长和结果,致使许多葡萄园颗粒无收。然而,在波尔多城,有一片靠近马路两边的葡萄却长得很好,没有得病。看到这种现象的人车载斗量,其中不乏附近大学、科研院所的许多专家、学者,但谁都没有在意,仿佛这种现象不存在一般,只有波尔多大学的米勒德特教授感到好奇:为什么马路两边的葡萄长得很好呢?好奇心驱使他拜访了葡萄园的园工。工人们告诉他:为了防止过路人偷吃葡萄,他们曾在葡萄藤上洒过生石灰水,又喷了一些蓝色的硫酸铜溶液,使葡萄变得斑斑驳驳,这样,小偷就不会偷吃了。米勒德特教授根据这一线索研究下去,将生石灰和硫酸铜按不同的比例进行混合,终于找到了防治植物病虫害的农药。这种农药不但能防治葡萄霜霉病,还可以防治马铃薯晚疫病、梨黑星病、苹果褐斑病等多种植物病害。这就是波尔多液的发明。

好奇心并非只有科学家才有,同学们都有认识新事物的倾向,经常表现出对新生事物的浓厚兴趣。比如,在学习新知识的时候,自行挖掘学习的"兴奋点",动脑思考新知识和学过的知识有什么联系,有什么不同,有什么新奇的地方。特别在预习中更是积极尝试,对实验认真观察,主动捕捉"新奇"的现象,时间长了就能激发自己的学习兴趣。只知道按老师的要求,机械地背诵学过的知识,在学习中不肯动脑子的学生,既不能产生学习兴趣,也不能产生学习热情,无法从事探索知识的创新活动,更难体会到产生这种兴趣的喜悦。

（三）积极参加课内外的实践活动

1. 要注意理论联系实际

学习的目的在于应用，将学到的知识运用于解决工作或生活中的实际问题，并获得成效，就会产生"收获"后的喜悦，将有利于激发学习兴趣，挖掘学习潜力，从而为巩固知识、培养能力、提高成绩奠定基础。

2. 要高度重视实验

实验在探求新知、激发兴趣和培养多种能力上具有得天独厚的"催化作用"。所以，对实验，要观察、要思考、要分析、要动手，特别对一些新奇的现象要抓住研究，虽然有时会重复前人的工作，但却能提高个人的思维能力，能鼓励自己迸发出善于研究的火花。

3. 踊跃参加各种课外活动

积极参加各种课外活动，如参加课外科技活动、各种晚会、诗朗诵，甚至春游、踏秋、参观、考察等，这不仅能使学习生活生动活泼、丰富多彩，还能开阔视野、陶冶情操，从而激发内在的学习兴趣。

总之，要重视学习兴趣的培养，一旦有了学习兴趣，学习潜力就会源源不断地被挖掘出来。

7.8　奋力走出"高原区"

高原是指海拔高度在500米以上，地势相对平坦或有一定起伏的广阔地区。人在高原上行走时，很长时间内，其实海拔高度并未上升。在学习的过程中，也常常出现类似的现象：下功夫不少，但学习未见明显的进步。我们把这种学习现象称为"高原现象"。

"高原现象"不但是一种常见的学习现象，在某些学科中还表现出一定的规律性。有关研究表明，在学习英语时，词汇量的多少明显影响到我们阅读能力的高低。但是当掌握的词汇量达到3500~4500的时候，就会出现第一次高原现象，平均滞留时间为6个月左右；当词汇量达到6500~7500时，会出现第二次高原现象，平均滞留时间为12个月左右；当词汇量达到9500~10500时，第三次高原现象就出现了，平均滞留时间为18个月左右。

那么，如何走出"高原现象"呢？

一、以积极的心态对待"高原现象"

当学习上出现"高原现象"，或者说进入"高原区"时，要相信只要努力就一定会走出来，不要认为自己无潜力可挖，从而放弃努力。

二、要正确认识处于"高原区"时的分数

有些同学进入"高原区"后不能正确地认识分数，一旦成绩落后就灰心丧气，感到自己前途暗淡。这是一些同学走不出高原区的一个重要原因。

1927年底，毛泽东带领中国工农红军在井冈山建立了第一个农村革命根据地。根据地自建立第一天起，经济上就遭到蒋介石的严密封锁，生活异常艰难，红军吃不饱肚子是常有的事；军事上也遭到蒋介石的疯狂"围剿"，无论人数上还是武器上都处于劣势的红军，虽然也冲破了蒋介石的几次"围剿"，但有些仗打得异常惨烈。1929年底，蒋介石第三次"围剿"井冈山，这时，红军、地方党乃至党中央都有一种悲观的思想，林彪就曾提出"红旗到底能打多久"的疑问。

毛泽东在那样艰难困苦的情况下，在周围同志悲观失望的思想的环绕下，仍能看到成绩、看到希望，对革命的工作一如既往地充满了热情、鼓足了干劲，最终赢得革命的胜利。

毛泽东在中国革命最困难的时候仍能看到成绩、看到希望，这是值得每个处于高原区的同学学习的。

处于高原区的同学要正确地认识分数。分数说明一定的问题，但不能说明所有的问题；分数代表一时，但不代表一世，我们不能被一时的分数所左右，成了分数的奴隶。

当你看淡分数，不被分数所累时，你会一身轻松地、更快地走出"高原区"。

三、无论遇到多大的困难都要坚定地走下去

"高原现象"并非极限，并非不能进步的代名词，相反，它就像是黎明前的黑暗，只有突破这一关，学习才会走得更远，攀得更高。

"高原现象"特别像中长跑中出现的"极点"现象。参加过中长跑的同学想必都有这样的体会，在进行中长跑时，由于能量消耗大，达到一定程度后，

就会出现呼吸急促,胸闷难忍,下肢沉重,动作不协调,甚至恶心的现象,这在运动生理学上被称为"极点"。当"极点"出现后,若情绪稳定,并适当减慢速度,加深呼吸,坚持下去,上述生理现象将会逐步地缓解和消失。这是由于氧供给逐步得到增加,机体功能重新得到改善,从而使运动能力提高,动作重新变得协调有力,这标志着"极点"已经有所克服,生理过程出现了新的平衡。这种现象在运动生理学上被称为"第二次呼吸"。

同理,在学习中,适当放松身心,调整好自己的学习节奏,也一定能走出高原区,创造出学习中的"第二次呼吸"!

第八章 培养创造力

创造力的培养是一个巨大的系统工程，涉及方方面面，本书不可能面面俱到，只能聚焦在几个点上，并且这几个点是与日常学习结合起来的，这样既能让学生培养创造力，又能促进学生的学习，一举两得。那么，本书聚焦在哪几个点上呢？

第一，聚焦在学生思维的活跃性上。如果学生的思维不活跃，遇到问题钻牛角、撞南墙，这样的思维是难以发明创造的。所以，培养创造力的第一关就是指导学生培养思维的活跃性。

第二，聚焦在学生提出问题的能力上。"提出问题等于成功了一半"，假如学生连问题都提不出来，创造就成了一句空话。所以，培养创造力的第二关就是指导学生培养提出问题的能力。

第三，聚焦在学生的想象力上。"知识很重要，但没有了想象力，知识只能是一潭死水，无法衍生出新的东西，想象力好比创新的催化剂，没有它，就不会有新的概念、新的产品"。

以上聚焦的各点都是为培养创造力打基础的。基础打好了，我们才能建起创造力的高楼大厦。

8.1 人人都是创造之人

宋新民编著的《创造训练》一书对智力与创造力的关系作了如下论述：

"智力与创造力之间不一定成正比。这是因为，智力与创造力是有区别的。智力主要是在现有的知识领域中发挥作用，而创造力则是以一定的智力作为基础，强调在未知领域中发挥作用。这就是说，智商高的不见得创造力就高，创造力强的也不一定都是智商高的。"

刘文明著的《中小学生怎样开发创造智慧》一书对智力与创造力的关系有更详细的论述：

"创造力与智力既不存在包含关系，也不是毫无关系。

"有些学者认为，智力包含创造力，创造力是构成智力的因素之一。这是不对的。

"智力是偏重于认知方面的综合能力，创造力是生产前所未有的具有社会意义产物的能力。前者着重于正确的认识，后者着重于创新发明发现。创新离不开认识，认识未必包含创新。创造力是在人的心理活动最高水平上实现的综合能力，它是比智力高一个层次的结构。

"如果创造力是智力的一个组成因素，那么智力发展了，创造力就会随之发展；智力水平高，创造力水平也会高。然而，事实并非如此，许多实验表明，创造力与智力发展的相关度较低。"

美国明尼苏达大学教育心理系主任托伦斯研究发现："两种能力的相关系数一般都在0.30以下，高智力与创造力的相关系数更低，约为0.10。这说明创造力最高的儿童不一定就是智力最好的儿童。创造力最高的儿童多数只具有中

08 第八章 培养创造力

上等的智力，智力最高者反而较少有创造力。"

托伦斯根据他的研究结果告诫人们："假如我们以智力测验的结果来甄别天赋优异的儿童，很可能有70%具有高度创造力的儿童落选。把创造力看作是智力的一个因素的观点是不对的，反过来，把两者看作彼此间没有什么关联的观点也是不对的。"

美籍华裔心理学教授刘安彦也作出了相似的结论："有些人不但智力高，而且又富有创造力，但并不是所有智力高的都富有创造力。有许多智力水平属于中等者也能提供创造性的贡献。智力高低与否和一个人的创造力并没有绝对的关系。虽然基本的资质似乎是必要的，但除此之外，则需要考虑到其他的因素。"

美国的另一名学者吉尔福特的一项研究也证实了这一观点。他对智商在70~140的学生进行创造力测试，然后把智商与创造力测试的两个分数排列出来进行分析，分析的结果如下：

"1. 从整体上看，创造力与智力有正相关趋势，高创造力者都有中等水平的智力。这说明，一定水平的智力乃是创造力高度发展的基本条件。

"2. 智商在130以上者，其创造力极为分散，有的极高，有的极低。这说明两个问题：一是智力越高，其与创造力的相关度越低；二是智力水平高的人，创造力水平不一定高。"

综上所述：创造力和智力是两种不同的能力，是两个不同层次的智力结构。一定水平的智力是创造力发展的必要条件，但智力又不是创造力高度发展的充分条件，智力高的人创造力不一定高；中等智力水平的人创造力不一定低，而人群中智力水平中等的占绝大多数。

明确创造力与智力的关系有什么意义呢？

第一，明确创造力与智力的关系，让广大的青少年朋友消除智力发展可以代替创造力发展的误解，促使他们在智力发展的基础上，深入进行对创造力发展的探索。

第二，明确了一定水平的智力是创造力发展的必要条件，青少年朋友也就不会在加强创造力锻炼过程中忽视智力的发展。

第三，明确了智商高创造力不一定高的道理，智商高的青少年朋友就不能

骄傲，而应在创造力开发上下一番功夫。

第四，明确了智商低一点的创造力不一定低的道理，智商低的青少年朋友就会看到，在开发创造力方面，自己与别人一样有着光明的前程，因而必将受到极大的鼓舞。

总之一句话：人人都有创造之力，人人都是创造之人！

8.2 让我们的思维更活跃

著名物理学家杨振宁在一次座谈会上说:"中国留学生的学习成绩不比美国学生差。然而十年后,科研成果却比人家少得多,原因就在于美国学生思维活跃,动手能力和创造能力强。"

在这里,我们先不谈动手能力、创造能力,只谈思维。为什么美国学生的思维比我们的思维活跃?

看看美国中小学生的课堂学习情况,我们也许会有所启发。

第一,小组讨论。小组讨论是美国中小学课堂学习的一种常见的学习形式——三人一组,五人一群,就某一问题展开讨论。在讨论的过程中,每个小组成员都踊跃发言、畅所欲言,课堂气氛热烈,人人精神振奋。

这在我们看来可能是浪费时间,尤其是小学生,他们能讨论什么问题?从我们的观点来看,让小学生讨论,远不如让他们在课堂上做作业、背课文学得多。但是,从能激发思维、活跃思维、开阔思维的角度看,做作业、背课文就不如小组讨论。这就是美国从小学就让学生分组讨论的一个原因,也是美国学生思维活跃的一个原因。

我们的课堂上也有分组讨论这种学习形式,但一些同学认识不到它的意义,便躲在一边,不是看书就是做作业。从今以后要积极主动地参与讨论:踊跃发言、畅所欲言,以此激发思维、活跃思维、开阔思维!

第二,课堂发言。在我们的课堂上,老师几乎每堂课都会提出一个或几个问题让同学们回答。但同学们往往不是踊跃发言、各抒己见,而是沉默一片。这种沉静怎么能激发思维、活跃思维、开阔思维呢?

有些同学不是不会，而是怕这怕那，怕讲得不好难为情，怕同学们笑话，总之一个"怕"字把本该活跃的思维抑制住了。而美国课堂上完全是另外一种局面，他们心中没有怕字，没有绝对的权威，有话就讲，有言就发，不懂就问，不服就说。这是美国学生思维活跃的又一原因。

第三，课堂辩论。辩论这种学习形式也是美国课堂中的一种常见形式，尤其在高年级中。这种学习形式有两个优点值得一提：

一是每次辩论就像我们的一次考试那样，每个同学都极为重视，事先做充足的准备，不然，如果辩论课上被其他同学驳得张口结舌、哑言无声，这次辩论极有可能被老师打0分。所以，每个同学都不敢有丝毫的马虎、半点的懈怠，事先把问题的方方面面都考虑到，唯恐在辩论课上被其他同学钻了空子、抓住把柄。"深度学习"是我们经常听到的一个词，什么是深度学习？这就是深度学习。

二是辩论课是激发思维、活跃思维、开阔思维的一种较好的形式。事前找材料、看资料，把问题的方方面面都考虑到，这无疑大大活跃了同学们的思维。在辩论课上，每一个同学的思维都处在高速运转状态——或瞬间抓住对方的破绽，或马上提出反驳的理由，或不失时机地抛出自己的观点……如此这般，思维能不活跃吗？

当然，活跃思维的方式还有很多，在这里只谈这些。同学们在今后的学习中可以尝试利用以上几种方式。

8.3 提出问题等于成功了一半

在历届国际中学生学科竞赛中，中国学生的创造力都排名倒数。2009年，教育进展国际评估组织对全球21个国家的学生进行的调查显示，中国学生的创造力排在倒数第五。

是什么原因导致了这种结果呢？

重庆大学的刘海明教授在2020年8月21日的《光明日报》上发表了一篇题为《是什么限制了研究生的"问题力"》一文，文中写道："'同学们，还有什么问题？'面对讲台上教师的提问，台下的研究生鸦雀无声……这种场景，在大学课堂上相当普遍，不仅在日常课堂，在学术会议、论文答辩现场，也是常见的场景。由此带来的问题就是：为什么现在的研究生不会提问？"

近几年，随着留学美国人数的增多，很多学校的课堂上，既有美国学生，又有为数不少的中国学生，两相比较之下，中国学生在学习上存在的一些问题非常明显地显现出来。我们听听美国的教授是怎么说的："中国学生最大的问题是没有问题。"美国学生在课堂上非常活跃，能提出各种各样的问题，而中国学生则默默无语，少有提出问题的。

提出问题是创造的第一步，连问题都提不出来，怎么创造？

提不出问题，责任不在学生。我们听听中国教育家、中山大学附属中学的老师罗朝猛是怎么说的。罗老师的女儿在美国留学，有一次他去美国探望女儿时，他和太太在女儿的寄宿家庭珍妮家做客，珍妮的二女儿在上小学二年级。"当我翻开小孩每天的作业要求时，让我始料不及的是，当地小学二年级才学20以内的加减法。同时，让我感到惊喜的是，二年级的网络课外阅读时间是30分钟。通过与小孩对话聊天，我发现她的阅读面非常广，对我所提出的问题有自己的一套看法。鉴于此，我便向珍妮女士讨教，他们夫妇是如何从小培养孩子的独立思考能力的。珍妮美滋滋地告诉我，美国家长有意无意地在日常生活中，从小引导孩子这方面的思维训练。培养孩子提问题的能力是第一步。"在美国，一个学龄前孩子每年起码会问400个问题。在美国人看来，打破砂锅问到底，绝对是件好事。

西湖大学校长施一公（他曾在美国普林斯顿大学任终身教授，2008年回到母校清华大学任教，后转任西湖大学校长，被称为当今中国的钱学森），有一次去以色列访问，与一位以色列的教授座谈时说，以色列人口不足一千万，为什么有那么多创造性人才呢？那位以色列教授说，我们以色列的教育与你们中国的教育不同，在以色列，无论老师还是家长，都鼓励孩子大胆提问题。孩子放学回家，以色列家长首先问孩子的第一个问题就是："今天你问老师了吗？"孩子说问了，家长然后又问："老师回答出来了吗？你最好能把老师问倒。"

很多发达国家的家长无一不鼓励孩子大胆提问。施一公校长说，中国的家长教育孩子，常常问孩子今天听老师的话了吗，很少有家长问孩子：今天你向老师提问题了吗。

提问，在某些发达国家是一种普遍现象。美国谷歌公司的CEO施密特说过："我管理公司靠'提问'，而不是靠'回答'。提问会启动对话，对话会刺激创新。如果有一个创新文化，那就是'提问'。"

从以上叙述中我们可以看出，"提问"是培养创造力不可少的重要一环。既然提问如此重要，同学们应当大胆地提问，尤其是在课堂上。

首先，在课堂上，遇到疑难问题应当大胆问老师。"不懂就问"这个方法，简单而又高效，在所有学习方法中，其性价比是最高的。就是这样一个学习方法，很多学生却利用不起来——遇到疑难问题，老师就在眼前，连张嘴的勇气都没有。疑难问题得不到解决，积攒多了，会对后续学习造成不利影响。一些学生之所以学习不理想，遇到疑难问题时不敢问老师是一个重要的原因。

所以，我们遇到疑难问题时应当大胆地问老师，一次不明白就再问一次，直到问明白为止。只要"问"这个学习方法被充分利用起来，那千千万万个

"学困生"必将变成"学易生"。

其次,在遇到疑难问题大胆问老师的基础上,我们要敢于向老师提出不同的见解,不要考虑你的见解是否正确。美国的氢弹之父每次进实验室都要问问题,每天至少提出十个问题。不过,他的十个问题里往往有八九个是错误的,而他的伟大创造就在那一两个正确的问题里。所以,也许你提的一百个问题中有九十九个问题是错误的,没关系!可能就那一个正确的问题,使你在同学之间脱颖而出!

施一公在美国留学的时候,有一次,他的系主任兼实验室导师自认为发现了一个生物物理学中的重大理论突破,激动地向学生们演示。施一公当场敏锐地指出导师在一个演算上的错误。从此,导师对他刮目相看。毕业时,这位导师公开宣布:"施一公是我最出色的学生。"

所以,年轻的朋友,大胆地提问吧!

8.4 培养想象力

爱因斯坦说"想象力是创造的翅膀";英国诗人雪莱说"想象力就是创造力"。

《斯坦福大学创意课》一书是这样论述想象力的:"知识很重要,但没有了想象力,知识只能是一潭死水,无法衍生出新的东西,想象力好比创新的催化剂,没有它,就不会有新的概念、新的产品。"

2009年,教育进展国际评估组织对全球21个国家的学生进行的调查显示,中国孩子的计算能力排名世界第一,想象力排名世界倒数第一,创造力排名世界倒数第五。

为什么我们的想象力排名如此之低呢?下面我们分别从幼儿园阶段和中小学阶段来谈谈这一问题。

一、幼儿园阶段

幼儿园阶段是培养想象力的一个重要的阶段。

《德意志联邦共和国基本法》(德国宪法)的第七条第六款,明确禁止给学龄前儿童教授学科知识。美国宪法中虽然没有类似的条文,但美国人也不主张让学龄前儿童学习学科知识。

在二十世纪五六十年代,德国政府支持了一场大规模的对比实验,原因是当时社会上有激烈的讨论:幼儿园的孩子应该以游戏为中心,还是以学科习为目的。

当时德国研究者比较了50个以游戏为中心的幼儿园与50个以教授学科知识为中心的幼儿园，结果发现孩子提前学习的优势最多只能保持到四年级。从四年级开始，提前学习的孩子的成绩出现直线下滑，特别是在阅读和数学方面有明显的劣势，并在社交和情感方面不如同龄的孩子。

其他学者的研究也得出了相同的结论。如留美教育博士黄全愈的研究。他在论文《素质教育是个伪命题吗》中写道：

"孩子在发育的过程中，思维和行为受到大脑阶段性发育的影响和制约。著名心理学家皮亚杰的研究发现：2~7岁的孩子的大脑处于'前运算阶段'。此时，孩子缺乏逻辑思维能力，特别是缺乏反向的逻辑推理能力。比如，教孩子12+7=19，他能理解，但孩子自己很难反向推算出19-7=12。因为孩子的大脑尚处在知觉集中倾向阶段，他们只会凭着知觉能感觉到的东西，集中注意事物的一个方面，看不到事物的整体。

"在这个阶段，把一大堆孩子的大脑根本不能理解、不能接受的东西，硬塞进孩子的大脑，结果怎么样呢？结果是孩子在'前运算阶段'就没有少吃'运算阶段'甚至'形式运算阶段'的'苦'，这不但会引起孩子思维发展的滞后，还会引起各种心理问题。"

这就是德国以立法的形式禁止在幼儿园阶段教授孩子学科知识的原因。而我们国家恰恰相反，各地幼儿园普遍存在小学化倾向——教幼儿园的孩子识字、背诗、算算术等。近几年，各地又出现了一种新的学习组织：幼升小衔接班，于是，幼儿园小学化倾向堂而皇之地成了"固定化""常态化""合法化"。

孩子不识字、不背诗、不算算术，那应该干什么呢？玩！玩是孩子的天性，所以玩是幼儿园时期的孩子的主要任务。比如，让孩子玩游戏，给孩子讲故事，指导孩子搭积木、捏塑泥等。就拿捏塑泥来说，同样的塑泥，不同的孩子会捏出不同的形状：有的捏出的是小狗，有的捏出的是小猫，有的捏出的是小猪，有的捏出的是一个四不像的东西。无论捏的是什么，捏得像不像，在捏的过程中，孩子们锻炼了想象力、探索能力、独立思考的能力、审美取舍的能力等。

这些能力虽然无法评价，也无法量化，但比识字、背诗、算算术更有利于孩子的发展，至少不会引起孩子思维发展的滞后以及各种心理问题。

一个思维发展滞后的孩子能有多大的想象力呢？

二、中小学阶段

（一）多读书

读书不仅有利于大脑的发育，还有利于想象力的培养。苏联心理学家捷普洛夫说："阅读文艺作品……这是想象的最好学校，是培养想象力的最好的方法。"

比如，鲁迅的《狂人日记》中有这样一段话：

"今天晚上，很好的月光。

"我不见他，已是三十多年；今天见了，精神分外爽快。才知道以前的三十多年，全是发昏；然而须十分小心。不然，那赵家的狗，何以看我两眼呢？

"我怕得有理。"

这段话中毫无逻辑的叙述会使读者想象狂人胡言乱语、疑神疑鬼的样子。想象狂人胡言乱语、疑神疑鬼的过程就是培养想象力的过程。所以说，读书是培养想象力的一个重要途径。

而很多学生恰恰吃了读书少的亏。一些学校的学生除了教辅类图书，很少看其他书籍。这样，想象力能丰富吗？

相比之下，某些发达国家的孩子读书比我们的孩子要多。就拿美国来说，这是一个非常重视阅读的国家，一项统计显示，美国学生的阅读量大约是我国同龄学生的十倍。人家的孩子不但阅读量大，阅读品种也多，比如科普读物、科幻读物应有尽有，而我们的书店里这两类书寥若晨星。

很多发达国家的孩子读书多的原因，除了重视读书，经济发达也是一个方面。美国的很多社区都有图书馆，而且阅读环境非常好。留美博士黄全愈在他的《素质教育在美国》一书中说他在美国上小学二年级的儿子一次借十几本书。这无疑对我们有很大的启示。

美国人不但重视阅读，还重视对阅读兴趣的培养。比如，他们的一些社区经常举办读书分享活动，邀请家长一起参加，孩子们轮流上台，眉飞色舞地讲述自己的读书体会，然后大家都称赞他，孩子们就会感到很高兴。

除重视对阅读兴趣的培养，我们还应注重对阅读方式的引导。就拿看《西游记》来说，看纸质书的《西游记》比看电视连续剧的《西游记》更有利于培养想象力。孩子知道各种阅读方式的优劣之后，就会选择有利于自己发展的方式来阅读。

由于对阅读的重视，很多发达国家的孩子的想象力比我们的孩子的想象力更丰富。近年来，我国也开始重视阅读了，新课改加大阅读量就是一个明证。

（二）多动手

我国著名教育家、原北京四中校长刘长铭曾在一次演讲时说：

"培养孩子的创新能力，我们特别要注意一个问题，就是在绝大多数情况下，孩子的认知过程是不完整的。为什么不完整？这跟我们的传统观念有关系。大学老师一提到创新就说中小学教育应该怎么改进，我们有时候也觉得大学教育应该怎么改进。之所以说我们的孩子的认知过程是不完整的，是因为在中国的传统观念中，学习就是读书。在这种观念下学习，孩子认知的过程是不完整的，因为他是从读书开始，书是间接经验，实际上学习应该从接触实际事物、通过观察、然后分析来认识，要获得直接经验。

"今天我们中国的孩子是缺少直接经验的。我们有多少孩子动手做饭？有多少孩子做过椅子、桌子？有多少孩子挖过土？有多少孩子砌过砖？缺少直接经验造成的一个最严重的问题是什么？是缺乏想象力。"

我国一位大学女老师移居美国，她的儿子在美国的一所小学上二年级。有一次，儿子的家庭作业是做火鸡，老师建议家长参与其中。那位大学女老师说："我们全家花了整整一个晚上，费尽心思，终于做出了一只大火鸡。在我与老公帮助孩子做火鸡的过程中，我感到这个作业不错，家长可以加入到孩子的学习中，帮助孩子提高想象力和实际动手的能力。

"第二天，看着儿子拿着火鸡开开心心地上了校车，我感到这就是世界上

最独特的一只火鸡。

"后来,我去儿子的学校,看他们教室外面的墙上,密密麻麻地贴了大约有18只花花绿绿的大火鸡。这都是一群什么样的了不起的大火鸡啊,我看了以后,张大了嘴巴一时没有合拢。

"有的孩子在塑料板上沾满了五颜六色的糖果,那些糖果的形状各异,有圆的,有椭圆的,也有一些我难以言说的具体的形状。颜色也让我吃惊,五颜六色,花花绿绿,这个火鸡的设计倒是有些像中国的火凤凰。

"有的孩子做的火鸡是用扣子粘贴而成的,他们怎么想到用扣子做啊?扣子都是很细心地一个个粘上去的,不知花费了多少时间和精力。

"有的孩子做的是巧克力火鸡,这个最馋人,一个个巧克力在墙上挂着,难免会让人产生去尝一口的想法。

"还有的孩子的火鸡是用羽毛做成的……

"这些火鸡,造型奇特,想象丰富大胆。

"冰冻三尺,非一日之寒,没有一段时间的手工能力积累,不下一番功夫,难以达到这个水平。"

类似这种动手又动脑的家庭作业,在一些发达国家是经常有的,在我们国家却较少。这是我们的想象力低的又一个原因。

今天,新课改加大了动手的机会,同学们不要放过每一次动手的机会。

(三)多与大自然接触

当今社会,不用说城里的孩子,就是农村的孩子也因天天有做不完的作业而很少与大自然接触。孩子,尤其是低年龄的孩子,都喜欢新的环境,新的事物,大自然对每一个孩子来说都是一个新奇的环境,那里的山山水水、花草树木、飞鸟鸣禽都能引起孩子的兴趣,引起孩子的好奇,引起孩子的探究,引起孩子的想象……所以说,与大自然接触的机会就是锻炼孩子想象力的机会。

大自然中的万事万物不但能引起孩子的兴趣,引起孩子的好奇,引起孩子的探究,引起孩子的想象,还能使孩子经多见广。

经多见广,孩子的想象力就更丰富。

如果杜甫没有见过黄鹂、白鹭、雪山和船舶,就很难写出"两个黄鹂鸣翠柳，一行白鹭上青天。窗含西岭千秋雪，门泊东吴万里船"这种富有想象力的诗句；如果化学家凯库勒头脑中根本没有蛇的形象，苯环结构也就无法发现。这说明经多见广也是培养想象力的一个重要途径。

而我们的孩子恰恰经历不多，见得又少。以前的周末，城里的孩子还经常被老师领着到农村去，到大自然中去参观、游览；现在的周末，老师怕出现意外事故，很少领着学生出去游玩，况且学生还要写作业，很少有时间出去游玩。

由此看来，多与大自然接触是培养想象力的又一途径。有条件的同学，在不影响正常学习的情况下，应多与大自然接触。

（四）力避"格式作文"和"套路作文"

写作文是培养想象力的又一重要途径。

我们曾在前文中谈到鲁迅的《狂人日记》中的那段话：

"今天晚上，很好的月光。

"我不见他，已是三十多年；今天见了，精神分外爽快。才知道以前的三十多年，全是发昏；然而须十分小心。不然，那赵家的狗，何以看我两眼呢？

"我怕得有理。"

读者读了这段文字，自然而然地由文字想象狂人胡言乱语的形象，而鲁迅写这段文字之前也想象了狂人的形象，并且想象的时间更长，想象得更全面、更细致、更深入，然后才写出这段文字。所以说，写作文是培养想象力的一个重要途径。

然而，近年来流行的"格式作文"和"套路作文"与想象力的培养背道而驰：开头都是排比，中间都得一波三折，结尾都是感叹号；提到司马迁，必提"宫刑"，谈起农业，只知道袁隆平，写游记都是出门很开心，离开很不舍……这种格式化的作文、套路式的作文能培养想象力吗？不能！不但不能，还把人的大脑格式化了，千篇一律、千人一面的作文就是一个明证。

所以，我们的作文要力避"格式作文"和"套路作文"。

（五）避免单调乏味的强化训练

单调乏味的强化训练不利于想象力的发展。

　　清华大学钱学森班首席教授郑泉水，在他的《究竟是什么抑制了学生成为创新人才》一文中写道："我们曾按照内生动力、开放性、坚毅性、智慧和领导力等五个维度，对从全国优中选优的30名高三学生和少数高二学生进行了为期四天的有20多位老师面试、心理测试和多种实践测试的实验，得到了一个意料之外却在情理之中的结果，即综合成绩在前五名的，竟然都是高二的学生。难道高三一年的应试准备，就足以对创新和成才的关键素质造成显著影响？答案是肯定的。这个"优中选优"的人群，虽然有很高的天分和学习能力，但全面发展的好学生不多。应试教育让学生付出了太多，而最应该展现的兴趣、激情、想象力等却明显暗淡，并影响他们的大学学习，甚至一生的发展。"

　　为什么高三一年的备考就使高三学生落后于高二学生呢？主要原因是为备考而进行的单调乏味的强化训练——不是背书就是刷题，单调乏味，令人烦，令人厌，令人压抑。高考一结束，有些学生把课本、作业本撕碎纷纷向楼下扔，成了每年一次的"风景"，可见其心理压抑到什么程度。在心理高度压抑的情况下，其想象力很难得到发展。

　　从小学到高中，不只高三有单调乏味的强化训练，初中升高中之前也有。其他因素不讲，就这两次单调乏味的强化训练，就极大地影响了我们的想象力的发展。

　　有些同学可能会说，我们总不能为了培养想象力而放松备考吧？不是让你放松备考，而是让你避免单调乏味地备考。

　　怎样避免单调乏味地备考呢？具体做法是：体育课、美术课、音乐课、手工制作课等，我们一定认真地上好，不要在这些课上看备考的书、做备考的作业。无论是班级还是学校组织的演讲比赛、歌咏比赛、体育比赛等活动，我们都要踊跃报名、积极参加。我们上这些课，参加这种活动，看起来挤占了备考的时间，其实是提高了备考的效率。有关这方面的论述详见《走"正常的学习生活"之路》一文，在此不再赘述。

（六）不要怕，大胆地想象

　　留美博士黄全愈在他的《素质教育在美国》一书中说："美国孩子画太

阳，有把太阳画成方形的，有把太阳画成黑色的，有把太阳发出的光芒画成蓝色的……"总之，孩子们想象中的太阳是什么样子，他们就画成什么样子，老师不会去制止，任由孩子发挥。

由于教育理念不同，假如我们的孩子把太阳画成方形的，老师会告诉他，太阳是圆形的，不能画成方的。是啊，画猫不像猫，画虎不像虎，那叫画画吗？教育理念的不同是导致想象力不同的一个原因。

北京师范大学教授刘岩是专门研究儿童的。他就提到我们逼着孩子进行训练，常常是从画画开始的，一幅画你照着画，这是最有害的，小孩画画是一种他的表达方式。有一本书叫《让天赋自由》，书中讲了一个美国老师让孩子画画的故事，有一个孩子把纸涂黑了，老师问这个孩子在画什么，孩子说在画某个人物，老师特别奇怪，问这个人物是什么样子，孩子非常从容地说：过一会儿你就知道了。孩子应该在自由想象中成长，但是今天，我们的教育鼓励孩子自由想象的太少了。

20世纪80年代，《参考消息》登了这样一则消息："在一次小学生画画比赛中，美国的一个小学生画的是母鸡孵小鸡，等到小鸡破壳而出的时候，孵出的竟然是正在任美国总统的里根。这幅画获得了二等奖。"

这样的画能画得出来，并且还能获奖，在我们看来是不可想象的。这也许是我们的想象力不丰富的又一原因吧？

所以，同学们不要怕，要大胆想象！

培养想象力的方式方法有许多，以上所谈的都是相对适用的。尽管适用，但有些是自己能把握的，有些是自己不能把握的，只要把自己能够把握的把握住，你的想象力就不会太低。

看！他们的逆袭

8.5 培养直觉思维

爱因斯坦说过："我相信直觉和灵感。"他反复强调，在科学创造过程中，从经验材料到提出新思想之间，没有"逻辑的桥梁"，必须诉诸灵感和直觉。

后来，他又特别强调了直觉在科学创造过程中的重要性，他说："真正可贵的因素是直觉。"

那么，什么是直觉呢？

相关学者给直觉下了这样的一个定义："直觉是人们判断事物的'快捷程序'，它使人们不必掌握充足的事实，也无须经过严格的逻辑推理，就能做出评价、判断或选择，甚至能对重大课题做出精彩的预见。"

在现实生活中，靠直觉作出精彩预见的事情比比皆是。

在世界玉米栽培方面有两个高产纪录：一是美国人保持的世界春玉米高产纪录；另一个是我国玉米育种与高产栽培专家李登海保持的世界夏玉米高产纪录。据测算，李登海培育的玉米种，使我国每亩土地由养活1个人提升到养活4.5个人。

看了李登海玉米育种的事迹，你一定认为他不是博士就是硕士，至少也是学士。但他什么"士"也不是，他当时只有初中学历，而且还是一个地地道道的农民。

当他要培育高产玉米新品种的时候，周围的人都劝他别瞎费工夫，中国农业科技专家车载斗量，都培养不出一个高产玉米新品种，他就更别想了。

培育一个高产玉米新品种的成功率只有十万分之一，人们不看好他并非小看了他。但他第一次就找到了成功的路径，从此他一路走下去，培育的新品种

第八章 培养创造力

亩产量由500千克到700千克，由700千克到800千克，由800千克到1000千克，由1000千克到1400千克。他7次改写中国夏玉米高产纪录，两次刷新世界夏玉米高产纪录。

2004年2月20日，在人民大会堂举行的全国科技奖励大会上，李登海培育的"掖单13号"荣获国家科技进步一等奖。2005年11月8日，亚太地区种子协会第二届年会在上海召开，李登海获得"中国玉米产业重大贡献奖"。

一位记者问他怎么一次就能找到培育高产玉米的新路径，他说"我觉着那样做就行，就那样做了"。

1948年，辽沈战役发展到了第二阶段，解放军的任务是歼灭国民党廖耀湘兵团，著名将领韩先楚在没有任何情报的情况下，他竟然告诉一个副团长说："我怀疑廖耀湘兵团司令部就在黑山一带，你带领一个营的兵力，去给我捣毁它。"副团长带着一个营的兵力，半信半疑地上了路，走到一个名叫胡家窝棚的村庄附近一看，村内天线林立，他知道这就是廖耀湘兵团司令部的所在地，便一阵猛冲猛打，捣毁了廖耀湘兵团司令部。

这虽然是一个较小的局部战斗，但它加快了廖耀湘兵团覆灭的进度，缩短了战争的时间。

事后，有人问韩先楚将领是怎么判断出来廖耀湘兵团司令部的所在位置的。韩先楚说："我觉着就在那个地方。"

"我觉着"就是直觉思维。由直觉思维做出精准预见的事情我们还能举出很多。由此可见直觉思维的重要性。

那么，如何培养直觉思维呢？

从14世纪流传下来一个哲学故事：布里丹的驴子。这个故事说的是一头驴在两堆同样大小、同样远近的干草之间，因没法决定吃哪一堆干草而活活饿死。

这虽然是一个故事，却反映了生活中的一种现象，这种现象在一些同学之间经常发生。

比如，老师在讲台上提出一个问题，许多同学觉着应该这样回答，但由于没有把握，怕回答错了，不敢站起来回答；

再如做数学题，一些同学一看题，也觉着应当这样做，但由于害怕出错而

他们的逆袭

不敢做；

…………

以上那种觉着这样答而不答，觉着这样做而不做的现象普遍存在于同学之间，久而久之，"觉着"这种直觉思维由于得不到锻炼而萎缩，最终成了"布里丹的驴子"。

其实，不只直觉思维得不到锻炼，得不到锻炼的还有很多。教育学博士上官子木在他的《创造力危机：中国教育现状反思》中说：

"我国各类课程的教学训练要求都表现出过度追求正确率，对学生在学习过程中出现的错误不能容忍。错误实际是为选择中所面临的复杂性而付出的代价，放弃经历错误也意味着放弃经历复杂性，远离谬误实际上就是远离创造。过度纠错的机械训练方式，大大减少了学生扩展认知范围、提高认知复杂度、接触发现的机会……这与敢于冒险、在失误中开辟新思路的创造个性品质和创造思维品质是背道而驰的。另外，过度追求正确率使孩子在害怕出错的同时，也使天然的好奇心、求知欲以及大胆尝试的探索意识被压抑乃至被扼杀。"

所以，在学习的过程中，同学们不要怕这怕那，要大胆地尝试，勇敢地探讨。

8.6　培养探究性学习的能力

学习存在两种不同的方式。

第一种方式，学习时按照教材内容、老师的讲解，通过思考逐步地获得知识；做练习则按照教材的方法或老师讲的方法去做。这种学习是按照前人或别人的认识成果，亦步亦趋地去认识，是一种再认识的过程。

第二种方式，是老师创设问题情境（提出学习研究的问题，提供学习材料、实验手段等），独立进行研究，运用已有的知识去发现问题、回答问题、获得问题的结论（新知识）；做练习时往往寻找新的解题方法，寻找最佳方案。这种学习是独立地解决问题，探究新的知识，是一种创新型的认识过程。

第一种方式是接受式（再现式）学习，第二种方式是探索式（发现式）学习。简单来说，做研究、写论文就是第二种学习方式。

同学们平时学习用得最多的是第一种学习方式，第二种运用较少。

清华大学国际关系研究院院长、世界和平论坛秘书长、凤凰国际智库首席顾问阎学通教授在一次演讲中说："中国人考试能力特别强。我在美国读书时，学校博士资格考试结果一出来，如果第一名不是中国人，这次中国学生肯定没参加考试。但一到做研究、写论文，我们的学生就相对逊色。"

这是为什么呢？

在回答这个问题以前，我们先看一个探究性学习的例子。它是留美博士黄全愈的儿子在美国上小学二年级时的一次"研究"。在《素质教育在美国》一书中，黄全愈博士是这样描述儿子这次研究的：

"矿矿（黄全愈的儿子）在上小学二年级时就开始搞'研究'了，第一次从矿矿嘴里听到'研究'一词时，着实让我乐了一阵。那时矿矿才八岁，刚开始读些厚一点的书，写一些由几个句子拼凑成的所谓的文章。一天，他从学校回来，一进门就缠着他妈妈带他去图书馆，说他正在做一个关于蓝鲸的研究，要去图书馆找参考资料。

"老师说了，研究论文中至少要有三个问题。要写满两页纸。"

"'研究'？'论文'？"

"才二年级，你懂什么研究？看着儿子那一本正经的样子，溜到嘴边的俏皮话又打住了，我赶紧让妻子开车带着儿子到图书馆去。

"临走之前，我对妻子开玩笑地交代说：如果市里的图书馆找不到好的参考资料，你们可以到迈阿密大学图书馆去看看。

"两个多小时以后，母子两人抱着十几本书回来了。

"一进门，妻子就抱怨我说：都怪你提什么到迈阿密大学图书馆，矿矿非让我带他跑了两个图书馆，还说老师说了参考资料要来自不同的地方。

"我翻了翻矿矿借来的十几本'参考资料'，十几本都是儿童图画书，有的文字说明部分多些，有的少些。这些'参考资料'是介绍蓝鲸和鲸鱼的知识性图书。

"随着儿子对那十几本书的阅读及研究的深入，我和妻子也不断地从他那里获得蓝鲸的知识：

"蓝鲸一天要吃4吨虾；

"蓝鲸的寿命是90～100年；

"蓝鲸的怀孕期是300～330天；

"蓝鲸的心脏像一辆汽车那么大；

"蓝鲸的舌头上可以同时站50～60人；

"蓝鲸的主血管任何一个人都能爬进去。

"说实在的，我以前只知道蓝鲸很大，并不知道其他有关蓝鲸的知识，这回矿矿告诉了我不少我以前并不知道的东西。

"矿矿终于完成了他有生以来的第一份研究报告：'蓝鲸'。

"'论文'是由三张活页纸装订而成的。第一张是封面，上面画着一条张牙摆尾的蓝鲸，蓝鲸的前面还用笔细细地画了一群慌慌张张逃生的小虾。论文含有四个小题目：1. 介绍；2. 蓝鲸吃什么；3. 蓝鲸怎么吃东西；4. 蓝鲸的非凡之处。

"我不知道矿矿是怎么确定这些小标题的，也不知道他为什么要研究蓝鲸。总之，老师要求论文中至少有三个问题，矿矿完成了四个，好歹也算超额完成任务。小标题下的正文不过一两句话，既没有开篇语，也没有结论段，读起来倒也开门见山，每句话也能画龙点睛地点到为止。

"这应该是我一生所看到的最简短的论文。当然也是让我最感兴趣的一篇论文。问题不在于儿子在此次研究中学到什么蓝鲸的知识。我更感兴趣的是，从这次研究经历中，孩子获得了什么？学到了什么？孩子一开始就摆开了正儿八经做课题研究的架势，收集资料，阅读，找观点，组织文章……与成人写论文一样，一步不差，一丝不苟。从确定题目，到从那十几本书中发现对自己研究有用的资料，到着手写论文，孩子始终处于一个独立工作的状态下。他必须用自己的脑子去思考，去筛选资料，去确定研究方向……这个收获比知道蓝鲸有多重、多长更具价值。"

这就是留美博士黄全愈八岁的儿子在美国学校里进行的第一次研究，完成的第一篇论文。

一个小学二年级的孩子，只有八岁，老师竟然让搞研究、写论文，从中国教育的视角看，也许是胡闹。一个只有八岁的孩子能搞什么研究、写什么论文？

其实，美国老师给学生布置这样的任务，不是期望一个只有八岁的学生研究出什么成果，写出什么高质量的论文，而是为了在学生的心里早早播下"研究"的种子、培养"研究"的基因、积累"研究"的经验、养成"研究"的习惯、锻炼"研究"的能力。

黄全愈博士在《素质教育在美国》一书中说："矿矿到七年级时已经能独立地进行可以称之为'真正'的百分之百的科学研究。"

看了以上内容，你就知道清华大学阎学通教授所说的"一到写论文、搞研究我们就不如美国学生"的原因了。不是我们智商低、能力差，是因为我们从小没有经过搞研究、写论文这种探究式学习的锻炼，小学没有经过这种锻炼，中学没有经过这种锻炼，大学四年也几乎没有经过这种锻炼，只有大学写毕业

论文时才研究那么一下,你想,我们能比得上人家吗?

现在,我们已经意识到这种探究性学习的重要性了,很多老师也经常布置搞研究、写论文这种作业。不过,很多同学不重视这种形式的作业,认为自己将来也不从事发明创造的工作,用不着培养创造力。其实这是一种错误的认识,深入观察你就知道,哪一个行业都离不开创造力。

一、学习需要创造力

创造力与学习能力是一个问题的两个面,就像斧子的两面,创造力强学习能力自然要强。就拿高考来说,题越来越难,几乎每年都有创新题。书本上就那么多知识,各种知识点在每年的考试中基本都考查过了,所以为了体现创新,命题组便出一些大家都没有见过的新题、难题。唯有如此,才能体现出题者的创新,才能选拔出具有创新思维的学生。

这是一个趋势,只要有考试,未来的题型就可能会越来越难,更可能是大家没有见过的。学生缺乏一定的创造思维很难应对这样的题型。

所以说,培养创造力就是培养学习能力。

二、社会上各行各业都需要创造力

现在,无论是线上还是线下,都喊挣钱难。的确,现在挣钱确实难,但对创造力强的人来说,挣钱并不是一件多么难的事情,甚至是很容易的事情。

山东菏泽90后农民夏七年,高二退学做过编辑,当过写手,进过剧组,但都没有成功。正在苦闷彷徨之际,一个极富创意的点子在2017年出现了,他决定多角度、全方位拍摄农村大环境下儿子小欧、小牧的成长状态,并以"布衣小童"为名传到网上,进行自媒体运营。此后,他以农村生活、儿童成长记录为题材,源源不断地更新内容。"布衣小童"是全国首个关注农村儿童成长的专栏,于2019年获得金稻穗乡风文明传承奖。

乘着"布衣小童"的东风，夏七年通过自媒体创业，建立电商平台，为当地剩余劳动力提供就业机会，带动当地农民种植经济作物，提升家庭收入，解决当地农产品销售困难的尴尬局面，他也成了远近闻名的致富能手。

发动机是飞机的心脏，精密叶片加工一直是西方国家的绝密技术，而我国的发动机只能依靠进口。洪家光，一位技校毕业的一线工人，带领他的团队，创造性地攻克了航空发动机叶片滚轮精密磨削技术这项世界难题。这项西方多年的航空绝密技术终于被这个才30多岁的中国小伙子破解了。

洪家光并没有止步于此，他又参与了多项航空发动机的国家重点科研项目，并取得了七项发明专利。国外有的企业想用千万年薪挖走他，但他还是选择留在国内，继续为我国的航天事业贡献自己的聪明才智。2017年，只有39岁的他，获得了国家科技进步奖，享受国务院政府特殊津贴，国家奖励800万元。

傅园慧，中国国家女子游泳队运动员，在2016年巴西里约奥运会的半决赛中，她以58秒95的成绩晋级决赛。赛后，一位记者问她："你是不是还留着实力冲击决赛？"她率真幽默地说："我使出了'洪荒之力'！""洪荒之力"是一句极具创意的话，以前没有人说过，人们听了很新鲜，也很有冲击力。这句话通过媒体的传播，使她一夜成名，走红网络。后来，她虽然获得了里约奥运会仰泳季军，但也没有"洪荒之力"这句话使她更具人气。走红网络后，挣钱对傅园慧来说是一件轻而易举的事情。

农民夏七年、工人洪家光、运动员傅园慧，他们的成功无一不说明创新能力的重要性。

三、国家需要创造力

中国是一个制造大国，但不是一个制造强国。每当谈起中国的制造业不强时，人们便感到痛心和难过。

据一家媒体报道：近几年我国设备投资的三分之二用于进口，其中光纤制造设备100%为进口产品，集成电路芯片制造设备的85%、石油化工装备的

80%、轿车工业设备、数控机床、纺织机械、胶印设备的70%均为进口产品。

  进口的代价是沉重的，从国外企业的漫天要价到巨额的专利收费，中国的企业一直忍受着巨大的被人宰割之痛。比如牛奶，超市里一箱牛奶中有的20盒，有的24盒，每卖出一盒牛奶，我国的牛奶企业就要付给瑞士一家企业销售额的25%作为专利费，这25%的专利费是牛奶盒的专利。一盒牛奶在超市里一般卖2.5元，$2.5 \times 25\% = 0.625$（元）。也就是说，我国的牛奶企业每卖出一盒牛奶，需要付0.625元的牛奶盒专利费。

  无需过多地举例，以上几个方面便可以证明无论是国家还是个人，无论是农业、工业还是其他行业都离不开创新。那些认为自己将来也不从事发明创造的工作用不着培养创造力的观点是错误的，也是没有前途的。

  至于搞研究、写论文的步骤、方法，留美博士黄全愈的儿子写论文的过程已经告诉了我们，在此不再重复。其实，步骤、方法不是关键，它就像写作文那样，作文书上告诉你如何开头，如何过渡照应，如何结尾，如何写得波澜起伏，如何做到卒章显志，面面俱到，一应俱全，一些同学不是照样写不好作文吗？关键是思想上的重视，同学们要认真对待老师布置的每一次探究性学习。

8.7 勇气与创新

创新离不开勇气，因为创新是走自己的路，在没有人走过的地方走出一条路。缺乏勇气的人是很难走出创新之路的。

当年，我国政府打算组织人研制（汉字排版系统）二代机、三代机，而籍籍无名的王选却单枪匹马大胆地跳过二代机、三代机，直接研制西方还没有产品的第四代激光照排系统，这是何等的勇气！王选在一次演讲时说，当他决定研制四代机的时候，有人说他玩数字游戏，有人说他不知天高地厚。是啊，这的确是一件困难重重的事情。王选胆怯了吗？退却了吗？没有！他没有丝毫的怯懦，没有半点的犹豫，不惧困难，奋力一搏：他成功了。从此，中国的汉字排版系统"告别了铅与火，迎来了光与电"。王选的成功说明：创新离不开勇气。

2003年，SARS在我国南方流行时，年过花甲的钟南山院士为遏制这种病毒在全国更大规模地扩散作出了突出的贡献；2020年初，突如其来的新冠疫情席卷中华大地，这位84岁的老英雄再度出山，为扑灭病毒又立新功。为什么赢的总是他？因为他具有常人所不具备的勇气。

在1948年淮海战役期间，国民党杜聿明集团被粟裕指挥的解放军围困在徐州地区。当时，杜聿明集团突围有三条路：第一条，沿陇海路向东，走海路南逃；第二条，走东南，经两淮去京沪；第三条，沿津浦路西侧，绕过山区南下。粟裕判断杜聿明极有可能沿津浦路西侧，绕山区南下。于是，他把重兵布置在津浦路西侧，张网以待。这个决定是极为大胆的。

假如判断失误，杜聿明突围，粟裕将成为历史的罪人。而事实证明粟裕的

他们的逆袭

决定是正确的。

假如粟裕缺乏勇气，他也不会成为淮海战役第一功臣。

粟裕的成功，说明不只是在军事领域，在其他领域中，勇气也具有不可替代的作用。

那么，我们应该如何锻炼敢想敢干的勇气呢？

锻炼勇气的方式有很多，在课堂上大胆地站起来回答老师的提问就是一个比较好的方式。讲台之上的老师注视着你，讲台之下的同学盯着你，在众目睽睽之下，你能主动而又大胆地站起来回答老师的提问，既能营造课堂学习氛围，又锻炼了勇气，一举两得。所以，对老师提出的问题，我们要积极主动地回答，不要怕这怕那。

然而，很多同学却不敢大胆站起来回答老师的提问，怕这怕那，怕答错了丢人，怕答不好让人笑话，因而该站起来的不站起来。

其实，你大胆地站起来，未必答不好，未必没有独到的见解、令人耳目一新的观点。你的独到的见解、令人耳目一新的观点会获得老师的赞扬、全班同学的喝彩。老师的赞扬、同学的喝彩是你学习的一股强大动力，这股强大的动力会使你的学习百尺竿头更进一步。不要只因一个"怕"字，白白地失去了这股动力。

以上所说，并非多余，也不是小题大作。不敢站起来回答老师的提问，看起来是一个不值一提的小事，其实是学习上的一个较为严重的行为缺陷。试想一下，一个连在课堂上都不敢大胆站起来回答问题的同学，将来走入社会能有多大的勇气、多大的闯劲去创造自己的未来呢？这样的同学即便有王选、钟南山、粟裕之才，也难以成为像他们那样的业内翘楚。

大胆站起来吧，年轻的朋友！今天在课堂上的"站起来"，就是明天在社会上"站起来"的积累；今天的积累越多，明天"站起来"的机会越大！

8.8　桃花莫照梨花开

在《不走"自废武功"之路》一文中，我们阐述了"照抄照搬标准答案式的学习"产生的弊端，本文从另一个角度谈谈这种学习方法的危害。

许多文科类的习题集后面都附有答案。这些答案仅仅是参考答案。所谓参考答案，顾名思义，仅供学习时参考之用。这是因为文科类的题主观性的居多，其答案也不是唯一的，同一道题，答案因人而异，甚至因时而异，不必松树照着柳树长，桃花按着梨花开。然而，许多同学在学习过程中一再违反这一原则：做作业不动脑子、不下功夫，直接对习题集后面的答案复制、粘贴，考试的时候背呀记呀，不改一字，不变一句。

这种照抄照搬式的学习方式是求知的捷径，还是学习的歧路？是一剂良方，还是一服毒药？下列一题会给你一个明确的答案。

这道题的题意是："举例说明内在意思的外在表示。"这道题的答案多种多样。你如果做出二十个答案就沾沾自喜，试图得到老师的表扬，一定会大失所望。老师不但不表扬你，甚至会批评你不下功夫，才找出区区二十个答案。面对答案如此众多的一道题，如果只去背诵别人提供的一个答案，其弊端是不难想象的。

在人的精神世界里，有各种各样的"内在意思"，同一种"内在意思"又有种种不同的"外在表示"。比如，许多同学被老师批评后心情郁闷，意兴阑珊，尽管自己违纪在先，老师批评在后，对老师还是"耿耿于怀"。"耿耿于怀"就是一种"内在意思"。同样具有这种"内在意思"，不同的同学会有不同的"外在表示"。性格开朗的男同学，在楼上的教室里看见老师在楼下走路，可能会把手握成手枪的样子，指着老师，嘴里发出"啪、啪、啪"的声音，发泄心中的不满。胆大的男同学，可能会走在老师的后面，举起拳头在老师的背后挥舞，尽管周围的女生为他提心吊胆，担心老师回头，但他面不改色心不慌。女生对老师再有意见，也很少在众目睽睽之下对着老师背后挥拳头，其"外在表示"常常表现在嘴上，比如诅咒老师晚上做噩梦……由此可见，同一道题，不同的人回答有不同的形式，不同的形式体现了不同的个性。这道题，如果让女生采用男生的形式回答，女生的个性可能会被压制；而男生采用女生的形式回答，恐怕也不合情理。

  在日常学习中，照搬照抄别人的答案也是这个道理。习题集后面的答案体现了做题者的个性。如果我们一味地背诵，照单全收，这无疑是一个压制自己的个性而屈就他人的过程，久而久之，自己的个性便容易受到影响。

  战国时期，邯郸（赵国都城）人以能走善行而著称。他们走起路来步伐雄健、姿势威武，其他地方的人对此十分羡慕。燕国寿陵有几个少年，因慕其名便来到赵国学习邯郸人步行的技巧。但这几个少年学了很久，不但没有学到邯郸人步行的诀窍，反而把原来行走的方法都忘了。因此，他们返回燕国时几乎不会走路了。

  春秋时期，越国有个美女叫西施，她生病时，由于心里不舒服，往往紧锁双眉，走路时手掩着胸口。人们觉得她这时的样子比平时更漂亮。有个相貌丑陋的女子，发现西施生病时走路的样子非常好看，便极力模仿她走路的动作；发现西施皱着眉头很好看，便模仿她皱起眉头的样子，结果，她的模样更丑了。

  以上两个故事再一次说明照搬照抄式的学习是一个扼杀个性、失去自我的过程。一个缺乏个性、失去自我的人，在人生的舞台上能演出什么精彩的剧目呢？

  法国的维克多从小就喜欢画画，14岁便小有名气。当时，维克多的父亲带他去见好友毕加索，想让这位大师收他为徒。毕加索看了维克多的作品后，拒绝了好友的要求。毕加索说，如果您想让孩子成为一个真正的画家而不是要他成为毕加索第二，您就把他领回去让他自己去创造，他很有前途。

  大约40年后，维克多的画作闻名于世。维克多成了有名的视幻艺术派鼻祖。

另一位画家出自中国，他从小喜欢画画，少有所成。他父亲与国画大师张大千是好朋友。恰巧也在14岁时，他的父亲带他和他的画作去见张大千。张大千见了这个孩子的画作很高兴，认为他是个天才，于是就收他为徒。

也是大约40年后，这位张大千的徒弟的画作进了苏富比的拍卖行，并且有一幅画被拍到了30万元。虽然比大师级的作品价格低了许多，但他和他的父亲都很满意。

就这样，在20世纪几乎同一个年代，法国美术界多了一个开创新流派的大师级画家，中国美术界多了一个张大千的真传弟子。

社会现实一再告诉我们：一个缺乏个性、失去自我的人，往往难以挖掘自身的潜能、发挥自己的特长、喊出自己的声音、开辟出自己的天地，即便才高八斗、学富五车，也只能人下为臣，难成独领风骚的将帅之才！

当然，学习不是不可以借鉴，也不是不可以模仿。但是，可以借鉴，不可以照搬；可以模仿，但应力求突破，就像蜜蜂酿蜜那样，博采百花之粉，然后费一番"加工制作"的功夫。这样制造出的产品，虽然源于花粉，却香于花粉、甜于花粉，其营养价值也高于花粉。

09 第九章
培养驰骋社会的能力和素质

　　培养学生驰骋社会的能力和素质，其实就是素质教育。

　　学生只有科学文化知识是不够的，还必须具备驰骋社会的能力和素质，不然就如同缺少一只翅膀的鸟儿，走入社会难以展翅飞翔。比如：

　　一些学生走入社会，不但没有发挥出自己的所学所能以造福自己、造福家庭、造福社会，反而被社会所埋没，这岂不枉费了多年苦读的工夫？为此，《敢于展示自己》一文告诉学生如何锻炼走出校门而不被社会埋没的能力；

　　在社会上，抓住机遇的人往往能顺势而起、乘风而上，抓不住机遇的人常常英雄无用武之地。为此，《给自己一次机会》一文告诉学生如何锻炼抓住机遇的能力，从而在将来的社会上一展身手；

　　我国著名企业家王健林曾在一次演讲时说："清华北大不如胆大。"这句话虽有夸大之嫌，但不能说没有道理，看看社会上的那些成功人士，哪一个不是敢想敢干的人呢？为此，《王侯将相宁有种乎》一文鼓励学生敢立潮头唱"大风"（"大风"即汉高祖刘邦的《大风歌》）；

　　……

　　以上就是本书的素质教育。它不重复他人，不拾人牙慧，自成一体，独树一帜。

9.1 为自己的面孔负责

在现实生活中，有关"负责"的说法有许多：为自己的话负责，为自己的行为负责，为家庭负责，为社会负责，人们对这些说法是非常熟悉的；至于当老师的为学生负责，当大夫的为病人负责之类的说法，人们也不感到陌生；说到为自己的面孔负责，很多人不仅感到陌生，恐怕也难以理解，生就的骨头长就的肉，人一生下来，脸型或长或短或方或圆就已经定型了，如何为其负责呢？

这是不是一种荒诞不经的论调呢？

不！美国第16任总统林肯对此有独到的见解。林肯的一位朋友曾经向他推荐某人为阁员，林肯却没有任用。朋友问他原因时，林肯回答说："我不喜欢他那副面孔。"

"啊！这不太苛刻了？他不能为自己的面孔负责呀！"

"不！一个负责的人应当为自己的面孔尽职尽责。"

林肯的话并非无稽之谈。相传东汉末年，一个匈奴人出使中原，丞相曹操想，自己身为一国之相，貌不惊人，不足以威震藩邦。于是，他让一个身材魁梧、相貌出众的随从假扮"丞相"，自己充当"随从"会见匈奴使者。

会见结束后，曹操派人问匈奴使者："大汉'丞相'给您的印象如何？"

"恕我直言。"匈奴使者满脸不屑地答道，"原以为泱泱大国之相必定是个了不起的人物，没想到空有一副好皮囊。我以为'丞相'手下的那个'随从'才是真正的英雄。"

有些人看似相貌平平，但在其容貌上显露出一种难以言表的风度、一种见之忘俗的气质、一种无形的力量。这些东西并非天生的，而是后天形成的，

09 第九章
培养驰骋社会的能力和素质

正是这些后天形成的东西，才使其平凡的面孔上平添异彩。曹操兼具文韬武略，通晓天文地理，壮志凌云、豪情万丈，这些东西能不在他的面孔上显露出来吗？

由此看来，"为自己的面孔负责"的说法，不但说得通，也完全行得通。

人的面孔虽然不能像捏泥塑那样将其改变形状，但的确因日常的所思所为而改变。知识的广度、思考的深度、经验的密度……这些后天积累的东西无时无刻不塑造着人的面孔，使其魅力渐增、风度诱人。

日本经济学家、教育学家小泉信三在其《读书论》中写道："好多例证告诉我们，精于一艺或完成某种事业之士，他们的精神面貌自然具有凡庸之士所无的某种气质与风格。读书亦然，读书而懂得深入思考的人，与全然不看书的人相比，他们的容貌当然不尽相同。"

他还说："读书时将精神集中于书上每一个小字，眼睛中就会产生特殊的光芒，使其容貌变得与别人不同。其实，此事不仅限于眼睛的光芒，潜心熟读伟大的作家、思想家的巨著时，的确使一个人变得与别人不一样，这当然也会显现于一个人的容貌上。"

我国古代大文学家苏轼对此有更精辟的论述："腹有诗书气自华"。

看了以上文字，你有什么感想呢？是否觉得知识也是一种"化妆品"，是任何有形的化妆品无法比拟的？

化妆品改变的是一个人的外观，知识增添的则是一个人的内涵；敷面点唇、簪金戴玉，其作用只是单一的、暂时的点缀，而知识在你容貌上的反映则是一种永恒的魅力。

这种由知识育化而成的魅力不像涂在脸上的脂粉须时时小心、天天费神，它不怕雨淋，不怕汗冲，一旦形成便永不褪色，并且在任何时候都是人生的底气。这并非浮夸之言，试想一下，当你走出校门想找一份称心的工作而站在用人单位的主试者面前时，当你置身某种场合而试图引起他人注目时，你是否意识到不凡的气质、富有魅力的风度会助你一臂之力，使你得到意想不到的收获？

相信你会意识到，更相信你会羡慕那种永不褪色的魅力。因此，当你早晨精心为自己打扮时，当你在商店里挑选化妆品时，别忘了还有一种无形的化妆品——知识！

他们的逆袭

9.2 我们应该追求什么样的个性

　　打开电视，屏幕上时常出现如下形象：

　　有的人把眼圈涂得深暗，把嘴唇抹得血红。假如这种形象在小巷深处突然出现，胆小的人没准被吓晕。

　　有的人把头发弄得乱七八糟，活像小土包上长满了野草。这种头型说得贴切一点叫"刺猬头"，新潮一族把它叫"火爆头"。

　　有的人在乌黑的头上或染三撮黄毛，或染三撮红毛；红黑相间，黑黄相反，是交相辉映，还是相互比丑？

　　有的人在右耳朵上钻三个洞，在左耳朵上穿两个洞，耳坠挂得七上八下，耳环配得大小不一，是怪异，还是个性？

　　…………

　　对这种种银幕形象，有的说时髦、潇洒、新潮、个性、酷；有的说怪异、颓废……两种观点都有一定的认可度。认可的会效法，不认可的会反对。这对矛盾在一些校园里表现得特别突出。有些学校不准穿奇装异服，不准女生染发、烫发，不准男生留长发、扎耳洞、戴耳坠，有些同学却总想试试，师生之间经常因此发生冲突。

　　最近一段时间，某技校车工一班的刘波同学被银幕上的一些形象迷得心动神移，不时效仿。有一次，他露着肚脐眼走进教室，腰带松松垮垮地挂在肚脐眼以下，仿佛那不是腰带，是腰间装饰物。班主任一看，气不打一处来，一把把他推出教室："你去把腰束得板板正正的，这个样子能进教室吗？"

　　刘波对班主任的话满不在乎，仿佛教训他的不是班主任，而是一个满身尘

09 第九章
培养驰骋社会的能力和素质

土的乡间老农。他说:"老师,您这就不懂了吧,这叫时髦。"

"这叫什么时髦?这叫颓废!正在成长的时候,需要跑跑跳跳,舒展筋骨,增加肺活量,把身体锻炼得棒棒的,你这种装束能跑能跳吗?"

被班主任批评了没几天,刘波又迷上了女式的打扮。他穿了一件花褂,在后脑勺上扎个小辫,在两个耳朵上分别挂了一个铁圈,在女生宿舍借了一套化妆品,描描眉,抹抹口红,在几个男生宿舍里来回显摆。看着刘波这身打扮,有的同学喊他刘女士,有的同学叫他刘小姐,他越发洋洋得意。快到上课时间了,他想脱下花褂,解散小辫,取下耳环,洗洗脸去上课。这时许多同学将他的军:"刘波,你有胆量以这身打扮让班主任看看吗?"

不将军还好,一将军刘波越发显威逞能:"我刘波怕谁呀?你不说我还忘了,我正想以这身打扮去开化开化班主任的死脑筋,免得他今天批评这个同学的穿戴不雅,明天指责那个同学的形象欠佳。"

刘波走进教室,班主任一时没有认出他来,但看着他的举止神情,又感觉是很熟悉的一位同学,于是就问道:"你这个女同学叫什么名字?"

一听班主任问他,刘波和班主任戏谑起来:"老师,我叫刘花。"

班主任一听名字不是自己班的学生,就催促他:"刘花同学,快上课了,回你自己班的教室吧。"

"老师,我就是这个班的学生。刘花是我的现用名,我的曾用名叫刘波。"

这时,班主任才知道"他是谁",以不容置疑的口气对他说:"请你马上、赶快、抓紧回宿舍,把刘花变成刘波,不然你就别进这个教室!"

刘波高兴而来,扫兴而归,一路上愤愤不平:"老土、封建、榆木疙瘩,没有一点现代意识。你不是看不惯吗,有时间我整个个性的发型,气气你,刺刺你的眼!"

说到做到,就在放暑假的第一天,他在头上染了三撮头发,当中的是红色,两边的是黄色,站在镜子面前左审视、右端详,越看越觉得"酷",越看越觉得有"个性",越看越不想离开镜子。以前刘波看到班主任就躲得远远的,现在他有意迎上去,洋洋得意地指着自己的发型说:"老师,酷吧,帅吧,个性吧?"

班主任知道他暑假期间要打工,想劝劝他,叫他把头发染回去,好找个单

位打工,但想到他正在为自己的形象陶醉,劝未必起作用,于是就顺着他说:"酷,很酷,非常酷;帅,很帅,非常帅。"

"哎呀,老师,您终于开化了。"

"老师开化意义不大,关键是用人单位是否开化。假如用人单位不开化,你这个形象带给你的不是'酷',而是'哭'。"

"老师,您放心,我走进用人单位,定能旗开得胜、马到成功。"

然而,现实并非他想象的那样,每到一个用人单位,他旗开了,却没有得胜;马到了,就是不成功。人家一看他这副形象,虽然礼遇有加,奉承不绝,却无一例外地叫他另谋"高就"。

他百思不得其解:"我这么酷的形象,为什么还屡遭拒绝呢?"

其实,他并没有真正理解酷、个性、潇洒的含义,只是盲目地模仿罢了。银幕上的一些形象,既不能用酷来形容,也不能用个性来表述,更谈不上潇洒,说得贴切一点,那只不过是一些"商业形象"。所谓商业形象,就是能吸引人眼球的形象,能提高收视率的形象。就像动物园展览动物,如果把两条腿的鸡、四条腿的羊放在展馆里,免费可能都没人去看。假如是三条腿的鹅,五条腿的牛,虽然是畸形,但自掏腰包也有人愿意去一饱眼福。

如此说来,对银幕上的一些形象,我们要多动脑、多思考,不可一味地模仿、盲目地崇拜。求新、求酷、求个性是可以理解的。但是,怪异不是新,荒诞不是酷,个性要有朝气、有活力,给人一种蓬勃向上的感觉,就像飞行在空中的利箭,带着呼啸的风声,携着永不坠落的梦想,拼力穿透重重阻力,义无反顾地射向那寥廓无垠的长天——这才是我们需要的个性,执着的追求!

09 第九章
培养驰骋社会的能力和素质

9.3 不经磨炼，焉当大任？

人们常常把一些青少年比作"温室里的花朵"。这个比喻既形象又贴切。

在日常生活中，很多同学既经受不着腿痛腰酸般的劳作之苦，也遭受不到饥肠辘辘之罪，生活的重担由父母来担，不用去分心劳神；家庭条件好的，不用说，家庭条件差的，父母也尽量使其丰衣足食。这样说来，能不像"温室里的花朵"吗？

成为"温室里的花朵"，并不是我们的过错。但是，我们如果自惯自娇，不肯吃一点苦，不肯受一点累，致使幼嫩的身躯得不到锻炼，脆弱的意志无法坚强，那可就大错特错了！

然而，一些同学在这一问题上常常是一错再错：早操能逃则逃，能躲则躲，实在躲不过去，跑不上两圈就借故退出；体育课上，老师要求做的动作，做不了几下便叫苦连天；运动会上，该跑的不跑，能跳的不跳，实在躲不过去，不是敷衍了事，就是中途"当逃兵"；"啊嚏"一声就去请假；体温高了一点点就嚷嚷着受不了……长此以往，能有一个健壮的身体吗？

同学们正处于多梦的年龄，总是憧憬着自己的未来。可是，"江头未是风浪恶，别有人间行路难"。生活的大海总有波涛，事业的道路也不会是平川纵马、坦途漫步。没有强壮的身体，怎能闯过人生道路上的道道难关？

看看在二十九届世界青年击剑锦标赛上中国选手栾菊杰艰难拼搏的事迹，你就知道强壮的身体对成就一番事业是多么重要。

那是在西班牙某体育场，上场不久的栾菊杰被一个叫扎加列娃的选手刺了一剑。这一剑刺在她的左臂上，她恰恰又是左手握剑。这一剑刺得太狠了，鲜

红的血流淌着……情景目不忍睹。伤势如此严重，她还能赛下去吗？能！她的行动作出了坚定的回答。栾菊杰忍受着巨大的伤痛，左手握剑冲上前去，最终以5∶4战胜了扎加列娃。

赢扎加列娃时，栾菊杰已经尽了最大努力，但眼前还有四场鏖战在等着她。她还能行吗？坚定的意志扫除了人们心头的疑云，她又携剑上场了。然而，在对法国的拉特丽耶和意大利的伐加罗尼两场比赛中，她又遭遇了一个严厉打击：她使用的剑出现了故障，电路装置一会儿灵，一会儿不灵。裁判员为了检查故障，比赛中断了二十分钟，并且先后判罚她失去两分，原因是她耽搁了比赛的时间。这两场比赛，栾菊杰先后以3∶5、2∶5分别输给了拉特丽耶和伐加罗尼。伤势的剧痛，对一个年轻姑娘来说已经够沉重了，又无故被罚分，更是雪上加霜。她还有坚持到底的勇气吗？假如她是那些跑两圈都跑不下来的同学，恐怕早就被击倒了。那样，胜利也不会对她张开笑脸。但栾菊杰并没有退却，她忍受着双重打击，又艰难地上场了。在后来的两场恶战中，她是怎么挺过来的，常人是难以想象的……她奋力拼搏，夺得了亚军。

对栾菊杰在遭受双重打击下仍能坚持、坚持、再坚持，直至成功的精神，有些人感到意外。

台上一分钟，台下十年功。看看栾菊杰平时的训练情况，你就知道这是情理之中。为了锻炼体力，她常常训练到抬不起脚、迈不动步的程度。她如果无病呻吟，小病大养，身体一感到有点累就退出训练场地，单击剑时的那种令人难以忍受的劳累就会把她击垮，更不用说伤势的剧痛、失分的打击。

请问，假如是你，你能坚持下来吗？你也许想坚持，但是，没有栾菊杰那种强壮的身体，就只能是空想。

某班有一位同学，班主任盯紧了，他上一次早操；盯不紧，他便在宿舍里睡懒觉。老师多次和他谈话，叫他加强锻炼，并且把栾菊杰的事迹讲给他听，他却说："我又不是搞体育的。"言外之意，不搞体育用不着强壮的身体。

这种观点是错误的。纵观现实社会，哪一种工作轻松愉快，哪一项事业不得奋力去拼搏？没有一个强壮的身体，何以挑起工作的重担？频频发生的"亚健康""过劳死"现象一再给我们敲响警钟。

退一步说，即使不发生"亚健康""过劳死"这种现象，在人际互动中，

09 第九章
培养驰骋社会的能力和素质

身体欠健壮者往往处于弱势地位。一个移居美国的华裔科学家谈了自己的亲身体会：美国人从小注重锻炼身体，各级各类学校无不把体育当成一个重要的项目来抓。和美国人交往，华人可能会在心理上居下风。对方身体健壮而精力充沛，容光焕发，华人的心理潜质较容易被抑制住而不能淋漓尽致地发挥。身体的相对弱势带来精神面貌的弱势使我们在心理场上多少处于被动或敬畏对方的状态。年轻时身体底子没打好，现在再努力也作用不大。

无论从哪一个角度讲，忽视身体的锻炼是错误的。因此，我们不要放弃任何锻炼的机会。早操要积极参加，不要借故不参加或中途退出，坚持下来能有多大的运动量呢？

在体育课上，老师要求做的项目，我们要竭尽全力地去做，不要怕苦怕累，更不要和老师"耍心眼"——老师看着就做，不看着就不做。

学校开运动会，我们要踊跃报名、积极参加，即使拿不到奖，也要跑完最后一步，做好最后一个动作，切不可一看拿奖的希望落空了就草草了事，更不能当"逃兵"。

尽管平时有点头晕脑热，我们该坚持的时候也要坚持，动辄请假是不可取的。

孟子说："天将降大任于斯人也，必先苦其心志，劳其筋骨，饿其体肤，空乏其身……"不经磨炼，焉当大任？我们若一味地宽容自己，很可能会造成不良影响，甚至被困难所吞噬；唯有不断地磨炼自己，才能驾驭自己，驾驭生活，成为未来大任的担当者！

看！他们的逆袭

9.4　生活要求你多强你就得多强

校园卫生，轮流值日。

每当轮到值日的那一天，绝大多数同学都能尽职尽责，把教室打扫得干干净净，不让班级失分，不拖班级后腿。但是，也有个别的同学打扫卫生不积极、不认真，不是这个地方打扫得不干净，就是那个地方留点死角，马马虎虎，敷衍了事。

打扫得不干净，学校检查卫生的人必然要扣所在班级的分数。失了分数，同学抱怨，班主任批评。

遭到班主任批评的同学应下决心把以后的值日干好，不落后于他人，不当班级的尾巴，这才是自强的个性、积极的态度、正确的思想。错误的是：个别同学对其他同学的抱怨、班主任的批评不在乎，这次值日被扣了分数，下次值日还是马虎行事；这次遭到老师的批评，下次还是看不到老师的笑脸，并且还说什么"我就打扫不好，你能把我怎么样？总不能开除我的学籍吧。"

我们如果是做一件力所而不能及的事情，做不好情有可原，打扫卫生是一件力所能及的事情，为什么甘愿遭受同学的抱怨、老师的批评呢？

怕累？打扫卫生并不是多么累的活。怕脏？其他同学不同样面临一个"脏"字且能做好吗？以前没干过？这不是理由，娇生惯养不是资本。可见，什么脏啊累啊都是借口。根本原因是不思进取、不求自强。

这种心态在学校里还显不出其软肋，至多被老师批评几句，被同学们抱怨几声，一旦走入社会可就暴露出其无法弥补的缺陷。因为现实社会不允许做不到，不允许做不好，更不允许倒下。

09 第九章
培养驰骋社会的能力和素质

假如有朝一日你不得不在烈日炎炎的夏天徒步穿过沙漠，你该怎么办？唯一可行的办法，就是以最快的速度走到有荫庇的下一站，中途无论多么干渴都要忍着，无论多么劳累都不能倒下，否则，头上火炉般的烈日，脚下热锅般的沙土，会使你走上一条不归之路。

如果将来有一天你行走在冰天雪地里，途中再累再乏也要坚持，不能有"我撑不下去了，让我躺下喘口气"的想法，否则，当你不再走动，体温会迅速下降，接着就可能会被冻死。

——这就是现实，这就是生活，这就是人生。

如果说以上所说的离我们的生活还有一定距离的话，下列事实近在眼前：干不好走人，干不了下岗！这是每个人必须面对的现实，也是现实对每个人的要求。它要求你做到，你必须做到；要求你做好，你必须做好——一句话，生活要求你多强你就得多强。

如此说来，那些思想消极、不求自强的同学不应该反思自己的所作所为吗？不应该在自己的身体内部、心灵深处注入积极的因子，撒下自强的种子吗？

是的，撒下自强的种子，让它生根，发芽，长成参天大树！

有些同学认为："我在学校里消极，走到社会上不会消极；在学校里不自强，走到社会上不会不自强。"这种想法过于天真，未免一厢情愿。在学习期间，在这种活动上看不到你自强的身影，在那种事情上显不出你不屈的个性，就连打扫卫生这样的事都做不好，甘愿落在他人的后面，走到社会上就突然自强起来，这现实吗？恐怕不自强的因子早已沉淀在你心中，成了你性格的一部分，使你难以站起来。

如此说来，在学习期间，无论是打扫卫生、整理宿舍的内务还是做其他事情，我们都要积极地投入，不落后于他人，不当班级的尾巴。我们在思想上应始终有这样的念头："我站着不比别人矮，躺着不比别人短，别人能做到的事我也能做到，别人能做好，我也能做好。"并且以这样的观念号令自己的行动，督促自己的行动，支配自己的行动……一天两天，一年两年，当你走出校门踏上社会之时，这种观念以及由这种观念支配下的行动，能不为你打造一个自强不屈的个性，塑造一张充满斗志的面孔吗？

他们的逆袭

一个自强不屈、充满斗志的人，必定是一个敢于面对、敢于挑战之人。现实往往是这样，你敢于面对、敢于挑战，问题往往会迎刃而解，一些"不可能"会变成"可能"。

相反，一个不思进取、不求自强的人，任何一点困难都成为退缩的理由，任何一点障碍都会挡住前进的道路，让原本可能的事情变得不可能。

同样是下岗，有的人自强地面对眼前的困境，有条件也干，没有条件创造条件也要干，用几年的工夫闯出了自己的一片天地。有的人则不同，面对下岗的困境自怨自艾，做生意抱怨没有资金，再就业抱怨没有技术……在下岗的困境中越陷越深。这岂不令人深思吗？

年轻的朋友，校门之外没有人能支持你一生，父母也不是你永远的依靠，还是尽快地改变那种"我就是干不好你能把我怎么样"的想法吧。只有自强才是你永远的依靠，才能帮你穿过"冰天雪地"，直达人生的凯旋门！

09 第九章
培养驰骋社会的能力和素质

9.5　踏平坎坷成大道

　　无论是谁，都希望自己的生活无风无浪、事事顺遂，这是可以理解的。然而，现实一再证明这是不可能的事情。漫漫岁月，茫茫人海，生活的道路不会是一马平川，其间必有挫折。

　　这就向我们提出一个不容回避而又必须认真思考的问题：如何应对挫折。

　　就这个问题，我们不必到处寻对策、找方法，在我们的周围就有许多可供参考的答案。

　　在一所乡村中学，有一名初三男生，因为一个恶妇诬陷他耍流氓受到学校开除学籍留校察看的处分。我们看看他是如何应对这件事情的。事情是这样的：这位同学就读的学校紧邻一个村庄，校园内没有厕所，解手需到校园外的公共厕所。公共厕所是用石头简易垒成的，男女厕所之间的隔墙本来就透光漏气，隔墙中间的一块长方形石头又常常被社会上的小流氓抽掉，这就更加降低了厕所的隐蔽性。有一天正在上课，这位同学闹肚子去了厕所，不一会儿，女厕所那边就传出抓流氓的声音。听到喊声，一股豪侠之气、正义之感、义愤之情使他急忙向外跑去，想抓住流氓给他点颜色看看。但是，他错了，刚跑出厕所，迎面上来一个妇女，抓住他的衣领，给了他一个耳光，一口咬定他耍流氓——从墙缝里窥视女厕所。无论他怎么解释、辩白、发誓，都无济于事。最后，恶妇开出了条件：是私了还是公了，私了拿钱免灾；公了把事情捅到学校里。这位同学觉得不做亏心事，不怕鬼叫门，严词拒绝了。

　　恶妇没有得到她想得到的东西便恼羞成怒，把事情捅到学校，并且说得"有鼻子有眼"，不由得人不相信。

　　这下可害惨了这位同学，班主任找他谈话，政教处主任找他谈话，校长找

他们的逆袭

他谈话,都叫他承认错误,向人家赔礼道歉。可是,他无错认什么错?洁白得如同白纸一般,道歉岂不等于向自己身上泼污水吗?他的这种态度激怒了校方,校方给了他开除学籍留校察看的处分。

天有不测风云,人有旦夕祸福。面对这当头一棒,他该怎么办?

退学离开学校这个伤心之地?从一些同学动辄就摔门而去、离校出走的行为上看,这种可能不是没有。但是,他认为那是鸵鸟行为、懦夫的表现:"我不能退学,我还要上高中,考大学。"

找几个人收拾恶妇一顿出出气?他尽管对恶妇恨得咬牙切齿,但是,他最终还是理智战胜了冲动:"不能这样做,这种行为是违法的,只能让自己陷入更加不利的境地。"

寻短见?"我才没那么傻,寻短见不但没有人同情,反而可能会落下'活该'的恶名;我要好好地活着,时间会还我清白。"

行动上,他作出了理智的选择;精神上,他虽然有一时的郁闷、痛苦,但很快便调整过来,一如既往,该说的说,该笑的笑,该去的场合毫不犹豫,该参加的活动大胆参加;更重要的是他没有因此而影响学习,中考时,他考上了重点高中,三年以后,一所重点大学向他招手——未来一片光明。

与此相反,有些同学面对挫折的方式方法令人遗憾。与他同校不同级的一名初三的女生因违反纪律被老师批评了几句就自寻短见,经抢救虽然没有生命之忧,但学业因此而中断。

她如果像那个男生一样多一些理智而少一点冲动,多一些坚强而少一点脆弱,何至于落到这种令人痛心的地步呢!

年轻人,挫折是难以避免的,永远一帆风顺的生活是不存在的。不论遇到什么挫折,不论挫折给你造成多么大的伤害,你都要挺得住、承受了、勇往直前、发奋图强。一句话:挫折如果是大风,你就应当是疾风中的劲草;挫折如果是洪流,你就应当是中流砥柱;身处黑暗之中,你要想到这是黎明前的黑暗;阴云密布之时,你要相信太阳终将会驱散乌云;遭遇不幸之时,你要想想司马迁含辱写《史记》;身陷困境之中,你要想到越王勾践"卧薪尝胆""十年生聚"。

记住:"雪压枝头低,低下欲沾泥;一轮红日起,依旧与天齐。"

9.6　敢于展示自己

课余时间，无论是班主任还是其他任课老师，时常走进教室和同学们聊上一阵子，通常无一定话题，想到哪里聊到哪里。这时，总有一些同学围在老师身边，与老师畅谈，问老师长短，谈理想人生，话祖国未来……总之，他们在老师面前谈笑风生，无拘无束。

这时还有一些同学，也想在老师面前谈谈学习，讲讲见闻，话话衷肠，说说笑话，可是话到舌边，犹豫再三，顾虑重重，最终一句话都没有，默默地坐在一边听别人说笑。

可怜的同学，你怕什么？怕讲得不好难为情，还是怯官惧贵不敢开口？你怕讲得不好就不讲，何时能讲好呢？今天不讲，明天不讲，后天还不讲，将来有一天出了校门走入社会，为找工作不得不和用人单位的领导交谈时，难道你就能讲好？今天怯生，明天惧贵，后天怕官，当将来有一天不得不与之打交道时，你难道也胆怯不成？有许多毕业多年的同学，应该找到的工作而没有找到，能够进去的单位而没有去成，既不是因为知识不足，也不是因为能力不够，只因面试的时候胆怯而不敢大胆讲话，想说好而又吞吞吐吐，话无朝气，语不动人，导致被婉拒；有些参加工作多年的同学，只因怯官惧贵、羞口羞脚、不善言谈而被埋没，丧失了一次又一次晋升的机会，这岂不令人痛心吗？

怯官惧贵、不善言谈是人生的一大缺陷。它如同一片阴云，挡住了太阳的光辉；如同一幅幕布，遮住了舞台上的精彩表演。因为它，你是一幅名画，被视为赝品；你是一瓶佳酿，被视为劣酒；你是一只雄鹰，被视为燕雀。

因此，同学们不要怕，无论在老师面前，还是在专家学者乃至达官贵人面前,或谈论自己的见解,或表白自己的观点,或叙述一件事情的经过,或发一阵感慨,一定要落落大方,谈笑自如,怕什么?有什么好怕的?讲得不好多锻炼,讲多了自然会有进步。你心里发慌,那是经历的场面少了,经历多了就不会怯场。假如你能落落大方、无拘无束地与他人交往,说不定在谈吐中露卓识,于笑声中显豪情,因而给人一个后生可畏的印象,何怕之有?

何况,你不一定讲不好,只是没有机会展示自己,因而别人对你不了解,你对自己也不甚了然。

怎样才能展示自己呢?平时的言谈笑语就能展现自己。因为在言谈笑语中,会不可避免地显露出你的所学、所思、所能、所为。从你随便模仿某个小品演员的几个动作中,可能显示出你具有一定的表演才能;从你一次平常的谈吐中,可能显露出你的远见卓识;从你讲述一段奇闻中,可能显示出你的叙述才能;从一次不经意的辩论中,可能显示出你是一个辩才;从一次随意地对某件事情的判断上,可能显示出你有过人的判断力……

大胆地讲吧!战国时期的甘罗,敢说敢干,十二岁便被封为上卿;年轻的诸葛亮,"隆中对"中显奇才,未出茅庐便被委以重任;青年时期的毛泽东,面对遍地饿殍、山河破碎的祖国,喊出"国家者,我们的国家;天下者,我们的天下;我们不说谁说,我们不做谁做"的声音,让人未见其人,先闻其声……

我们应勇于说出自己的见解,敢于发表自己的观点,大胆喊出自己的声音。羞于展示自己,别人知道你有何德何能?

有些同学在背后抱怨班主任:"为什么不让我当班干部?"在班主任面前,你有口难开,有话不讲,不显山露水,班主任怎么能知道你有诸葛亮之智、关公之能、张飞之勇呢?

假如你也和其他同学那样,落落大方地和老师交谈,无拘无束地发表自己的观点,班主任发现了你的才华,便可能任用你。

语文是一门必修课,数学是一门必修课,英语是一门必修课,而锻炼在人前讲话的能力何尝不是一门必修课呢?当你走出校门踏上社会的时候,这门课至少要达到如下程度——

让名画显示出价值,佳酿散发出芬芳,鸿鹄展现出雄姿!

9.7 给自己一次机会

人人都想在事业上成功，这是毫无疑问的。

但是，能够给自己一次机会试一试、闯一闯、一展身手的人却不多。面对突然来临的机会，很多人虽不安于现状，但又没有勇气越雷池一步，左顾右盼，胆怯自卑："我能行吗？万一不行，丢人现眼，被人嗤笑。"就这样，手将动而哆嗦，足将进而趑趄，口将言而嗫嚅，机会因此而错过去了，结果一辈子平平庸庸。

相反，许多成功的人士与其周围的人相比，知识不是最多的，学历不是最高的，之所以能脱颖而出、鹤立鸡群，往往是因为敢于给自己一次机会。

他，小名叫二牛，出生在一个贫穷的山村里，因个子矮，被姑娘们戏称为"半残疾"，他家祖祖辈辈和土地打交道，谁也看不出他是一个有出息的人。后来，他成了百万人口的一县之长。这件事乍看不可思议，细玩却颇有滋味。

高中毕业后，二牛回到了他那不愿回去而又不得不回去的穷山村。一回去，父母就忙着托人给找对象，唯恐年龄大耽搁了。媒人托了一打，没有一个说成的，女方不是嫌他矮就是嫌他家穷。这一天，东邻刘大妈刚刚捎来丧气的消息，西院王二婶又哭丧着脸走进门来，二牛父母急忙起来迎接，急切地问："人家女方回话了吗？"

"唉——"王二婶长叹一声，"人家也嫌穷！"

二牛被找对象这件事伤透了心，也是因为年轻气盛，血气方刚，王二婶的话使他再也承受不住了，脸涨得通红，一步蹿到王二婶跟前激愤地说："二婶，您就说我二牛日后能当县长，看她还嫌不嫌穷！"

"什么,县长?"王二婶惊愕地看着二牛,伸手摸了摸他的脑门,看看他是不是发烧说胡话。在确认二牛不是发烧后,王二婶说:"二牛呀二牛,你也不怕说大话闪了舌头,你要是那块料,二婶的腿也不会跑细了……"

二牛父母也觉得二牛的话说过了头,一边骂二牛不懂事,一边向王二婶道歉:"他二婶,您别生气,二牛这孩子不会说话,他的话您别在意。以后,您还得给操心啊!"

二牛当县长的话很快传遍了全村的大街小巷:

"你也听说啦?哈哈哈,笑话!"

…………

一时间,全村议论纷纷,沸沸扬扬,结论只有一个:二牛当县长——没门!

从那以后,再有给二牛找对象的,二牛干脆拒绝:"别操心了,咱这个村穷出了名,四邻八乡没有不知道的,谁愿意嫁过来。"是啊,这个村穷得姑娘有嫁出去的,没有嫁进来的。那时,农村改革还没有开始,土地还是集体经营。由于生产搞不上去,县委年年派人来帮助抓生产,生产队也年年选队长,可生产就是上不去。这一年竟然连队长都选不出来,因为是个穷村,队长的职务没人愿意干。选这个,这个说干不了;选那个,那个说没能力;急得县委派下来的人团团转。这时二牛站出来说:"没人干我干!"

望着身单力薄的二牛,县委派下来的人犯愁了,有心叫他干,怕他年龄小没经验,众人不服;不叫他干,又没别人能干,最后勉强同意——有胜于无。

说来也怪,二牛上任后居然能使全村心往一处想,劲往一处使,秋后打的粮食能从年头吃到年尾还有盈余。在那时,这不能不说是个奇迹。他也因此成了全县农业战线上的标兵,县委书记亲自给他戴花颁奖。

因成绩突出,第三年,二牛便被县委提拔为公社(那时的公社今天改名为乡或镇)党委副书记,几年以后又被提为公社党委书记。十五年后,当年的那句戏言变成了现实——他当上了一县之长。

二牛由一个普普通通的农民而成为一县之长,这说明他有领导才能,但在全县百万人口之中有领导才能的一抓一大把,领导才能比他强的恐怕也不乏其人,为什么单单是他脱颖而出呢?这显然得力于他敢于给自己一次机会,使他

第九章 培养驰骋社会的能力和素质

的才能得以发挥。

我们再看看苏联戏剧家斯坦尼斯拉夫斯基的大姐，是怎样由丑小鸭变成白天鹅的：

她在剧团里一直是个提水、扫地、管理服装、搬道具的勤杂人员，没人相信她日后能成为著名演员，因为在剧团里连跑龙套的角色都很少轮到她。她似乎命中注定就是个打杂的，整天默默地干着那些令人不屑一顾的工作。然而，一次偶然的机会改变了她的命运——女主角生病不能进行排练，剧团领导一时又找不出合适的人顶替，这时，她勇敢地站起来，向剧团领导要求："让我试试好吗？"

剧团领导惊愕地看着她："你，你能行吗？"

"不知道，我只想试试。"

"想试试，就试试吧！"剧团领导不情愿地同意了。

排练时，她很快就进入状态，且显示出一定的表演天赋，令周围的人惊叹不已。正式演出时，她的表演获得了出人意料的成功。莫斯科一家报纸曾以"一个自己跳出来的天才"为题报道了这件事。

我们不妨分析一下，她如果不能抓住机会要求试一试，剧团领导绝对不会让一个勤杂工顶替女主角去排练。那样，她将永无出头之日。然而，她抓住了机会试了一试，却试出一个崭新的天地。

同学们，你将来走入社会敢不敢给自己一次机会闯一闯、试一试呢？

你也许敢，也许不敢，现在让你回答是强人所难。不过，今天，你在学习的同时加强这方面的锻炼，将来走入社会抓住机会一显身手的可能性要大一些。

如此说来，无论哪一位同学都应当抓住各种机会锻炼自己，该试一试的就试，该闯一闯的就闯，不要让机会白白溜掉。

然而，有些同学从来不想着给自己一次机会，老是认为自己这也不行那也不行。就拿演讲比赛来说，学校或班里每学期都要举行几次，无论班干部动员还是老师发动，参加的老是那几个面孔，一些同学从来不想着去试一试。问问他们为什么不参加？

有的同学答道："我不行，我从来没参加过。"

从来没有参加过，你怎么就断定自己不行呢？

有的同学则说："那一次参加了,不行。"

那一次不行,这一次不一定不行;一次不行,两次不行,第三次也许能行,即便不行也是一种锻炼。有些同学在非正式场合讲起话来头头是道,一到正式场合就腿发软、嘴发硬、哆哆嗦嗦、前言不搭后语,这就是缺乏锻炼的表现。一个连在人前讲话的勇气都不具备的人,在日后很难有勇气抓住机会一显身手。

再比如歌咏比赛。有些同学平时也能哼两声唱两句,且有一定的水平,但就是不敢参加,怕唱得不好而丢人,怕别人笑话。相反,有些同学尽管水平一般,但敢大胆地参与,行不行都试一试,有时也能进入决赛圈,获得笔记本、钢笔或影集之类的奖品。这点奖品也许不值一提,有些同学可能还撇嘴:"不就是个笔记本吗,有什么了不起。"

不!这不单纯是一种物质收获,重要的是一种精神收获,一种成功的标志。这种成功虽然微不足道,却是大的成功的基础和动力。从心理学上讲,人被社会承认后,会从心底产生一种激动,一种胜任感,一种还要继续前进、争取更大成就的向上力量。你这种活动不参加,那种活动不介入,既没有成功的经验,也没有失败的教训,连闯一闯的勇气都不具备,将来走上社会,面对突然来临的机会,很难想象你能勇敢地抓住并一显身手。

如此说来,无论是演讲比赛、歌咏比赛,还是体育比赛等活动,我们都要积极参加,不要胆怯自卑、瞻前顾后,还没参加就认定自己不行,该闯的闯一闯,怕什么?斯坦尼斯拉夫斯基的大姐经常以自己的亲身经历教育年轻人,让我们听听她是怎么说的:

我以前很自卑,在光彩照人的女演员面前感到自惭形秽,她们的一颦一笑在我眼里是那么迷人,一举手一投足是那么富有魅力,而我笨手笨脚,活像一只丑小鸭。有一次,我走进排练厅给一个女演员送服装,她向我做了一个潇洒的邀请动作:"来,试一试。"我顿时脸上火辣辣的,恨不能找个地缝钻进去,摇摇头拒绝了。但晚上躺在床上又谴责自己:"你为什么不试一试!难道心甘情愿地当一辈子勤杂工吗?"

以前,我就是这样一个人,不安于现状,但又不敢给自己提供一次突破的机会。当女主角生病不能进行排练时,我再也按捺不住自己,怀着一颗忐忑不安的心要求试一试,领导同意了。在排练过程中,我不时鼓励自己,别紧张,坚持下去就有收获。随着排练的顺利进行,我也一步步走出与生俱来的自卑,一刀刀恣意砍伐着那个碍于面子或者说虚荣心而不愿改变现状的劣根。

演出成功了,当我听到台下那雷鸣般的掌声时,我惊异于自己在开始排练时那生硬的表演却在那么短的时间内有了那么大的进步;惊异于自己的智慧;更惊异于自己瞬间的顿悟:你从来就不笨,只是没有给自己一次突破的机会!

年轻的朋友,看了二牛、斯坦尼斯拉夫斯基大姐的成功历程,你有何感想呢?是否也想给自己一次锻炼的机会、突破的机会、成功的机会?

9.8 王侯将相宁有种乎

　　一位班主任曾在一次班会上面对着全班同学说："在我们班，将有五名同学成为企业家，五名同学当上县、市长……"班主任的话不但没有激起全班同学的热烈回应，反而引起一些同学的哄堂大笑。在这些同学看来，老师的话无异于天方夜谭。

　　这就怪了，还没有走入社会经历一番、实践一番、奋斗一番、拼搏一番，你怎么就知道自己不行呢？王侯将相宁有种乎？

　　下面，我们先看一看几组来自美国西点军校毕业生的调查数字。

　　在1802年到1901年一百年间的毕业生名单中，调查者抽了4121名毕业生进行调查，发现仅从这4121名毕业生中就出了如下人才：

美国总统	1人
南方联盟总统	1人
总统候选人	3人
内阁部长	4人
大使	1人
外交官	28人
国会议员	24人
州长	16人
主教	1人
法官	14人
州议员	77人

09 第九章 培养驰骋社会的能力和素质

市长	17人
公司、企业总裁	46人
土木工程师	228人
律师	200人
牧师	20人
物理学家	14人
艺术家	3人
银行家	49人
作家	179人
编辑	30人

在第一次世界大战期间，美国陆军中的480名将军中有74%来自西点军校。在第二次世界大战期间，西点军校的毕业生更是在高级指挥层中占了大多数。最高司令100%来自西点军校，集团军司令77.8%来自西点军校。

西奥多·罗斯福总统在庆祝西点军校一百周年时说："在这整整一个世纪中，我们国家其他任何学校都没有像西点军校这样在刻有我们民族伟大公民的光荣册上写下如此众多的名字。"

为什么西点军校的毕业生中成才的比例如此之高呢？

"在毕业典礼上，当校长说我们这一届学生中将有二十个人成为将军时，每一个毕业生都把自己算一个，然后左顾右盼，希望找到剩下的那十九个。"这是一个西点生的自述。

这是何等的自信！

"我从来都没有想过失败的可能。"这是无数西点军校毕业生在回答"你想没想过会失败"这个问题时，常作出的不约而同的答案。

"西点没有失败！"这是自信，也可以说是狂傲。可谁能说，这不无狂傲的自信正是西点人所向披靡、勇往直前的动力呢？

有些同学说："我们怎么能和人家相比呢？"

"舜何人也，予何人也，有为者亦若是。"怎么不能相比？

没有百米冲刺的经历，你怎么知道自己没有惊人的爆发力呢？

没有扛过锄头，你怎么知道自己不能在黑土地上耕耘出光明的前程呢？

连工厂里那隆隆的机器声都没有听到,你怎么知道自己不能当一厂之长呢?

连个组长都没有尝试过,你怎么知道自己不能站在未来县市长的行列里呢?

没有在生意场上摔打过,你怎么知道自己不能叱咤风云、纵横商场呢?

没有经过炮火的洗礼,你怎么知道自己不是未来的将帅之才呢?

将来,你也许能在运动场上拿金夺银;也许能在黑土地上耕耘出硕果累累的人生;也许能在商业战线上纵横驰骋、得心应手;也许能在工业战线上推涛逐浪、屡创佳绩;也许能在硝烟弥漫的战场上指挥若定、运筹帷幄;也许能在政坛上纵横捭阖、长袖善舞……如此说来,过早地否定自己是一种轻率的、不负责的行为。

记住:伟大人物之所以伟大,是因为我们自己在跪着。年轻的朋友,勇敢地站起来吧!

09 第九章
培养驰骋社会的能力和素质

9.9 评选"风波"

每到年终,各班都要评选三好学生。说是评选三好学生,实际上是评选"一好学生",只要学习成绩突出,很难评不上三好学生。久而久之,三好学生的评选便流于形式了,主持评选的同学照着成绩册把名次靠前的同学的姓名抄上就是,用不着你评我选。

这种评选简单明了,省时省力,并且一般不会出现偏差,但也不排除特殊情况。某班在一次评选三好学生的时候,主持评选的班长有事,把成绩册递给一名叫刘志高的同学,叫他把前十名同学的姓名抄在一张纸上,然后送给班主任。班长走了以后,他把全班倒数第一名的同学抄上了,这名同学叫王浩。班主任也没有仔细看刘志高送来的名单,就报到学校去了。

在学校召开的表彰大会上,当校长读到王浩的姓名时,全班一片愕然。班主任气得脸色铁青;班长心里七上八下,唯恐班主任"拿他是问";王浩羞得脸色通红,恨不能找个地缝钻进去;刘志高却不言不语,神情严肃;其他同学认为这是一场恶作剧,笑得前仰后合。

笑声过后,许多同学交头接耳,你问我,我问你:"是谁交的人名啊?"班主任一猜就知道是刘志高,除了刘志高没有别人,类似的事情他经常干。给班主任印象最深的是他替宣传委员蒙混过关那件事——

那是一个星期一的下午,班主任想到教室看看宣传委员出完黑板报了没有,走进教室一看:"八字还没有一撇"。一个星期之前就应该出完的黑板报,一个星期之后仍不见黑板报的踪影,班主任被气得不轻,劈头盖脸地批了宣传委员一顿,叫他在晚自习之前必须把黑板报做出来,不然就撤他的职。宣传委员接到班主任的"最后通牒"后,马不停蹄地开始工作,当出到只差一幅画就完成任务的时候,又犯了拖延的毛病,拿起一本小说津津有味地看了起来。他本想看一会小说再画那幅画,没想到被小说吸引住了,等他从小说中走出来的时候,离上晚自习只差5分钟了。5分钟,无论如何也画不出一幅画来。怎么办,是"坐以待毙"还是寻找良方渡过难关?他叫张三替他想想办法,张三说爱莫能助;他求李四拉他一把,李四说无能为力;他问计于王五,王五故作神秘地趴在他的耳朵上悄悄地说:"最好的办法是等着班主任撤职查办。"气得他差点晕倒。正在一筹莫展之际,刘志高走进教室,他眼睛一亮,马上迎上去,让刘志高援手相助。刘志高略加思考就爽快地答应了,但说干这种事有风险,须有条件。

"什么条件?"

"三鲜水饺两盘,糖醋鲤鱼一条,红烧牛肉一斤。"

"你这是狮子大开口啊!三选一可以吧?"

宣传委员明明知道这是乘人之危,也只好接受。

条件被接受之后,刘志高不假思索地拿起几根彩色粉笔在黑板报上的空白处乱涂胡画一阵,半分钟不到便大功告成。

宣传委员越看越觉得不对,便问:"你画的是什么,我怎么看不懂?"

"你那点水平能看懂我的画吗?"尽管刘志高的画技与宣传委员相比属于小儿科,但调侃起宣传委员脸不红、心不虚、大言不惭。

刘志高画的画,不仅宣传委员看不懂,班主任也看不懂。班主任来到教室站在黑板报前,眼睛盯着画,眉头皱成疙瘩。

这时,宣传委员提心吊胆,唯恐班主任提问他,刘志高却镇定自若、谈笑风生,不失时机地说:"老师,这是一幅抽象派作品,不知您是否喜欢,如果喜欢,就保留着它;如果不喜欢,就擦掉再重新画一幅。"

班主任一时被蒙住了,说喜欢,却看不懂;说不喜欢,又说不出所以然来,只好不置一词,借故离开教室。

一看班主任离开教室,宣传委员心里的一块石头落了地,长长地出了一口气,刘志高却认为事情还没有结束,必须把那幅一时替宣传委员蒙混过关的画擦掉再重新画一幅方可高枕无忧。

09 第九章
培养驰骋社会的能力和素质

这件事给班主任的印象非常深刻，每当提起此事，班主任就止不住地称赞刘志高机智灵活，有胆有识；可是，眼下对刘志高的评价却发生了180度的大转弯：开玩笑总得分场合分对象吧？在评选三好学生这种严肃的事情上，开这种玩笑不是太过分了吗？班主任越想越气，决定散会之后把刘志高叫到办公室里狠狠地批他一顿。

班长也恨得牙根痒痒，心里不停地骂刘志高："你小子太坏了，头一回托你办事，你却给捅了篓子。班主任要是拿我是问，看我怎么收拾你。"

刘志高知道自己捅了马蜂窝，料定班主任对他将有一番疾风暴雨式的批评，他飞速地想着对策。他想起王浩在班里的所作所为：每当班里发生以大欺小、倚强凌弱的事情的时候，王浩总是挺身而出，为弱小的同学发声。正是王浩的存在，班里才少有欺凌现象，全班同学才有一个安全的成长环境。

他又想起他那在建筑行业摸爬滚打、疲惫不堪的父亲。他经常听他父亲讲，在他们那一代，只要上下关系打点好，左右门子走得通，你建的尽管不是最好的工程，也会被评为优质工程；如果两耳不闻窗外事，一门心思搞建筑，你的建筑质量即便是上乘也会迟迟通不过验收、评估……在这样一个缺乏公平正义的环境里，要想建筑行业健康地发展，无异于希望从石田里长出稻谷。

他还想起一次政治考试，试卷上有这样一道填空题："（　　）是第一生产力。"这道填空题的标准答案是"科学技术"，全班绝大多数同学填的是"科学技术"，只有他填的是"公平正义"。他认为，"科学技术是第一生产力"虽然是一个著名论断，但未必符合每时每地的实际情况。在他的家乡一带，他觉得"公平正义"才是第一生产力。他的这一观点得到了政治老师的认可。

表彰大会一散，班主任把刘志高叫到办公室，以严厉的口气质问他："你为什么把王浩的姓名抄在三好学生的名单上？"

"我想让王浩当选三好学生。"

刘志高的这一句话无异于火上浇油，班主任把桌子一拍："荒唐！你不知道王浩的学习成绩全班倒数第一吗？！"

在怒火中烧的班主任面前，刘志高表现得少有的冷静，不慌不忙地说："知道，他虽然学习成绩倒数第一，但他是全班最有正义感的一位同学。"

"最有正义感就能当选三好学生吗？！"

"为什么最有正义感的同学就不能当选三好学生?"刘志高说出这句话就后悔了,觉得不该以这样的口气和班主任讲话,于是补充道,"老师,请不要把我的这句话视为对您的不敬,我爱我师,我更爱真理!"

刘志高的话如同一盆冷水浇到头上,班主任顿时冷静下来,语气平和地说:"我们把学习优秀的同学评为三好学生,是鼓励他们继续努力,学有所成,将来成为建设国家的人才。你推荐王浩的意义在哪里?"

"我也想鼓励他成为建设国家的人才。"

"什么?"班主任一脸疑惑。

"鼓励他成为坚持正义、嫉恶如仇的人才"刘志高又补充了一句,"社会需要这样的人才,国家的进步离不开这样的人才。"

…………

自从刘志高被班主任叫到办公室,班里的许多同学都替他捏了一把汗,尤其是宣传委员,对刘志高一直心存感激。刘志高走进班主任的办公室,他也来到办公室附近,焦急地等待着,准备在刘志高泪流满面地走出办公室时第一时间给以安慰。

班长也来到了办公室的附近,但他不是为安慰刘志高而来,而是准备在刘志高泪流满面地走出办公室时,在他痛苦的伤口上再撒把盐。

但是,当刘志高走出办公室时,宣传委员和班长看到的不是一个悲戚、沮丧的刘志高,仿佛是一个凯旋的战士。

刘志高又使了什么手段把班主任糊弄住了?